Potsdamer Rechtswissenschaftliche Reihe
Band 7

Springer
Berlin
Heidelberg
New York
Barcelona
Hongkong
London
Mailand
Paris
Singapur
Tokio

Hendrik Höhfeld

Strafrechtliche Produktverantwortung und Zivilrecht

Zur Strafbarkeit der Mitglieder mehrköpfiger Geschäftsleitungsgremien von Wirtschaftsunternehmen unter besonderer Berücksichtigung des Gesellschafts- und allgemeinen Zivilrechts

Springer

Dr. jur. Hendrik Höhfeld
Burbacher Straße 124
D-53129 Bonn

ISBN-13:978-3-540-66449-9

Die Deutsche Bibliothek - CIP-Einheitsaufnahme
Höhfeld, Hendrik: Strafrechtliche Produktverantwortung und Zivilrecht / Hendrik Höhfeld. - Berlin; Heidelberg; New York; Barcelona; Hongkong; London; Mailand; Paris; Singapur; Tokio: Springer, 1999
(Potsdamer Rechtswissenschaftliche Reihe, Bd. 7)
ISBN-13:978-3-540-66449-9 e-ISBN-13:978-3-642-60246-7
DOI: 10.1007/978-3-642-60246-7

SPIN 10660705 64/2202-5 4 3 2 1 0 - Gedruckt auf säurefreiem Papier

Für Jan, Gabriele und Kai

VORWORT

Die Arbeit wurde im Wintersemester 1998 / 99 von der Universität Potsdam als Dissertation angenommen. Die Literatur wurde soweit möglich bis April 1999 berücksichtigt.

Mein herzlicher und aufrichtiger Dank gilt meinem Doktorvater, Herrn Prof. Dr. *Uwe Hellmann*, der die Entstehung der Arbeit stets mit besonderem Engagement, Interesse und Geduld gefördert und begleitet hat. Herrn Prof. Dr. *Wolfgang Mitsch* danke ich für die zügige Erstellung des Zweitgutachtens.

Bonn, im Juni 1999 *Hendrik Höhfeld*

INHALTSVERZEICHNIS

ABKÜRZUNGSVERZEICHNIS

a. A.	anderer Ansicht
a.a.O.	am angegebenen Ort
AcP	Archiv für civilistische Praxis
a. E.	am Ende
AG	Die Aktiengesellschaft
AKStGB	Alternativkommentar zum Strafgesetzbuch
AktG	Aktiengesetz
Alt.	Alternative
a.M.	am Main
AMG	Arzeneimittelgesetz
Anh.	Anhang
Anm.	Anmerkung
Art.	Artikel
AT	Allgemeiner Teil
BayObLG	Bayerisches Oberstes Landesgericht
BFHE	Entscheidungen des Bundesfinanzhofs
BayVBl	Bayerische Verwaltungsblätter
BB	Der Betriebsberater
Bd.	Band
BGB	Bürgerliches Gesetzbuch
BGH	Bundesgerichtshof
BGHSt	Entscheidungen des Bundesgerichtshofs in Strafsachen
BGHZ	Entscheidungen des Bundesgerichtshofs in Zivilsachen
bzw.	beziehungsweise
BVerfGE	Entscheidungen des Bundesverfassungsgerichts
DAR	Entscheidungen des Bundesverfassungsgerichts
DB	Der Betrieb
ders.	derselbe
d. h.	das heißt
DIN	Deutsches Institut für Normung

ES	Entscheidungssammlung
FamRZ	Zeitschrift für das gesamte Familienrecht
f., ff.	folgende, fortfolgende
Fn.	Fußnote
GA	Goltdammer`s Archiv für Strafrecht
GmbHG	Gesetz betreffend die Gesellschaften mit beschränkter Haftung
GbR	Gesellschaft bürgerlichen Rechts
GmbHR	GmbH-Rundschau
GG	Grundgesetz
HGB	Handelsgesetzbuch
h.M.	herrschende Meinung
Hrsg.	Herausgeber
HWiStR	Handwörterbuch des Wirtschafts- und Steuerstrafrechts
i.S.	im Sinne
i. V. m.	in Verbindung mit
JA	Juristische Arbeitsblätter
JR	Juristische Rundschau
Jura	Juristische Ausbildung
JuS	Juristische Schulung
JZ	Juristenzeitung
LG	Landgericht
LK	Leipziger Kommentar zum Strafgesetzbuch
LMBG	Lebensmittel- und Bedarfsgegenständegesetz
MDR	Monatsschrift für Deutsches Recht
m.w.N.	mit weiteren Nachweisen
NJW	Neue Juristische Wochenschrift
Nr.	Nummer
NStE	Neue Entscheidungssammlung für Strafrecht
NStZ	Neue Zeitschrift für Strafrecht
NUR	Natur und Recht
NZV	Neue Zeitschrift für Verkehrsrecht
OLG	Oberlandesgericht
OWiG	Ordnungswidrigkeitengesetz

ProdHaftG	Produkthaftungsgesetz
Rz.	Randziffer
RGRK	Reichsgerichtsrätekommentar, Kommentar zum BGB
RGSt	Entscheidungen des Reichsgerichts in Strafsachen
RGZ	Entscheidungen des Reichsgerichts in Zivilsachen
S.	Satz, Seite
SchwZStR	Schweizerische Zeitschrift für Strafrecht
SK	Systematischer Kommentar zum Strafgesetzbuch
StGB	Strafgesetzbuch
StV	Strafverteidiger
StVO	Straßenverkehrs-Ordnung
StVZO	Straßenverkehrs-Zulassungs-Ordnung
u. a.	unter anderem
v.	von
VdI	Verein deutscher Ingenieure
VersR	Versicherungsrecht
vgl.	vergleiche
VRS	Verkehrsrechts-Sammlung
WiB	Wirtschaftsrechtliche Beratung
wistra	Zeitschrift für Wirtschaft, Steuer, Strafrecht
WiVerw	Wirtschaft und Verwaltung (Beilage zum Gewerbearchiv)
WM	Wertpapier-Mitteilungen
z.B.	zum Beispiel
ZfBR	Zeitschrift für Baurecht
ZHR	Zeitschrift für das gesamte Handels- und Wirtschaftsrecht
ZIP	Zeitschrift für Wirtschaftsrecht
zit.	zitiert
ZGR	Zeitschrift für Unternehmens- und Gesellschaftsrecht
ZLR	Zeitschrift für Lebensmittelrecht
ZStW	Zeitschrift für die gesamte Strafrechtswissenschaft
ZUR	Zeitschrift für Umweltrecht

EINFÜHRUNG

In zunehmendem Maße hat sich die strafgerichtliche Rechtsprechung mit Fällen auseinanderzusetzen, in denen Wirtschaftsunternehmen durch die Herstellung und den massenhaften Vertrieb von Publikumsprodukten erhebliche Gesundheitsschädigungen bei einer Vielzahl von Verbrauchern verursachen. Spektakuläre Beispiele bilden insoweit die schweren Mißbildungen bei neugeborenen Kindern durch die Einnahme von Contergan[1] während der Schwangerschaft, Gesundheitsschädigungen durch die Verwendung von Lederspray[2], Holzschutzmitteln[3] oder verseuchten Lebensmittelprodukten[4].

Anders als im Zivilrecht, das die Unternehmen regelmäßig für Schädigungen Dritter durch Organe oder leitende Angestellte[5] nach § 31 BGB einstehen läßt, gibt es im deutschen Strafrecht keine Verantwortlichkeit des Unternehmens[6]. Nur im Ordnungswidrigkeitenrecht ist eine bußgeldrechtliche Verantwortung des Unternehmens selbst vorgesehen, wenn Organe eine Straftat oder eine Ordnungswidrigkeit begangen haben, §§ 30 I, 88 OWiG[7]. Täter einer Straftat kann deshalb nur das

---

1 LG Aachen, JZ 1971, S. 507 ff.

2 BGHSt 37, S. 106 ff.

3 LG Frankfurt a. M., ZUR 1994, S. 33 ff. Zur Revisionsentscheidung, BGH, NStZ 1995, S. 590 f.

4 BGH, NStE 1989, Nr. 5 zu § 223.

5 Palandt / *Heinrichs*, § 31, Rz. 6 m.w.N.

6 Zur Möglichkeit des Gesetzgebers, de lege ferenda eine Strafbarkeit juristischer Personen einzuführen: *Ackermann*, Die Strafbarkeit juristischer Personen im deutschen Recht und in ausländischen Rechtsordnungen, Frankfurt a. Main, 1984, S. 1 ff.; *Heine*, Verantwortlichkeit von Unternehmen, S. 201 ff.; *Hirsch*, ZStW 107 (1995), S. 285 ff.; *Volk*, JZ 1993, S. 429 ff. Siehe auch den Gesetzesentwurf des Landes Hessen, der in den §§ 76 ff. eine Ergänzung des StGB um Regelungen zur Einführung einer Verbandsstrafe vorsieht, vgl. *Hamm*, NJW 1998, S. 662 f.

7 Zur bußgeldrechtlichen Verantwortung juristischer Personen vgl. etwa *Bottke*, wistra 1991, S. 81, 89 ff.; *Göhler*, wistra 1991, S. 207 ff.; *Ransiek*, Unternehmensstrafrecht, S. 110 ff. m.w.N.

Individuum selbst sein, so daß eine strafrechtliche Produktverantwortung nur im Hinblick auf einzelne Unternehmensmitglieder in Frage kommt[8]. In der Praxis[9], und hier insbesondere seit der Lederspray-Entscheidung des BGH[10], hat dies dazu geführt, daß die strafrechtliche Verantwortung der Geschäftsführung und ihrer Mitglieder immer mehr in den Vordergrund getreten ist. Gesellschaftsrechtlich ist diese grundsätzlich für alles verantwortlich, was im Herrschafts- und Verantwortungsbereich des Unternehmens geschieht[11]. Der gesellschaftsrechtliche Grundsatz der Generalverantwortung und Allzuständigkeit der Geschäftsführung bedeutet jedoch keinesfalls ein uneingeschränktes strafrechtliches „Einstehenmüssen" jedes einzelnen Mitgliedes eines mehrköpfigen Entscheidungsgremiums[12]. Eine kollektive strafrechtliche Verantwortung ist im deutschen Strafrecht gerade nicht vorgesehen[13]. Damit stellt sich das Problem, trotz der gesellschaftsrechtlichen Einbindung in ein Kollektiv für jedes Gremiumsmitglied das ihm individuell vorwerfbare Verhalten exakt zu ermitteln. Die Feststellung strafrechtlicher Verantwortung hat dabei sowohl die gesellschaftsrechtliche Struktur des Entscheidungsgremiums als auch den individuellen und situativen Beitrag des einzelnen Gremiumsmitgliedes zum Zustandekommen des tatbestandlichen Erfolges zu berücksichtigen.

Im Rahmen der hier vorliegenden Untersuchung soll nunmehr zum einen der Einfluß des Gesellschaftsrechts auf die Feststellung der strafrechtlichen Produktverantwortung der Mitglieder mehrköpfiger Entscheidungsgremien analysiert werden. Im Vordergrund stehen dabei insbesondere die tatsächlichen gesellschaftsrechtlichen Verhaltensmöglichkeiten der Gremiumsmitglieder sowie die Konsequenzen aus deren möglicher und notwendiger Berücksichtigung für die Feststellung der straf-

8 *Eidam*, Unternehmen und Strafe, S. 296.

9 BGH, NStE 1989, Nr. 5 zu § 223; BGHSt 37, S. 106 ff.; OLG Stuttgart, NStZ 1981, S. 28; LG Frankfurt a. M., ZUR 1994, S. 33 ff.

10 BGHSt 37, S. 106 ff.

11 *v. Ditfurth*, in: Münchener Handbuch des Gesellschaftsrechts, Bd. I, § 7, Rz. 3 ff.; Kölner Kommentar / *Mertens*, AktG, § 77, Rz. 3 ff.; Schlegelberger / *Martens*, HGB, § 115, Rz. 3 ff.; Lutter / *Hommelhoff*, GmbHG, § 37, Rz. 3.

12 *Schmidt-Salzer*, NJW 1990, S. 2966, 2969.

13 *Hassemer*, Produktverantwortung, S. 66; *Weißer*, Täterschaftsprobleme, S. 174.

rechtlichen Verantwortung. Deshalb ist vor allem auf die gesellschaftsrechtlichen Grundlagen hinsichtlich der Struktur und der Organisation der Geschäftsführung sowohl in Personen- als auch in Kapitalgesellschaften einzugehen. Zum anderen gilt es zu untersuchen, ob und inwieweit es möglich und erforderlich ist, - über das Gesellschaftsrecht hinaus - das allgemeine Zivilrecht im Rahmen der Feststellung der strafrechtlichen Produktverantwortlichkeit einzelner Gremiumsmitglieder zu berücksichtigen.

Ziel der Untersuchung ist es, aus der erforderlichen und zulässigen Berücksichtigung des Gesellschaftsrechts sowie des allgemeinen Zivilrechts weitergehende Schlußfolgerungen für die strafrechtliche Verantwortung der Gremiumsmitglieder zu ziehen, als dies bisher durch die Rechtsprechung und die Literatur geschehen ist.

Um entsprechende Aussagen treffen zu können, wird sich die vorliegende Untersuchung deshalb an den - für eine mögliche Berücksichtigung des Zivil- und insbesondere des Gesellschaftsrechts maßgeblichen - Prüfungspunkten zur Feststellung einer Deliktsverwirklichung durch die einzelnen Gremiumsmitglieder orientieren. Damit dabei nicht einzelne Prüfungsstufen übersprungen werden, muß zusätzlich geklärt werden, welche weiteren Voraussetzungen zur Ermittlung der strafrechtlichen Produktverantwortlichkeit gegeben sein müssen. Wie bei jeder Prüfung der Verwirklichung eines Straftatbestandes ist es deshalb grundsätzlich erforderlich, die Untersuchung mit der Abgrenzung von Tun und Unterlassen zu beginnen.

A. DIE ABGRENZUNG VON AKTIVEM TUN UND UNTERLASSEN

I. Der Meinungsstand in Rechtsprechung und Literatur

Eine Verletzung strafrechtlicher Normen ist sowohl durch aktives Tun als auch durch Unterlassen möglich. Die Rechtsverletzung durch Tun besteht dabei in der Vornahme einer untersagten Handlung, die durch Unterlassen in der Nichtvornahme einer gebotenen Handlung[1]. Im Einzelfall können, bezogen auf denselben Erfolg, sowohl ein Tun als auch ein Unterlassen gegeben sein[2]. Eine Abgrenzung der beiden Verhaltensweisen ist erforderlich, da im Bereich der unechten Unterlassungsdelikte eine strafrechtliche Verantwortung für das Unterlassen einer Handlung nur für denjenigen in Betracht kommt, der rechtlich für die Nichtabwendung des tatbestandlichen Erfolges einzustehen hat, § 13 I StGB. Die Gleichstellung einer unterlassenen Erfolgsabwendung mit dem entsprechenden Begehungsdelikt bedarf deshalb der Feststellung einer Sonderverantwortung im Sinne einer Garantenstellung und einer daraus resultierenden speziellen Handlungspflicht. Abgesehen von der Strafmilderungsmöglichkeit gemäß § 13 II StGB ist der Strafbarkeitsbereich beim Unterlassen somit „enger" als beim aktiven Tun.

In der Regel ist die Abgrenzung unproblematisch, da sich bereits aus dem äußeren Erscheinungsbild der zu beurteilenden Verhaltensweisen zweifelsfrei ergibt, ob ein aktives Tun oder ein Unterlassen vorliegt. Im Bereich der Produktverantwortlichkeit der einzelnen Gremiumsmitglieder können jedoch Schwierigkeiten auftreten. Auf Grund der Komplexität des Schadensverlaufs und der sich erst allmählich entwickelnden Erkennbarkeit der Gefährlichkeit von Produkten während des Produktions- und Vertriebsprozesses liegt vielfach ein mehrdeutiges Verhalten der Beschuldigten vor, das, bezogen auf denselben tatbestandlichen Erfolg, gleichzeitig

---

1 BGHSt 14, S. 280 ff.; *Jescheck / Weigend*, AT, § 58 II; *Armin Kaufmann*, Unterlassungsdelikte, S. 3 ff.; *Welzel*, Das deutsche Strafrecht, S. 200.

2 *Baumann / Weber / Mitsch*, AT, § 15, Rz. 27; *Jakobs*, AT, 28 / 4; *Struensee*, in: Festschrift für W. Stree und J. Wessels, 1993, S. 133, 135.

oder aufeinanderfolgend, Elemente von Tun und Unterlassen beinhaltet. Die strafrechtliche Verantwortung für einen aufgetretenen Produktfehler kann deshalb grundsätzlich sowohl auf einem aktiven Tun, etwa einer fehlerhaften Anweisung oder der Herstellung des Produkts, als auch auf einem Unterlassen, z. B. auf einem unterbliebenen Rückruf oder der Versäumung eines Warnhinweises, beruhen[3]. Auf die Abgrenzung der beiden Verhaltensformen ist deshalb genauer einzugehen.

Wie diese zu erfolgen hat, ist äußerst umstritten und noch nicht abschließend geklärt. Es wird vorgeschlagen, Tun und Unterlassen nach der Aufwendung von „Energie“[4], der Kausalität[5] oder der Kombination aus dem Energie- und Kausalitätskriterium[6] zu unterscheiden. Bei mehrdeutigen Verhaltensweisen, etwa beim Abbrechen von eigenen Rettungshandlungen oder dem Vereiteln fremder Rettungsbemühungen, ergeben sich jedoch Abgrenzungsschwierigkeiten bei der Beurteilung des strafrechtlich relevanten Verhaltens. Beim Fahrlässigkeitsdelikt tritt als weiteres Problem hinzu, daß nach Ansicht der herrschenden Meinung der Handlungsvollzug stets mit einem „Unterlassungsmoment“, nämlich mit der Außerachtlassung der gebotenen Sorgfalt verbunden ist[7]. Um mehrdeutige Verhaltensweisen straf-

---

3 *Goll*, in: Produkthaftungshandbuch, § 45 I, Rz. 5; *Hilgendorf*, Strafrechtliche Produzentenhaftung, S. 105 ff.

4 *Engisch*, in: Festschrift für Gallas, 1973, S. 163 ff.; *Gössel*, ZStW 96 (1984), S. 319, 326 ff.; *Otto / Brammsen*, Jura 1985, S. 530 f.; *Schlüchter*, JuS 1976, S. 793 ff.; *Struensee*, in: Festschrift für W. Stree und J. Wessels, 1993, S. 133, 143 ff.

5 *Bockelmann / Volk*, AT, S. 150; *Jescheck / Weigend*, AT, § 58 II 2; *Küpper*, Grenzen der normativierenden Strafrechtsdogmatik, S. 73; *Roxin*, ZStW 74 (1962), S. 411, 415; *Stoffers*, GA 1993, S. 262 ff.

6 So etwa *Bock*, Produktkriminalität, S. 91; *Sieber*, JZ 1983, S. 431, 435 f.

7 *Androulakis*, Unterlassungsdelikte, S. 134; *Herzberg*, Unterlassung, S. 237 f.; *Jescheck / Weigend*, AT, § 58 II 2; *Wessels / Beulke*, AT, Rz. 699 m.w.N. Die Rechtsprechung, RGSt 63, S. 392 ff. (Radleuchtenfall); RGSt 63, S. 211 ff. (Ziegenhaarfall), geht in diesen Fällen grundsätzlich von aktivem Tun aus, da das sogenannte „Unterlassungsmoment“ der Fahrlässigkeit insoweit nur eine wesensnotwendige Modalität des Handlungsvollzugs sei. Kritisch hierzu *Freund*, Erfolgsdelikt, S. 167, der auf eine unzulässige Begriffsvertauschung in der Redeweise vom Unterlassungsmoment jeder Fahrlässigkeitstat hinweist. Ebenso *Küpper*, Grenzen der normativierenden Strafrechtsdogmatik, S. 76 ff.

rechtlich beurteilen zu können, stellt deshalb die Rechtsprechung[8] - unter überwiegender Zustimmung der Literatur[9] - grundsätzlich nicht allein auf die oben genannten Anknüpfungspunkte ab, sondern sieht die Abgrenzungsproblematik als Wertungsfrage. Entscheidend ist in diesem Fall die Frage nach dem Schwerpunkt des strafrechtlich relevanten Verhaltens bei normativer Betrachtung und Berücksichtigung des sozialen Handlungssinns.

II. Stellungnahme

Soweit die Rechtsprechung und die ihr folgende Literatur zur Unterscheidung von Tun und Unterlassen auf den Schwerpunkt des strafrechtlich relevanten Verhaltens abstellen, führt dies nicht zu einer wirklichen Abgrenzung der relevanten Verhaltensweisen. Diese Vorgehensweise setzt vielmehr bereits die Erkenntnis voraus, daß in einem komplexen Verhalten sowohl Tun als auch Unterlassen gegeben sind[10]. Die Schwerpunktformel dient somit lediglich dazu, das Konkurrenzverhältnis der beiden ohne Begründung als vorhanden unterstellten Verhaltensweisen zu lösen[11]. Darüber hinaus wird zu Recht darauf hingewiesen, daß es bis jetzt an der Angabe derjenigen Kriterien fehlt, nach denen der Schwerpunkt überhaupt zu ermitteln ist[12]. Merkmale wie der „soziale Handlungssinn" führen hier nicht weiter, da

---

8 BGHSt, 6, S. 46, 59; BGH, MDR 1982, S. 624; OLG Karlsruhe, GA 1980, S. 429, 431; OLG Frankfurt a. M., GA 1987, S. 549, 551; OLG Saarbrücken, NJW 1991, S. 3045, 3046; OLG Köln, JR 1991, S. 523, 525; OLG Stuttgart, FamRZ 1995, S. 74.

9 *Beulke / Mayer*, JuS 1987, S. 125, 126; *Blei*, AT, S. 310; *Ebert*, AT, S. 152 f.; *Geilen*, AT, S. 231 f.; *Haft*, JA 1982, S. 473, 474; ders., AT, S. 175; *G. E. Hirsch*, NJW 1969, S. 853, 854; *Lackner / Kühl*, § 13, Rz. 3; *H. Mayer*, AT, S. 112; *Odersky*, in: Festschrift für Tröndle, 1989, S. 291, 297 f.; *Ranft*, JZ 1987, S. 859, 862, 908, 916; *Runte / Werner*, Jura 1991, S. 40, 45; Schönke / Schröder / *Stree*, vor § 13, Rz. 158; *Schmidhäuser*, AT, 16 / 105; *Schwalm*, in: Festschrift für Bockelmann, 1979, S. 539, 549 f.; *Tiedemann*, Jura 1982, S. 371, 379; *Wessels / Beulke*, AT, Rz. 700.

10 *Otto / Brammsen*, Jura 1985, S. 530, 531; *Sieber*, JZ 1983, S. 431, 433; *Struensee*, in: Festschrift für W. Stree und J. Wessels, 1993, S. 133, 137.

11 *Baumann / Weber / Mitsch*, AT, § 15, Rz. 27 m.w.N.

12 *Stoffers*, JuS 1993, S. 23, 28.

sie lediglich eine Umformulierung der ursprünglichen Fragestellung sind[13]. Mangels konkreter Kriterien erfolgt die Abgrenzung vielmehr nach einem „irrationalen Gefühlsurteil“ der Anwender[14]. Eine Unterscheidung von Tun und Unterlassen läßt sich somit nach der Schwerpunktformel nicht hinreichend bestimmt vornehmen. Deren Anwendung ist deshalb abzulehnen.

Unter der Zugrundelegung des von *Engisch*[15] entwickelten Energiekriteriums ist positives Tun dann anzunehmen, wenn ein Energieeinsatz in Richtung des tatbestandlichen Erfolges stattgefunden hat[16]. Eine Abgrenzung allein nach dem Energiekriterium führt aber ebenfalls nicht zu einer befriedigenden Lösung. Es läßt sich nämlich nicht hinreichend sicher bestimmen, wann ein Energieeinsatz in eine bestimmte Richtung erfolgt ist. Dennoch bietet sich grundsätzlich die Berücksichtigung des Energieeinsatzes an, da dieser eine Grundvoraussetzung des aktiven Tuns ist[17]. Das Kausalitätskriterium ist insoweit präziser: Ausgangspunkt der auf *Armin Kaufmann*[18] zurückgehenden Abgrenzung nach der Kausalität des zu betrachtenden Verhaltens für den tatbestandlichen Erfolg ist die These, daß die Unterlassung oder der Unterlassende nichts, also auch nicht den tatbestandlichen Erfolg, verursachen kann[19]. Ist ein bestimmtes Verhalten für den konkreten Erfolg ursächlich, liegt somit positives Tun vor. Ist das zu betrachtende Verhalten für den Erfolg nicht kausal, kommt nur ein Unterlassen in Betracht[20]. Auf der Basis des Kausalitätskriteriums ist somit zunächst die positive Handlung zu untersuchen. Lassen sich im maßgeblichen Zeitpunkt des Schuldvorwurfes Vorsatz oder Fahrlässigkeit feststel-

13 *Bock*, Produktkriminalität, S. 88.

14 *Kühl*, AT, § 18, Rz. 14; *Roxin*, ZStW 74 (1962), S. 411, 418.

15 *Engisch*, Kausalität, S. 29.

16 *Engisch*, in: Festschrift für Gallas, 1973, S. 163, 170; *Schlüchter*, JuS 1976, S. 795.

17 *Bock*, Produktkriminalität, S. 89.

18 *Armin Kaufmann*, Unterlassungsdelikte, S. 61 ff., 73, 314.

19 *Roxin*, ZStW 74 (1962), S. 411, 415; *Samson*, in: Festschrift für Welzel, 1974, S. 579, 591; *Stoffers*, GA 1993, S. 263, 264 f.

20 *Stoffers*, GA 1993, S. 263, 265 f. m.w.N.

len, ist positives Tun anzunehmen. Nur wenn entsprechende Feststellungen nicht getroffen werden können, ist ein Unterlassen in Betracht zu ziehen[21]. Im Gegensatz zu einer Abgrenzung nach Wertungsgesichtspunkten ermöglichen somit das Energie- und insbesondere das Kausalitätskriterium eine hinreichend bestimmte und berechenbare Abgrenzung zwischen Tun und Unterlassen. Diese Kriterien werden deshalb im folgenden der Abgrenzung von Tun und Unterlassen zugrunde gelegt.

Um Anknüpfungspunkte für die Ermittlung der relevanten Verhaltensweisen der Gremiumsmitglieder zu erhalten, soll dabei zunächst die bisherige Behandlung der Abgrenzungsfrage im Bereich der strafrechtlichen Produktverantwortung durch die Rechtsprechung dargestellt und genauer untersucht werden.

III. Die Abgrenzung von Tun und Unterlassen durch die Rechtsprechung im Bereich der strafrechtlichen Produktverantwortung

1. „Contergan“

Im Contergan-Verfahren[22] hatten die Angeklagten ein Schlafmittel - Thalidomid - produziert und vertrieben. Ende der fünfziger Jahre traten bei Neugeborenen, deren Mütter während der Schwangerschaft Thalidomidpräparate eingenommen hatten, schwere Mißbildungen auf. Im Einstellungsbeschluß zum Contergan-Fall[23] hat das LG Aachen zwar auch die Möglichkeit der Tatbestandsverwirklichung durch Unterlassen in Betracht gezogen. Mangels ausreichender Feststellungen in der Hauptverhandlung hat es jedoch nicht ermitteln können, inwieweit der einzelne Angeklagte zum tatbestandlichen Erfolg durch Tun oder Unterlassen beigetragen hat[24]. Zutref-

---

21 *Bock*, Produktkriminalität, S. 90; *Stoffers*, a.a.O., S. 263, 265 f.

22 LG Aachen, JZ 1971, S. 507 ff.; mit Anm. von *Armin Kaufmann*, JZ 1971, S. 569 ff.

23 LG Aachen, Beschluß vom 18.12.1970, 4 KMs 1 / 68, 15-115 / 67, abgedruckt in: Schmidt-Salzer, ES, Nr. IV. 26 (S. 271).

24 LG Aachen, a.a.O.

fend weist jedoch *Bruns* in diesem Zusammenhang darauf hin, daß zumindest für das Versäumnis des Rückrufs oder der Warnung vor bereits in den Verkehr gelangten Arzneimitteln pflichtwidriges Unterlassen anzunehmen gewesen sei[25].

2. „Monza-Steel"

Im Monza-Steel-Verfahren[26] hatte der Vorstand des Unternehmens trotz unzureichender Tests neu entwickelte Hochgeschwindigkeitsreifen im Jahr 1971 zur Serienproduktion freigegeben. Die aufgrund der mangelhaften Tests nicht erkannten Defekte an den Reifen führten ab Herbst 1972 zu erheblichen Verkehrsunfällen mit Todesfolge. Erst im Januar 1975 erfolgte eine Rückrufaktion. Auf die Frage, ob die unzureichenden Tests oder der verspätete Rückruf möglicherweise ein strafrechtlich relevantes Verhalten in Form des Unterlassens darstellen[27], ist das Gericht nicht eingegangen. Das LG München II hat die relevante pflichtwidrige Handlung der Angeklagten vielmehr allein in der Freigabe für die Produktion und den Verkauf gesehen und demnach aktives Tun angenommen.

3. „Bienenstich"

Im Bienenstich-Fall[28] erkrankten am 06.11. 1984 mehrere Patienten eines Krankenhauses in lebensbedrohlicher Weise durch den Verzehr eines mit Staphylokokken verseuchten Bienenstiches. Der BGH nahm für die Geschäftsführer der Zulieferfirma vorsätzliches Unterlassen an, weil diese trotz Kenntnis von der Kontamina-

---

25 *Bruns*, in: Festschrift für Heinitz, 1972, S. 317, 334 ff.

26 LG München II, Urteil vom 21.4.1978, IV KLs 58 Js 5534 / 76, abgedruckt in: Schmidt-Salzer, ES, Nr. IV. 28 (S. 307 ff.).

27 Zutreffend weist *Goll*, in: Produkthaftungshandbuch, § 45, Rz. 4, darauf hin, daß zumindest im Hinblick auf die unzureichende Versuchserprobung eine Unterlassung in Betracht zu ziehen gewesen sei.

28 BGH, ZLR 1988, S. 512 ff.; mit Anm. von *Gorn* und *Peters*, ZLR 1988, S. 515 ff., 518 ff.

tion des Kuchens auf der entscheidenden Geschäftsführersitzung vom 26.10. 1984 beschlossen hatten, aus Zeit- und Kostengründen eine Warn- und Rückrufaktion nicht zu veranlassen. Die Möglichkeit, in dem Vertrieb des Kuchens eine Tatbestandsverwirklichung durch positives Tun zu sehen, hat das Gericht nicht erwogen.

4. „Lederspray"

Im Lederspray-Fall[29] waren insgesamt drei Gesellschaften beteiligt, welche Ledersprays herstellten und vertrieben. Die Produktion erfolgte dabei über die W. und M.-GmbH als Muttergesellschaft. Der Vertrieb oblag der E-GmbH und S-GmbH als Tochtergesellschaften. Angeklagt waren die Geschäftsführer aller drei Gesellschaften. Ab dem Spätherbst 1980 erhielt der Hersteller eine Vielzahl von Hinweisen darauf, daß es trotz bestimmungsgemäßer Verwendung der Sprays zu Gesundheitsbeeinträchtigungen gekommen war. Nach weiteren Schadensmeldungen und erfolglosen Bemühungen, die Schadensursache zu ermitteln, fand am 12.05.1981 eine Krisensitzung der Geschäftsleitung der Muttergesellschaft statt. Trotz ihrer Kenntnis von der Produktgefährlichkeit beschlossen die Geschäftsführer der Muttergesellschaft, weder eine Rückrufaktion vorzunehmen, noch die Produktion und den Vertrieb der Sprays zu stoppen. Die Geschäftsführer der Tochtergesellschaften waren zwar nicht anwesend, jedoch wurden sie nach der Sitzung umfassend über den Inhalt der Beschlüsse informiert. Sie machten sich die in der Sitzung getroffene Entscheidung zu eigen[30]. Der BGH sah insbesondere in Produktion und Vertrieb der gesundheitsschädlichen Sprays nach der Sondersitzung der Geschäftsführung am 12.05.1981 ein aktives Tun. Soweit es sich um Sprays handelte, die zwar im maßgeblichen Zeitpunkt des Schuldvorwurfes schon in den Handel gelangt waren, aber noch nicht den Verbraucher erreicht hatten, was die überwiegende Anzahl der Fälle darstellte[31], kam für das Gericht allein eine Tatbestandsverwirklichung durch Unter-

29 BGHSt 37, S. 106 ff.

30 BGHSt 37, S. 106, 109.

31 BGHSt, 37, S. 106, 114.

lassen in Betracht. Die erforderliche Handlung zur Schadensabwendung wäre die Veranlassung einer Warn- und Rückrufaktion durch die Geschäftsführer gewesen. Dies haben die Angeklagten unterlassen.

5. „Holzschutzmittel"

Der Holzschutzmittel-Entscheidung[32] lag im wesentlichen folgender Sachverhalt zugrunde: Die Firma D. GmbH produzierte seit den fünfziger Jahren biozide Holzschutzmittel für den Außenanstrich. Zu Beginn der siebziger Jahre begann die D. GmbH, ein Holzschutzmittel für den Innenbereich zu vertreiben, welches den toxischen Stoff PCP (Pentachlorphenol) enthielt. Bis Ende des Jahres 1977 ging eine Vielzahl von Beschwerdebriefen über Gesundheitsschädigungen bei der D. GmbH ein. Eine eigene firmeninterne Untersuchung kam zu dem Ergebnis, daß ein Kausalzusammenhang zwischen den Gesundheitsbeschädigungen und der Verwendung des Mittels möglich sei. Im August 1977 erhärtete sich dieser Verdacht durch die Vielzahl von Schadensmeldungen, die sich deckungsgleich über den Vertriebszeitraum erstreckten. Bei der D. GmbH erfolgte die Umstellung auf ein PCP- freies Holzschutzmittel erst im Frühjahr 1978. Bis zu diesem Zeitpunkt wurden das PCP- haltige Holzschutzmittel weiter produziert und Restbestände vertrieben. Eine Warn- oder Rückrufaktion für die bis dahin vertriebenen Holzschutzmittel wurde nicht veranlaßt. Soweit die verantwortlichen Geschäftsführer der D. GmbH nach dem für den Schuldvorwurf maßgeblichen Zeitpunkt, hier der 01.01.1978, die Produktion und den Vertrieb des biozidhaltigen Holzschutzmittels fortsetzten, nahm das Gericht aktives Tun an. Soweit sie eine Warnaktion für die bereits vor diesem Zeitpunkt vertriebenen und verarbeiteten Mittel nicht veranlaßten, sah das Gericht

32 LG Frankfurt a.M., ZUR 1994, S. 33 ff.

das tatbestandserfüllende Verhalten der Angeklagten in einem Unterlassen[33]. Auf Grund der Vielzahl der bis zum 01.01.1978 eingetretenen Schädigungen[34] erfolgten deshalb auch hier die häufigsten Tatbestandsverwirklichungen durch Unterlassen.

IV. Kritische Würdigung der Rechtsprechung

1. Die Abgrenzung des relevanten Verhaltens im Hinblick auf die Unternehmensorganisation als Ganzes

Aus der Übersicht der vorstehenden Fälle zur strafrechtlichen Produktverantwortung ergibt sich, daß für die Rechtsprechung grundsätzlich zwei betriebsbedingte Verhaltensalternativen als Anknüpfungspunkte strafrechtlicher Haftung in Frage kommen. Dies sind die Verursachung von Gesundheitsschäden durch Produktion und Vertrieb von gefährlichen Produkten (positives Tun) und das Nichtverhindern eines Schadenseintritts durch das Versäumen einer Warnaktion oder eines Rückrufs (Unterlassen) im Hinblick auf bereits vertriebene Produkte. Die Rechtsprechung orientiert sich damit in der Abgrenzungsfrage am Produktions- und Vertriebsablauf der Unternehmen.

Diese Lösung ist grundsätzlich überzeugend, da sie mit den Abgrenzungskriterien in Rechtsprechung und Literatur übereinstimmt: Werden im maßgeblichen Zeitpunkt des Schuldvorwurfes durch die Produktion und den Vertrieb von gesundheitsschädigenden Produkten Rechtsgutsverletzungen verursacht, kommt sowohl nach dem Energie- und dem Kausalitätskriterium als auch bei einer Orientierung am

---

33 LG Frankfurt a.M., ZUR 1994, S. 33, 34. Zum Revisionsverfahren vgl. BGH, wistra 1995, S. 303 ff. Die Gründe, die zur Aufhebung im Revisionsverfahren geführt haben, betreffen ausschließlich die Frage nach der „generellen Kausalität" zwischen der Verwendung der Mittel und den Gesundheitsbeeinträchtigungen. Die Abgrenzung von Tun und Unterlassen blieb hingegen unbeanstandet, so daß insoweit von der Billigung der diesbezüglichen Ausführungen der Vorinstanz durch den BGH ausgegangen werden kann.

34 Bis Ende 1977 gingen bei der D. GmbH mehrere hundert Beschwerdebriefe über Gesundheitsbeeinträchtigungen ein. Vgl. hierzu die Ausführungen zur Prozeßgeschichte von *Schulz*, ZUR 1994, S. 26 ff. m.w.N.

Schwerpunkt des strafrechtlich relevanten Verhaltens nur positives Tun in Betracht. Haben die Produkte in diesem Zeitpunkt hingegen den unmittelbaren Herrschaftsbereich der Hersteller- oder Vertriebsgesellschaften bereits verlassen, jedoch den Verbraucher noch nicht erreicht, genügt ein einfaches Absehen von der weiteren Produktion oder dem Vertrieb nicht mehr. Es bedarf nunmehr eines erhöhten Aufwands, einer zusätzlichen Handlung, um die Tatbestandsverwirklichung zu verhindern. Soweit die Rechtsprechung in dieser Situation ein Unterlassen in Betracht zieht, entspricht die Abgrenzung sowohl einer Orientierung an dem Schwerpunkt des strafrechtlich relevanten Verhaltens als auch an dem Kausalitätskriterium, nach dem vorrangig die Möglichkeit eines Begehungsdeliktes und erst in zweiter Linie die eines unechten Unterlassungsdelikts zu untersuchen ist[35].

2. Die Übertragung des für die Unternehmensorganisation gewonnenen Ergebnisses auf die Mitglieder des Gremiums

Auch die von der Rechtsprechung vorgenommene Abgrenzung zwischen aktivem Tun und Unterlassen bei den einzelnen Gremiumsmitgliedern fällt entsprechend der beiden verschiedenen, betriebsbedingten Verhaltensalternativen des Unternehmens aus. Auffallend ist dabei jedoch, daß das konkrete und individuelle Verhalten der einzelnen Geschäftsführer zunächst unberücksichtigt bleibt. Zutreffend stellt deshalb *Kuhlen* zu den diesbezüglichen Ausführungen des BGH in der Lederspray-Entscheidung[36] fest, daß diese Abgrenzung mit Blick auf das Verhalten der einzelnen Geschäftsführer allein nicht verständlich sei. Der Senat interessiere sich auch gar nicht dafür, ob die Angeklagten in der Sitzung oder beim Produktvertrieb aktiv tätig wurden oder nicht, ob sie also z. B. das Wort ergriffen, Anweisungen erteilten oder ähnliches[37]. Verständlich wird dieses Ergebnis erst, wenn man das

---

35 *Hilgendorf*, Strafrechtliche Produzentenhaftung, S. 108; *Jescheck / Weigend*, AT, § 58 II 2 m.w.N.

36 BGHSt 37, S. 106, 114 ff.

37 *Kuhlen*, JZ 1994, S. 1142, 1144; *Puppe*, JZ 1992, S. 30, spricht insoweit von einem „kühnen Schritt" des BGH; auch *Ransiek*, Unternehmensstrafrecht, S. 37 f., weist darauf hin, daß die Schlußfolgerung des BGH keineswegs selbstverständlich sei.

methodologische Vorgehen des BGH zur Ermittlung der relevanten Verhaltensform genauer betrachtet: Anknüpfungspunkt bei der Abgrenzung von aktivem Tun und Unterlassen ist für die Rechtsprechung zunächst nur das „Verhalten" der Hersteller- oder Vertriebsunternehmen selbst. Die Rechtsprechung, insbesondere der BGH in der Lederspray-Entscheidung, entscheidet hinsichtlich der Abgrenzung der Deliktsformen für die betroffenen Unternehmen als juristische Personen deshalb ebenso, wie es bei einer als Hersteller oder Vertreiber fungierenden natürlichen Person der Fall wäre[38]. Auf das individuelle Verhalten jedes einzelnen Mitglieds der jeweiligen mehrköpfigen Geschäftsleitung wird zunächst nicht abgestellt. Das Herstellerunternehmen hat es unterlassen, die bereits vertriebenen Produkte zurückzurufen. Das Herstellerunternehmen hat aktiv gehandelt, indem es weitere Produkte in den Verkehr brachte oder produzierte[39]. Erst in einem zweiten Schritt ist dann das mit Blick auf das Unternehmen gewonnene Ergebnis den einzelnen Geschäftsführern als eigenes Handeln zuzurechnen[40]. Die Zurechnung der relevanten Verhaltensform, also aktives Tun oder Unterlassen, ergibt sich dabei aus der Stellung als Mitglied der Geschäftsführung. Als höchste hierarchische Ebene ist diese insgesamt verantwortlich für die Tätigkeiten des Unternehmens[41].

---

38 BGHSt 37, S. 106, 114.

39 *Kuhlen*, JZ 1994, S. 1142, 1144.

40 BGHSt 37, S. 106,114; ebenso BGH, ZLR 1988, S. 512 ff.; LG Frankfurt a.M., ZUR 1994, S. 33, 34.

41 *Goll*, in: Produkthaftungshandbuch, § 44; *Hüwels*, Fehlerhafter Gesetzesvollzug, S. 204; *Schmidt-Salzer*, Produkthaftung, Rz. 1.146 ff. m.w.N.

3. Die individuelle Abgrenzung bei den einzelnen Gremiumsmitgliedern

Zwar entspricht diese organisationsbezogene Sichtweise dem auch im Strafrecht anerkannten Prinzip der Generalverantwortung und Allzuständigkeit der Geschäftsleitung für die Belange des Unternehmens[42]. Bliebe es jedoch bei dieser Feststellung, würde die schlichte Übertragung des für das Unternehmen ermittelten strafrechtlich relevanten Verhaltens auf die einzelnen Mitglieder der Geschäftsleitung allein wegen ihrer Organstellung gegen das Schuldprinzip verstoßen[43]. In der Lederspray-Entscheidung hat der BGH deshalb auch ausdrücklich festgestellt, daß eine derartige Kollektivverantwortlichkeit mit dieser Vorgehensweise gerade nicht verbunden sei. Voraussetzung der Strafbarkeit jedes einzelnen Mitgliedes der Geschäftsführung sei vielmehr, daß der einzelne ihn persönlich treffende Pflichten des Unternehmens in individuell vorwerfbarer Weise verletzt und dadurch Schädigungen anderer verursacht hat[44].

Unter diesen Gesichtspunkten betrachtet, lassen sich jedoch in den diesbezüglichen Ausführungen des BGH zunächst nur schwer konkrete Aussagen über die individuelle Abgrenzung der Deliktsformen bei den einzelnen Geschäftsführern ausmachen. Hinsichtlich Produktion und Vertrieb fehlen Feststellungen zum konkret-individuellen Tun der einzelnen Geschäftsführer gänzlich. Hier bleibt es - wohl begünstigt durch den in diesem Fall einstimmig gefaßten Beschluß - bei dem für die gesamte Geschäftsleitung ermittelten relevanten Verhalten, also aktivem Tun.

Bei der Feststellung einer individuellen Unterlassung wird der BGH jedoch konkreter. Sie erfolgt, indem der Senat zu der Bestimmung der individuellen Handlungspflichten abschließend feststellt, daß jeder nur dazu verpflichtet gewesen sei, das

---

42 BGHSt 37, S. 106, 124; *Ebenroth / Willburger*, BB 1991, S. 1941, 1943; *Franzheim*, Umweltstrafrecht, S. 119; *Ransiek*, Unternehmensstrafrecht, S. 44; *Schmidt-Salzer*, Produkthaftung, Rz. 1.146 ff., ders., NJW 1996, S. 1, 4 f.; *Weimar*, GmbHR 1994, S. 82, 88; *Weißer*, Täterschaftsprobleme, S. 71.

43 Zum Schuldprinzip vgl. etwa BVerfGE 6, S. 389, 439; 50, S. 125, 133; BGHSt 10, S. 259, 262 f.; *Arthur Kaufmann*, Das Schuldprinzip, S. 116 ff.

44 BGHSt 37, S. 106, 125 f.

ihm Mögliche und Zumutbare zu tun, um einen Beschluß der Gesamtgeschäftsführung zustandezubringen. Keiner der Angeklagten habe dieser Handlungspflicht genügt. Sie alle hätten das ihnen abzuverlangende Tun unterlassen[45]. Hierin also liegt nach Auffassung des BGH das individuelle tatbestandsmäßige Unterlassen der einzelnen Geschäftsführer. Ausgehend von dem bereits für das Unternehmen und das verantwortliche Geschäftsleitungsorgan festgestellten relevanten Verhalten orientiert sich die Abgrenzung damit an dem jeweiligen Beitrag des einzelnen Geschäftsführers, den für den tatbestandlichen Erfolg „ursächlichen" Gesamtbeschluß des Gremiums zustandezubringen oder zu verhindern.

Dies erscheint auf den ersten Blick überzeugend, zumal der Senat bei der Abgrenzung der relevanten Verhaltensform nicht nur Wertungs-, sondern auch Kausalitätsgesichtpunkte heranzuziehen scheint. Bei genauerer Betrachtung ergeben sich jedoch Bedenken. Zum einen bleibt offen, in welchem Verhalten nun genau ein Unterlassen oder Tun liegt. Die Feststellung etwa, daß alles Mögliche und Zumutbare zu tun gewesen wäre, um einen Gesamtbeschluß herbeizuführen, läßt in dieser Hinsicht einen weiten Spielraum. Zum anderen ist es bei diesem Ansatz möglich, in jedem Unterlassen, einen bestimmten Beschluß zustandezubringen, auch ein positives Tun zu sehen, etwa in der gegenteiligen (aktiven) Stimmabgabe oder in Bemühungen, die einen entsprechenden Gesamtbeschluß vereiteln[46]. Die Unzulänglichkeit der Schwerpunktformel als Abgrenzungskriterium wird hier besonders deutlich. Da es sich hierbei um eine normativ-wertende Frage handelt, ist die Rechtsprechung grundsätzlich „frei", unter Berufung auf den „Schwerpunkt" in ein und demselben Verhalten ein Unterlassen oder ein Tun zu sehen. Auch bedarf es bei einer so vorgenommenen Abgrenzung grundsätzlich keiner exakten Konkretisierung des relevanten Verhaltens, denn es genügt ja die Bestimmung des jeweiligen Schwerpunkts. Hinsichtlich der einzelnen Mitglieder eines mehrköpfigen Entscheidungsgremiums ist es demnach auch möglich, die konkret-individuelle Verhaltensabgrenzung bei den einzelnen Gremiumsmitgliedern unter dem Vorbehalt des bereits vorher für das Unternehmen festgestellten relevanten Verhaltens zu betrach-

---

45 BGHSt 37, S. 106, 126.

46 *Pfohl*, NJW 1994, S. 418, 420.

ten. Erst dies schafft den Anknüpfungspunkt für den tatbestandlichen Erfolg und gibt dann den Ausschlag dafür, das jeweilige Abstimmungsverhalten oder die individuellen Bemühungen entweder als Tun oder als Unterlassen zu werten. Eine hinreichend bestimmte Abgrenzung erfolgt hierdurch jedoch nicht.

Dennoch trifft die Lösung des BGH im Ergebnis teilweise zu. Sieht die Entscheidung der Geschäftsführung die Weiterproduktion und den weiteren Vertrieb der Produkte vor, kommt nur ein positives Tun in Betracht. In diesem Fall ein Unterlassen anzunehmen, ist nicht überzeugend, da die Geschäftsführer es insoweit nicht unterlassen haben, die Weiterproduktion durch die Anordnung eines Produktions- oder Vertriebsstops zu verhindern, sondern sie vielmehr weiterhin aktiv Arbeitnehmer und Produktionsmittel für ihre Interessen einsetzen[47]. Dies ist insbesondere auch dann der Fall, wenn zur Weiterproduktion keine neuen Weisungen erforderlich sind, sondern die Produktion weiterläuft wie bisher[48]. Stimmen in diesem Fall alle Gremiumsmitglieder für einen entsprechenden Beschluß, leisten sie durch ihr Votum sowohl einen objektiven als auch subjektiven Beitrag zum Zustandekommen der Gesamtentscheidung. Damit machen sich die Mitglieder des Gremiums jedoch die Interessen des Unternehmens sowie des Gesamtgremiums zu eigen. Gleichzeitig bedienen sie sich der Unternehmensorganisation sowie der zur Ausführung der Entscheidung notwendigen Produktions- und Vertriebsmittel. Erst dies bildet den Anknüpfungspunkt für den tatbestandlichen Erfolg und erlaubt es, den einzelnen Gremiumsmitgliedern das für das Unternehmen sowie das Gesamtgremium festgestellte relevante Verhalten zuzurechnen. Damit wird jedoch deutlich, daß das tatsächliche phänotypische Verhalten des einzelnen Geschäftsführers insoweit ohne Belang ist. Andernfalls könnten bei der Feststellung des strafrechtlich relevanten Verhaltens bereits aus der jeweiligen Formulierung der Abstimmungsfrage unterschiedliche Ergebnisse folgen. Die Formulierung der Abstimmungsfrage mag zwar wesentlich für psychologisch-taktische Erwägungen innerhalb des Gremiums sein; für die rechtliche Bewertung des relevanten Verhaltens kann sie jedoch keinen

47 *Ransiek*, Unternehmensstrafrecht, S. 31.

48 *Ransiek*, a.a.O., S. 31.

Unterschied machen[49]. Maßgeblich ist vielmehr, ob ein einzelnes Gremiumsmitglied einen Beitrag zum Zustandekommen des für den tatbestandlichen Erfolg ursächlichen Gesamtbeschlusses erbracht hat.

Stimmen hingegen einzelne Gremiumsmitglieder gegen die Weiterproduktion oder enthalten sie sich der Stimmen, und kommt dennoch aufgrund einer Mehrheitsentscheidung ein entsprechender Beschluß für die Weiterproduktion und den weiteren Vertrieb zustande, liegt im Hinblick auf das Unternehmen und das Gesamtorgan zwar weiterhin positives Tun vor. Mangels eines kausalen Beitrags zur Gesamtentscheidung läßt sich jedoch für diese Gremiumsmitglieder ein Produzieren und Vertreiben der Produkte durch positives Tun gerade nicht feststellen. Insoweit kommt vielmehr nur der Vorwurf in Betracht, sie hätten handeln und weitergehende Maßnahmen ergreifen müssen. Soweit dies unterbleibt, ist ihnen also nur ein Unterlassen vorzuwerfen.

Auch in den Fällen, in denen gesundheitsschädliche Produkte bereits vertrieben worden sind und im Zeitpunkt der Inverkehrgabe eine Gefahr nach dem damaligen Stand der Wissenschaft und Technik noch nicht erkennbar war, ist dem BGH in der Abgrenzungsfrage im Ergebnis zuzustimmen. Die vorangegangene Inverkehrgabe hat als positives Tun insoweit keine Relevanz, da sich im maßgeblichen Zeitpunkt des Schuldvorwurfes weder Vorsatz noch Fahrlässigkeit feststellen lassen[50]. Zur Vermeidung des tatbestandlichen Erfolgs bedarf es in dieser Situation vielmehr noch einer weiteren Ausführungshandlung in Form einer Warn- oder Rückrufaktion. Zur Verhinderung des Erfolgseintritts kommt deshalb sowohl für das Unternehmen als auch für die einzelnen Gremiumsmitglieder als relevante Verhaltensform nur ein Unterlassen in Frage[51].

---

49 *Neudecker*, Verantwortlichkeit, S. 128; *Franke*, JZ 1982, S. 579, 582.

50 *Bock*, Produktkriminalität, S. 96.

51 Ebenso die h. M.: LG Frankfurt a. M., ZUR 1994, S. 33 ff.; *Deutscher / Körner*, wistra 1996, S. 292, 298; *Goll*, in: Produkthaftungshandbuch, § 45, Rz. 5; *Heine*, Die strafrechtliche Verantwortlichkeit von Unternehmen, S. 108 ff.; *Hilgendorf*, Strafrechtliche Produzentenhaftung, S. 107 ff.; *Neudecker*, Verantwortlichkeit, S.128; *Otto*, WiB 1995, S. 929, 933; *Ransiek*, Unternehmensstrafrecht, S. 31; *Weißer*, Täterschaftsprobleme, S. 76.

V. Ergebnis des Abschnittes A.

Die vom BGH in der Lederspray-Entscheidung vorgenommene Ermittlung der strafrechtlich relevanten Verhaltensform der einzelnen Mitglieder des Entscheidungsgremiums genügt nicht den Anforderungen hinreichender Bestimmtheit und führt nur teilweise zum richtigen Ergebnis. Wird aufgrund einer Mehrheitsentscheidung weiter produziert oder vertrieben, kommt für diejenigen Gremiumsmitglieder, die sich der Stimme enthalten oder dagegen gestimmt haben, kein positives Tun, sondern nur ein Unterlassen in Betracht. Soweit es hingegen um bereits vertriebene Produkte geht, ist sowohl dem Unternehmen als auch den einzelnen Geschäftsführern nur ein Unterlassen vorzuwerfen.

Der weitere Verlauf der Untersuchung widmet sich nunmehr der näheren Bestimmung der individuellen strafrechtlichen Verantwortung der einzelnen Gremiumsmitglieder. Dabei wird sich die vorliegende Arbeit auf die überwiegende Anzahl der Fälle konzentrieren, in denen eine Unterlassungstat anzunehmen ist. Neben der Feststellung einer Garantenstellung und der Quasikausalität zwischen dem individuellen Verhalten des Gremiumsmitgliedes und dem Erfolg kommt hierbei der Bestimmung der erforderlichen Rettungshandlung maßgebliche Bedeutung zu.

B. DIE ERFORDERLICHE RETTUNGSHANDLUNG

I. Die erforderliche Rettungshandlung in Rechtsprechung und Literatur

Im Gegensatz zum positiven Tun ist die strukturelle Beschaffenheit der Unterlassung als eine Form menschlichen Verhaltens noch nicht abschließend geklärt[1]. Einigkeit besteht in Literatur und Rechtsprechung jedoch darüber, daß die Unterlassung erst durch ein bestimmtes normatives Urteil[2] ihre strafrechtliche „Substanz" erhält. Neben der Feststellung, ein bestimmtes Verhalten sei möglich gewesen, ist für die Unterlassung eine enttäuschte Erwartung[3], die Feststellung der Nichtvornahme einer bestimmten und geforderten Handlung kennzeichnend. Unterlassung bedeutet nicht „Nichtstun", sondern etwas Bestimmtes nicht zu tun[4]. Erst das Vorhandensein einer Forderung, die sich aus bestimmten Normkomplexen ergibt, führt zu dem Urteil, daß eine gebotene Handlung unterlassen worden ist. Demnach ist Unterlassen die Nichtvornahme einer erforderlichen Rettungshandlung zur Abwendung des tatbestandlichen Erfolges[5].

Wie die erforderliche, aber ausgebliebene Handlung hätte aussehen sollen, ergibt sich bei echten Unterlassungsdelikten unmittelbar aus dem Gesetz, z.B. §§ 123 I

---

1 Zum Meinungsstand: *Armin Kaufmann*, Unterlassungsdelikte, S. 59 ff.; *Maurach / Gössel / Zipf*, AT 2, § 45, Rz. 1 ff.; Schönke / Schröder / *Stree*, vor § 13, Rz. 139 m.w.N.

2 *Gallas*, ZStW 67 (1955) S. 1, 8 f.; LK- *Jescheck*, vor § 13, Rz. 85 m.w.N.

3 Schönke / Schröder / *Stree*, vor § 13, Rz. 139.

4 *Blei*, AT, S. 309; *Jescheck / Weigend*, AT, § 59 I; *Schmidhäuser*, AT, S. 645; *Wessels / Beulke*, AT, Rz. 708.

5 *Gallas*, ZStW 67 (1955), S. 1, 8 f.; *Armin Kaufmann*, Unterlassungsdelikte, S. 96 ff.; *Lackner / Kühl*, § 13, Rz. 5; *Maurach / Gössel / Zipf*, AT 2, § 46 I, Rz. 3; *Schmidhäuser*, AT, S. 645; SK / *Rudolphi*, vor § 13, Rz. 4; *Stratenwerth*, AT, Rz. 1022.

2. Alt., 138, 323c StGB. Nach ganz herrschender Meinung bestimmt sich bei den unechten Unterlassungsdelikten der konkrete Inhalt der geforderten Handlung nach den Umständen des Einzelfalls[6] bzw. der tatbestandsmäßigen Situation[7]. Die Erforderlichkeit der Handlung ist dabei grundsätzlich objektiv zu bestimmen, so daß die eventuelle Nichtkenntnis der Gefahrensituation lediglich den Tatbestandsvorsatz betrifft[8]. Bereits aus dem Begriff des Unterlassens ergibt sich jedoch, daß rechtlich nur das gefordert werden kann, was für den Unterlassenden tatsächlich möglich ist[9]. Die Beurteilung der Handlungsmöglichkeit muß dabei konkret auf denjenigen bezogen werden, der als Unterlassungstäter in Betracht kommt. Nur die Unterlassung einer Handlung, die gerade dieser Person möglich gewesen wäre, kann Unrechtsqualität haben. Zu berücksichtigen ist deshalb insbesondere die individuelle Handlungsfähigkeit[10] des Normadressaten in der konkreten Gefahrensituation.

Ebenso wie für die tatsächliche Handlungsmöglichkeit stimmt die ganz herrschende Meinung weiterhin darin überein, daß bei den unechten Unterlassungsdelikten die Strafbarkeit des Untätigbleibens unter dem Vorbehalt der Zumutbarkeit normgemäßen Verhaltens steht[11]. Die wohl überwiegende Ansicht sieht dabei im Kriterium

---

6 Schönke / Schröder / *Stree*, vor § 13, Rz. 140 m.w.N.

7 *Jescheck / Weigend*, AT, § 59 I; *Armin Kaufmann*, Unterlassungsdelikte, S. 96 ff.; *Welzel*, Das deutsche Strafrecht, S. 204, 211.

8 *Schmidhäuser*, AT, S. 681; *Schünemann*, Grund und Grenzen, S. 30 f.; SK / *Rudolphi*, vor § 13, Rz. 3; *Wessels / Beulke*, AT, Rz. 709 m.w.N.

9 *Engisch*, Kausalität, S. 31; *Kühl*, AT, § 18, Rz. 30; *Schaffstein*, in: Festschrift OLG Celle, 1961, S. 175, 202.

10 Die Berücksichtigung auch der individuellen Handlungsfähigkeit entspricht der herrschenden Meinung, BGHSt 15, S. 18, 22; *Baumann / Weber / Mitsch*, AT, § 15, Rz. 15 f.; *Eser*, Strafrecht II, Nr. 26 A, Rz. 13 ff.; *Jescheck / Weigend*, AT, § 59 II 2; *Kühl*, AT, § 18, Rz. 30 f.; *Maurach / Gössel / Zipf*, AT 2, S. 144 ff.; *Schmidhäuser*, AT, S. 681; SK / *Rudolphi*, vor § 13, Rz. 13; *Wessels / Beulke*, AT, Rz. 708; a.A. *Maiwald*, JuS 1981, S. 473, 479, der hinsichtlich der persönlichen Handlungsfähigkeit besondere Defizite des konkreten Subjekts für unerheblich hält und auf dessen Befähigung im Normalfall abstellen will.

11 BGHSt 6, S. 47, 57; BGH, NStZ 1984, S. 164 ff.; *Jescheck / Weigend*, AT, § 59 VIII 3; *Maurach / Gössel / Zipf*, AT 2, § 46, Rz.130 ff.; SK / *Rudolphi*, vor § 13, Rz. 34; *Wessels / Beulke*, AT, Rz. 739.

der Zumutbarkeit ein Element der Schuld[12]. Der Frage nach der Zumutbarkeit der individuell erforderlichen Rettungshandlung soll deshalb erst im weiteren Verlauf der Untersuchung genauer nachgegangen werden[13].

Angesichts der Vielfalt von möglichen tatbestandlichen Situationen bestimmt sich die gebotene Handlung zur Vermeidung des konkreten Erfolges nach der jeweiligen Lage des Einzelfalles. Im Rahmen der strafrechtlichen Produktverantwortung lassen sich aber in der Rechtsprechung[14] und Literatur[15] bestimmte Typen erforderlicher Rettungshandlungen feststellen, die sich weitestgehend an den bereits zur zivilrechtlichen Produkthaftung entwickelten Grundsätzen und Pflichten orientieren[16]. Für die hier zu untersuchenden Fälle kommen als erforderliche Rettungshandlungen deshalb vor allem die Warnung vor gefährlichen Produkten sowie der Rückruf von entsprechenden Produkten in Betracht[17].

II. Die Individualisierung der erforderlichen Rettungshandlung innerhalb des Unternehmens

Die im Rahmen der strafrechtlichen Produktverantwortung zur Abwendung des tatbestandlichen Erfolges in Frage kommenden Handlungen betreffen zunächst einmal

---

12 *Wessels / Beulke*, AT, Rz. 739 m.w.N.

13 Siehe unten, Abschnitt B. VI., S. 93 ff.

14 BGH, ZLR 1988, S. 512 ff.; BGHSt 37, S. 106 ff.; OLG Karlsruhe, NJW 1981, S. 1054; LG München II, abgedruckt in: Schmidt-Salzer, ES, Nr. IV. 28 (S. 307 ff.); LG Frankfurt a. M., ZUR 1994, S. 33 ff.

15 *Goll*, in: Produkthaftungshandbuch, § 45, Rz. 18 ff.; *Hilgendorf*, Strafrechtliche Produzentenhaftung, S. 109; *Kühl*, AT, § 18, Rz. 28.

16 Zu dieser Entwicklung in der strafrechtlichen Rechtsprechung: *Brammsen*, GA 1993, S. 97, 115 ff.; *Eidam*, Unternehmen und Strafe, S. 300 ff. m.w.N.

17 *Kassebohm / Malorny*, BB 1994, S. 1361,1364 ff.; *Schmidt-Salzer*, Produkthaftung, Rz. 1.159; *Weißer*, Täterschaftsprobleme, S. 65 m.w.N.; vgl. hierzu auch die zivilrechtlichen Darstellungen bei *Löwe*, DAR 1978, S. 288 ff.; Palandt / *Thomas*, § 823, Rz. 201 ff.; *Schwenzer*, JZ 1987, S.1059 ff. m.w.N.

nur die Unternehmen und Betriebe, welche die Produkte herstellen und vertreiben[18]. Anders als im Zivilrecht, in dem eine Haftung der juristischen Person möglich ist[19], können die Unternehmen de lege lata jedoch nicht zur Verantwortung gezogen werden[20]. Im deutschen Strafrecht kann vielmehr allein das Individuum Täter einer Straftat sein, so daß eine strafrechtliche Produktverantwortung nur im Hinblick auf einzelne Unternehmensmitglieder in Betracht kommt[21]. Erst die Individualisierung der für die Unternehmen festgestellten Handlungsalternativen führt deshalb zum richtigen Anknüpfungspunkt für die strafrechtliche Verantwortung und zur Möglichkeit, die zur Verhinderung des tatbestandlichen Erfolges erforderliche Handlung präzise zu bestimmen. Es ergibt sich demnach die Notwendigkeit, zunächst zu ermitteln, an wessen konkreten Handlungsmöglichkeiten innerhalb des Unternehmens sich die Ermittlung der erforderlichen Rettungshandlung zu orientieren hat.

Dabei entspricht es der ständigen Rechtsprechung[22] und der Literatur[23], bei der Feststellung der strafrechtlichen Verantwortung im Rahmen arbeitsteiligen Handelns die innerbetriebliche Organisation zu berücksichtigen. Zur Ermittlung der individuellen Handlungsalternativen einzelner Mitarbeiter bedarf es deshalb zunächst der Bestimmung und Abgrenzung der einzelnen Verantwortungsbereiche

---

18 *Kuhlen*, JZ 1994, S.1142, 1144; *Meier*, NJW 1992, S. 3193, 3195.

19 *Eisenhardt*, Gesellschaftsrecht, Rz. 34, 175, 264 u. 275 m.w.N.

20 *Otto*, Strafbarkeit von Unternehmen, S. 22; *Pfohl*, NJW 1994, S. 418; *Volk*, JZ 1993, S. 429 ff.; zur Möglichkeit, de lege ferenda eine Strafbarkeit juristischer Personen einzuführen: *Ackermann*, Die Strafbarkeit juristischer Personen im deutschen und ausländischen Rechtsordnungen, 1984, S. 1 ff.; *Hirsch*, ZStW 107 (1995), S. 285 ff.

21 *Neudecker*, Verantwortlichkeit, S. 28 f.; *Schmidt-Salzer*, NJW 1990, S. 2966, 2967.

22 BGH, ZLR 1988, S. 512 ff.; OLG Stuttgart, BB 1976, S. 951; LG München II, abgedruckt in: Schmidt-Salzer, ES, Nr. IV. 28 (S. 307 ff.).

23 *Ebenroth / Willburger*, BB 1991, S. 1941 f.; *Eichinger*, Die strafrechtliche Produkthaftung, S. 155; *Goll*, in: Produkthaftungshandbuch, § 44, 9 f.; *Heine*, Verantwortlichkeit von Unternehmen, S. 31 ff.; *Kassebohm / Malorny*, BB 1994, S. 1361 ff.; *Kohlmann*, Strafrechtliche Verantwortlichkeit, S. 6 und 17; *Ransiek*, Unternehmensstrafrecht, S. 41 ff.; *Schmidt-Salzer*, Produkthaftung, Rz. 1.180 ff.

innerhalb der Unternehmenshierarchie[24]. In einem zweiten Schritt sind dann die konkreten Handlungsmöglichkeiten des einzelnen Beschuldigten zu bestimmen[25]. Diese organisationsbezogene Beurteilung der strafrechtlichen Verantwortlichkeit ist für eine präzise Feststellung der gebotenen Handlung und damit für eine effektive strafrechtliche Produktverantwortung von entscheidender Bedeutung. Sie ermöglicht eine Loslösung des Strafrechts von der Fixierung auf den in einem naturalistischen Sinne „Tatnächsten". Dies wird in aller Regel ein ausführendes Organ mit geringem Zuständigkeits- und Entscheidungsspielraum sein, z. B. ein Arbeiter, der im Bereich der Produktion oder des Vertriebs beschäftigt ist[26]. Durch die organisationsbezogene Sichtweise wird der Blick auf den innerhalb des Unternehmens eigentlichen Entscheidungsträger gelenkt: Die Geschäftsleitung. Diese ist als entscheidungsberechtigtes Organ der Gesellschaft zuständig und in der Lage, die betriebsbezogenen Handlungsalternativen zu veranlassen und auszuführen. Daraus ergibt sich die grundsätzliche Generalverantwortung und Allzuständigkeit der Geschäftsleitung für alles, was im Herrschafts- und Verantwortungsbereich des Unternehmens geschieht[27]. Strafrechtlich ist dieses Vorgehen neu und bedeutet einen methodologischen Wechsel. Der traditionelle Anknüpfungspunkt jeglicher strafrechtlicher Zurechnung ist die Verletzung eines Rechtsgutes. Mit der organisationsbezogenen Sichtweise setzt die Untersuchung von Handlungsmöglichkeiten und der damit zusammenhängenden Pflichtverstöße sowie die Zurechnung strafrechtlicher Verantwortung nun nicht mehr primär bei demjenigen an, der den Schaden unmittelbar verursacht hat bzw. diesem am nächsten ist, sondern bei demjenigen, der ihn zu verantworten hat. Dadurch läßt sich die Beurteilung von strafrechtlicher

---

24 Eine spezialgesetzliche Regelung zur Abgrenzung findet sich z. B. im Arzneimittelrecht, § 19 AMG.

25 Zu dieser Mehrstufigkeit der Strafbarkeitsprüfung: *Kuhlen*, JZ 1994, S. 1142 ff.; *Schmidt-Salzer*, Produkthaftung, Rz. 1.080 ff., 1.319.

26 *Kuhlen*, WiVerw 1991, S. 243 ff.; ders., JZ 1994, S. 1144; *Schmidt-Salzer*, BB 1992, S. 1866,1869.

27 *Bruns*, in: Festschrift für Heinitz, 1972, S. 317 ff.; *Neudecker*, Verantwortlichkeit, S. 29 f.; *Schmidt-Salzer*, Produkthaftung, Rz. 1.146 f.; ders., NJW 1994, S. 1310. Kritisch zu diesem Prinzip *Peters*, ZLR 1988, S. 518 ff. Für die gleichgelagerte Problematik im Umweltrecht, *Ebenroth / Willburger*, BB 1991, S. 1941 f.;*Weimar*, GmbHR 1994, S. 82, 88 m.w.N.

Verantwortlichkeit nicht mehr vom Schaden, sondern allein von der Verteilung der Pflichten im Unternehmen leiten[28]. Anschaulich wird deshalb in diesem Zusammenhang auch von einer „top-down" Betrachtung gesprochen[29]. Daß diese Vorgehensweise eine differenzierte und damit effektive Feststellung von strafrechtlicher Verantwortlichkeit ermöglicht, läßt sich kaum bestreiten. Sie kommt modernen Tatherrschaftslehren[30], deren Anknüpfungspunkt nicht der unmittelbar Handelnde ist, sondern derjenige, der die „Fäden in den Händen hält", methodisch entgegen[31]. Dadurch wird der sozialen Realität in arbeitsteilig strukturierten Unternehmen angemessen Rechnung getragen[32]. Rücken nun die Geschäftsleitung und deren Mitglieder in das Blickfeld der Betrachtung, so hat sich die Frage nach der erforderlichen Rettungshandlung an deren konkreten Handlungsalternativen zu orientieren.

III. Die Orientierung an den Handlungsalternativen einer mehrköpfigen Geschäftsleitung

1. Die Berücksichtigung der individuellen Handlungsmöglichkeiten der einzelnen Gremiumsmitglieder

In Unternehmen besteht die Geschäftsleitung häufig aus mehreren Mitgliedern. Da es eine kollektive Schuld oder Verantwortlichkeit im deutschen Strafrecht nicht

---

28 Zu dem Wechsel in der Zurechnungsmethode, *Hassemer*, Produktverantwortung, S. 62 ff.

29 *Franzheim*, Umweltstrafrecht, S. 117 ff.; *Kuhlen*, JZ 1994, S. 1142, 1144; Schönke / Schröder / *Cramer*, § 15, Rz. 223 ; *Weimar*, GmbHR 1994, S. 82, 88.

30 *Bockelmann / Volk*, AT, S. 177 ff.; *Roxin*, Täterschaft und Tatherrschaft, S. 1 ff.; *Rudolphi*, in: Festschrift für Bockelmann, 1979, S. 369.

31 *Hassemer*, Produktverantwortung, S. 62.

32 *Hilgendorf*, Strafrechtliche Produzentenhaftung, S. 72 f.; *Hirte*, JZ 1992, S. 257 f.; *Kassebohm / Malorny*, BB 1994, S. 1361 ff.; *Meier*, NJW 1992, S. 3193 ff.; *Stratenwerth*, in: Festschrift für R. Schmitt, 1992, S. 295, 298; *Weißer*, Täterschaftsprobleme, S. 73.

gibt[33], muß für jedes einzelne Gremiumsmitglied das ihm individuell vorwerfbare Verhalten ermittelt werden[34]. Im Bereich unechter Unterlassungsdelikte stellt sich damit zunächst hinsichtlich der Feststellung der erforderlichen Rettungshandlung die Frage, welche konkreten Handlungsalternativen die einzelnen Mitglieder der Geschäftsleitung im Hinblick auf schadensverhindernde Maßnahmen haben. In der Rechtsprechung stellt das Lederspray-Urteil[35] die bisher differenzierteste Entscheidung zu dieser Problematik dar. Dies gilt insbesondere für die Feststellung individueller Handlungspflichten der Mitglieder einer mehrköpfigen Geschäftsführung sowie die damit notwendigerweise verbundene Bestimmung und Berücksichtigung der konkreten Handlungsalternativen einzelner Gremiumsmitglieder. Für den weiteren Verlauf der Untersuchung ist es deshalb notwendig, die entsprechenden Ausführungen des BGH näher zu betrachten.

2. Die erforderliche Rettungshandlung in der Lederspray-Entscheidung

Die Ausführungen des BGH konzentrieren sich zunächst auf die Feststellung und Bestimmung von Handlungspflichten. Erst im weiteren Verlauf dieser Prüfung geht der Senat genauer auf die individuell erforderliche Rettungshandlung und die damit verbundene Analyse der konkreten Handlungsalternativen der einzelnen Geschäftsführer ein. Dabei werden zwar die Grundsätze der organisationsbezogenen Betrachtungsweise durch den BGH nicht explizit formuliert, jedoch werden sie bei der Feststellung der gebotenen Handlungspflichten und der konkret erforderlichen Rettungshandlung implizit zugrundegelegt.

---

33 *Hassemer*, Produktverantwortung, S. 62; Schönke / Schröder / *Cramer*, § 15, Rz. 223 m.w.N.

34 *Dreher*, ZGR 1992, S. 22, 43; *Kohlmann*, Strafrechtliche Verantwortlichkeit, S. 17, Rz. 25; *Kuhlen*, NStZ 1990, S. 566, 569; ders., JZ 1994, S. 1142, 1145; *Neudecker*, Verantwortlichkeit, S. 29.

35 BGHSt 37, S. 106 ff.

Zunächst stellt der Senat für die einzelnen Geschäftsführer der mit der Herstellung und dem Vertrieb befaßten Firmen - als die in der Unternehmenshierarchie Verantwortlichen - eine allgemeine Schadensabwendungspflicht fest. Als Geschäftsführern obliege den Angeklagten die Rechtspflicht, dafür zu sorgen, daß Verbraucher der von diesen Firmen produzierten und vertriebenen Ledersprays vor Gesundheitsschäden bewahrt blieben[36]. Dies umfaßt nach Meinung des Gerichts auch die Pflicht zur Schadensabwendung, wenn gesundheitsgefährdende Bedarfsartikel in den Verkehr gelangt sind[37]. Die Konkretisierung des Rückrufgebots aus der allgemeinen Schadensabwendungspflicht wird vom BGH zunächst nicht näher erörtert[38]. Sie ergibt sich jedoch aus den weiteren Ausführungen des Senats hinsichtlich der Abwägung zwischen der Rückrufaktion und möglicherweise weniger einschneidenden Maßnahmen. Nach Ansicht des Gerichts reichten diese Maßnahmen nicht aus, um eine wirksame Schadensverhütung zu gewährleisten, so daß als gebotene Handlung nur eine Rückrufaktion in Frage kam[39]. Der Senat bejaht zunächst eine Pflicht zum Rückruf für sämtliche Geschäftsführer der drei beteiligten Gesellschaften. Hinsichtlich der Geschäftsführer der Tochtergesellschaften entfällt nach Ansicht des Gerichts diese Pflichtenstellung auch nicht dadurch, daß diese der Muttergesellschaft untergeordnet waren[40].

Eine wesentliche Bedeutung der Lederspray-Entscheidung ergibt sich nun aber aus den Ausführungen des BGH zu den gebotenen Handlungspflichten der mehrköpfigen Geschäftsführung der Muttergesellschaft. Zwar erkennt der Senat eine Verantwortungsbegrenzung durch Aufteilung in Geschäftsbereiche grundsätzlich an, jedoch bleibt nach seiner Ansicht der Grundsatz der Generalverantwortung und Allzuständigkeit der Geschäftsleitung dort bestehen, wo - wie etwa in Krisen- und Aus-

36 BGHSt 37, S. 106, 114.

37 BGHSt 37, S. 106, 114.

38 Der BGH, BGHSt 37, S. 106, 116, verweist insoweit nur auf bereits behandelte Fälle der Rückrufproblematik, insbesondere auf den Bienenstich-Fall, BGH, ZLR 1988, S. 512 ff.

39 BGHSt 37, S. 106, 121.

40 BGHSt 37, S. 106, 124 f.

nahmesituationen - aus besonderem Anlaß das Unternehmen als Ganzes betroffen ist[41]. Die Bewältigung eines ressortübergreifenden Problems - um ein solches handelte es sich nach Ansicht des Senats - erfordere deshalb das Eingreifen der Gesamtgeschäftsleitung und damit eine Beschlußfassung unter Beteiligung sämtlicher Mitglieder der Geschäftsführung. Selbst eine dominierende Stellung eines einzelnen Geschäftsführungsmitgliedes, gegen dessen Votum Entscheidungen praktisch ausgeschlossen sind, führe nicht zu einer Beschränkung der Gesamtverantwortung aller Geschäftsführungsmitglieder[42]. Im Gegensatz zur Entscheidung der Vorinstanz[43] differenziert der Senat jedoch weiter zwischen der allen Geschäftsführern gemeinsam obliegenden Rückrufpflicht und dem jeden einzelnen Geschäftsführer persönlich treffenden Handlungsgebot, einen entsprechenden Beschluß des Gesamtgremiums herbeizuführen. Hierbei sei die Möglichkeit, für jedes Mitglied der Geschäftsführung eigenhändig einen Rückruf zu veranlassen, abzulehnen. Das Gericht begründet dies mit dem Hinweis auf die in einer GmbH grundsätzlich bestehende Gesamtgeschäftsführung[44]. Gesellschaftsrechtlich seien die Geschäftsführer deshalb nur gemeinschaftlich zu handeln befugt gewesen, so daß keiner von ihnen ohne Mitwirkung der anderen alleine hätte vorgehen können und dürfen. Diese gesellschaftsrechtlich bedingte Organisationsstruktur führe somit zu einer Begrenzung der individuellen Handlungsanforderungen der einzelnen Geschäftsführungsmitglieder. Andere Handlungsalternativen der einzelnen Geschäftsführer kommen für das Gericht nicht in Betracht. Der Senat ist deshalb der Ansicht, daß jeder der Geschäftsführer nur dazu verpflichtet war, unter vollem Einsatz seiner Mitwirkungsrechte das ihm Mögliche und Zumutbare zu tun, um einen Beschluß der Gesamtgeschäftsführung über Anordnung und Vollzug des gebotenen Rückrufs zustandezu-

---

41 BGHSt 37, S. 106, 124.

42 BGHSt 37, S. 106, 125.

43 LG Mainz, Urteil vom 16.01.1989, 8 Js 3708 / 84 W 5 KLs (Lederspray I), abgedruckt in: Schmidt-Salzer, ES, Nr. IV. 3.22 (S. 27 ff.).

44 BGHSt 37, S. 106, 125. Der BGH stellt hierzu fest, daß in der Muttergesellschaft Entscheidungen durch Mehrheitsbeschluß zu treffen waren, wobei im Fall der Überstimmung des Angeklagten S. die Entscheidung ausgesetzt werden mußte, und der Stichentscheid des Aufsichtsratsvorsitzenden den Ausschlag gab.

bringen[45]. Da keiner der Angeklagten dieser Handlungspflicht genügt hatte, liege hierin das Unterlassen der erforderlichen Rettungshandlung zur Abwendung des tatbestandlichen Erfolges.

3. Kritische Würdigung der Argumentation des BGH

a) *Die Orientierung des BGH an dem Grundsatz der Generalverantwortung*

Die Feststellung, daß in Krisen- und Ausnahmesituationen der gesellschaftsrechtliche Grundsatz der Generalverantwortung wiederauflebt, entspricht der Rechtsprechung[46] und der Literatur[47]. Diese Sicht beruht auf dem Gedanken, daß entsprechende Notsituationen im voraus nicht konkret absehbar und erfaßbar sind und deswegen auch nicht vorab einem oder mehreren Geschäftsbereichen oder Ressorts zugeordnet werden können. Angesichts einer Krisensituation, die unter Umständen schnelles Handeln erfordert, dürften deshalb in der Regel sämtliche Geschäftsbereiche betroffen sein und damit die Geschäftsführung insgesamt. Für die Frage nach der erforderlichen Rettungshandlung zur Abwendung des tatbestandlichen Erfolges sind demnach grundsätzlich zunächst die Handlungsalternativen der Gesamtgeschäftsführung entscheidend. Dies wird vom Senat zwar nicht ausdrücklich festgestellt, jedoch implizit zugrunde gelegt, wie die nachfolgenden Ausführungen zeigen werden.

---

45 BGHSt 37, S. 106, 126.

46 BGHSt 19, S. 286 ff.

47 *Bock*, Produktkriminalität, S. 84; *Dreher*, ZGR 1992, S. 22, 55 f.; *Eichinger*, Die strafrechtliche Produkthaftung, S. 154 f.; *Eidam*, Unternehmen und Strafe, S. 168; *Schmidt-Salzer*, Produkthaftung, Rz. 1.160, 1.176 ff.; *Weißer*, Täterschaftsprobleme, S. 72 f. m.w.N.

b) Die generelle Berücksichtigung der individuellen gesellschaftsrechtlichen Kompetenzen der Gremiumsmitglieder durch den BGH

Wesentlich ist nunmehr die vom BGH vorgenommene Differenzierung zwischen der die gesamte Geschäftsleitung treffenden Rückrufpflicht und dem das einzelne Geschäftsführungsmitglied treffenden konkreten Handlungsgebot. Eine Übertragung der betriebsbezogenen Pflichten auf die einzelnen Geschäftsführungsmitglieder allein aufgrund ihrer Organstellung würde gegen das Schuldprinzip verstoßen. Strafrechtliche Verantwortung beruht auf dem Grundsatz der individuellen Vorwerfbarkeit[48]. Bei einer mehrköpfigen Geschäftsleitung müssen deshalb die konkret-individuellen Handlungspflichten jedes einzelnen Geschäftsführungsmitgliedes festgestellt werden. Entscheidend für die hier zu untersuchende Frage nach der erforderlichen Rettungshandlung ist jedoch, daß der BGH im weiteren Verlauf der Differenzierung von Handlungspflichten nunmehr die individuellen gesellschaftsrechtlichen Handlungsmöglichkeiten der einzelnen Geschäftsführer berücksichtigt und dabei für eine GmbH mit mehreren Geschäftsführern maßgeblich auf die Gesamtgeschäftsführung abstellt[49]. Danach sind die Geschäftsführer nur befugt, gemeinschaftlich zu handeln. Keiner darf ohne die Mitwirkung der anderen vorgehen. Maßnahmen der Geschäftsleitung sind von allen Geschäftsführern gemeinsam zu beschließen[50].

Die vom BGH zunächst vorgenommene Vermengung der Feststellung der erforderlichen Rettungshandlung zur Abwendung des tatbestandlichen Erfolges mit der davon zu trennenden Frage nach der besonderen Pflicht, diese auch vorzunehmen, wird dabei deutlich. Trennt der Senat diese beiden Gesichtspunkte nunmehr voneinander, so hat dies notwendigerweise deshalb zu geschehen, weil die Bestimmung von Handlungspflichten dort ihre Grenze findet, wo die in Frage stehende Handlung unmöglich bzw. unrealisierbar wird. Treten jetzt die individuellen gesellschaftsrechtlichen Handlungsmöglichkeiten der einzelnen Geschäftsführer in den Vorder-

---

48 BGHSt 2, S. 194, 200; 18, S. 87 ff. Zum verfassungsmäßigen Grundsatz „nulla poena sine culpa“, BVerfGE 6, S. 389, 439; 50, S. 125, 133.

49 BGHSt 37, S. 106, 125.

50 BGHSt 37, S. 106, 125; Baumbach / Hueck / *Zöllner*, GmbHG, § 37, Rz. 16 m.w.N.

grund, so entspricht dies der von der herrschenden Meinung vertretenen Ansicht, daß im Rahmen der Feststellung der zur Abwendung des tatbestandlichen Erfolges notwendigen Handlung rechtlich nur das gefordert werden kann, was dem Beschuldigten individuell möglich ist[51]. Wesentlich ist dabei, daß sich die Bestimmung des individuellen Könnens nicht nur daran zu orientieren hat, was dem Beschuldigten physisch-real möglich ist. Darüber hinaus ist auch zu berücksichtigen, ob für den Beschuldigten eine rechtlich zulässige Möglichkeit zum Handeln besteht[52]. Die faktische Möglichkeit zum Verstoß gegen die Rechtsordnung kann nämlich bei der Bestimmung des individuellen Könnens nicht in Rechnung gestellt werden, da sich die Rechtsordnung um ihre Glaubwürdigkeit bringen würde, wenn sie jemandem eine Pflicht auferlegen würde, die durch eben diese Rechtsordnung verboten ist[53]. Für die einzelnen Geschäftsleitungsmitglieder ist demnach zu berücksichtigen, daß sie in die gesellschaftsrechtlich vorgegebene Struktur des Gremiums[54] eingebunden sind. Deshalb wird und muß die Konkretisierung der erforderlichen Rettungshandlung auch durch das gesellschaftsrechtlich Mögliche und Zulässige mitbestimmt werden[55].

Nach Ansicht von *Amelung*[56] ist hingegen ein Einfluß der gesellschaftsrechtlich bzw. gesellschaftsvertraglich eingeräumten Kompetenzen auf die strafrechtlich sanktionierte Handlungspflicht der Gremiumsmitglieder generell abzulehnen, da

---

51 *Baumann / Weber / Mitsch*, AT, § 15, Rz. 15; *Kühl*, AT, § 18, Rz. 30 m.w.N.

52 BGHSt 9, S. 205, 216; *Cramer*, in: Festschrift für Stree und Wessels, 1993, S. 563, 570 und 583; *Neudecker*, Verantwortlichkeit, S. 136 f.; Poseck, Die strafrechtliche Haftung der Mitglieder des Aufsichtsrats einer Aktiengesellschaft, S. 33.

53 *Baumann / Weber / Mitsch*, AT, § 15, Rz. 18; *Neudecker*, Verantwortlichkeit, S. 137.

54 *Eichinger*, Die strafrechtliche Produkthaftung, S. 154 f.; *Otto*, WiB 1995, S. 929, 933 f.; *Ransiek*, Unternehmensstrafrecht, S. 66.

55 *Cramer*, in: Festschrift für Stree und Wessels, 1993, S. 563, 570 und 583; *Dreher*, ZGR 1992, S. 22, 55 f.; *Eichinger*, Die strafrechtliche Produkthaftung, S. 155; *Peter*, Die strafrechtliche Verantwortlichkeit von Kollegialorganmitgliedern der AG und der GmbH für das Nichteinschreiten bei Gründungsschwindelhandlungen anderer Kollegialorganmitglieder, 1990, S. 123 f.

56 *Amelung*, Der Bundesgerichtshof als Gesetzgeber, S. 71.

Handlungspflichten, deren Verletzung eine Strafbarkeit wegen unechten Unterlassens begründen, öffentlich-rechtlicher Natur seien. Ihr Inhalt könne deshalb nicht durch private Vereinbarungen beeinflußt werden. Dem ist jedoch nicht zuzustimmen. Der öffentlich-rechtlichen Charakter von Garantenpflichten steht nämlich einer inhaltlichen Ausgestaltung derselben durch private Vereinbarungen nicht zwingend entgegen. So können z. B. die Handlungspflichten, die sich aus einer Garantenstellung kraft Übernahme ergeben, hinsichtlich ihres Inhalts und Umfangs durch den Willen der Beteiligten unterschiedlich ausgestaltet werden[57]. Es ist demnach durchaus zulässig und möglich, den Inhalt von Handlungspflichten, deren Verletzung eine Strafbarkeit wegen unechten Unterlassens begründen, durch private Vereinbarungen zu beeinflussen. Die von *Amelung* vorgebrachten Einwände können folglich nicht überzeugend begründen, weshalb die gesellschaftsrechtlich eingeräumte Handlungsmacht der Gremiumsmitglieder bei der Bestimmung des individuellen Könnens nicht berücksichtigt werden darf. Maßgeblich ist deshalb allein, daß die Mitglieder des Gremiums im Falle der Nichtberücksichtigung ihrer gesellschaftsrechtlichen Handlungsalternativen in eine unzumutbare Konfliktsituation zwischen strafrechtlich gefordertem Verhalten und gesellschaftsrechtlich gesetztem Kompetenzbereich gedrängt werden[58]. Dies ist jedoch abzulehnen, da die Rechtsordnung niemandem eine Handlungspflicht auferlegen kann, deren Erfüllung durch eben diese Rechtsordnung verboten ist. Die Berücksichtigung der gesellschaftsrechtlichen Handlungsmöglichkeiten der Gremiumsmitglieder ist vielmehr als Ausfluß des Schuldprinzips erforderlich[59]. Es verdient deshalb Zustimmung, wenn der BGH den gesellschaftsrechtlich bedingten Mitwirkungsrechten der einzelnen Geschäftsführungsmitglieder maßgebliche Bedeutung zumißt.

---

57 *Kühl*, AT, § 18, Rz. 71; Schönke / Schröder / *Stree*, § 13, Rz. 28 f. *Freund*, Erfolgsdelikt, S. 303, spricht insoweit von der privatautonomen Gestaltung der Verantwortlichkeit.

58 *Weißer*, Täterschaftsprobleme, S. 74 f.

59 *Weißer*, a.a.O., S. 75.

c) Die Bestimmung der konkret-individuell erforderlichen Rettungshandlung durch den BGH

Mit der Feststellung des Senats[60], das einzelne Geschäftsführungsmitglied wäre nur dazu verpflichtet, unter vollem Einsatz seiner Mitwirkungsrechte das ihm Mögliche und Zumutbare zu tun, um einen Beschluß der Gesamtgeschäftsführung zustandezubringen, bleibt die vom Gericht dann aber tatsächlich vorgenommene inhaltliche Bestimmung und Berücksichtigung der konkreten Handlungsalternativen äußerst vage. Die entscheidende Frage, wie denn nun die konkreten und individuellen Handlungsmöglichkeiten des einzelnen Geschäftsführungsmitglieds beschaffen sind, d. h. was genau der einzelne Geschäftsführer hätte tun können, bleibt offen. Bei genauerer Betrachtung zeigt sich, daß die Formulierung des Senats lediglich eine Wiederholung des dogmatischen Grundsatzes darstellt, daß die von der Rechtsordnung geforderte Handlung dem Unterlassungstäter objektiv möglich und zumutbar sein muß[61]. Die eigentlich notwendige Konkretisierung der individuellen Handlungsalternativen zur Feststellung der erforderlichen Rettungshandlung bleibt aus. Zutreffend bemerkt deshalb *Hassemer* in diesem Zusammenhang zu den Ausführungen des BGH: „Dies ist verbal kräftig, aber in den Verhaltensanforderungen - bezogen auf die Rettung der bedrohten Rechtsgüter - wolkig. Die Betroffenen werden im konkreten Einzelfall mit diesen Imperativen wenig anfangen können“[62]. Der BGH bemüht sich zwar, durch eine Differenzierung zwischen den Pflichten der Gesamtgeschäftsführung und denen der einzelnen Geschäftsführungsmitglieder dem Grundsatz der individuellen Vorwerfbarkeit gerecht zu werden. Letztlich werden diese Bemühungen jedoch durch die Verwendung von inhaltsleeren Forderungen,

---

60 BGHSt 37, S. 106, 126.

61 RGSt 57, S. 197; 64, S. 276 ff.; BGHSt 2, S. 24; 6, S. 57 ff.; Schönke / Schröder / *Stree*, vor § 13, Rz. 141 ff.; *Wessels / Beulke*, AT, Rz. 708 und 739 m.w.N.

62 *Hassemer*, Produktverantwortung, S.69. Kritisch hierzu auch *Schmidt-Salzer*, NJW 1990, S. 2966, 2971 ff., der auch in Fällen von Gesamtvorstandsentscheidungen die Ressortaufteilung beachtet wissen will.

einer unzureichenden Analyse der tatsächlichen Handlungsalternativen und der Aufstellung von vagen Bemühungspflichten für die einzelnen Geschäftsführungsmitglieder konterkariert. Der BGH entfernt sich mit dieser Vorgehensweise grundsätzlich von einem an Art 103 II GG orientierten Strafrecht.

Eine andere Auffassung vertritt *Hilgendorf*. Durch die Berücksichtigung der individuellen Verantwortungsbereiche innerhalb des Unternehmens stehe die vom BGH vorgenommene Bestimmung des den einzelnen Geschäftsführer treffenden Handlungsgebots im Einklang mit der bisherigen Rechtsprechung und Strafrechtsdogmatik[63]. Dem ist nur teilweise zuzustimmen. Es mag zwar zutreffen, daß sich der BGH im Rahmen der bisherigen Rechtsprechung und Strafrechtsdogmatik bewegt. Das gilt aber nur, wenn ausschließlich die organisationsbezogene Betrachtungsweise und damit das methodologische Vorgehen des BGH zur Erfassung der arbeitsteiligen Realität in einem Unternehmen berücksichtigt wird. Für die Ermittlung und Berücksichtigung der tatsächlichen Handlungsalternativen der Geschäftsführer trifft dies hingegen nicht zu. *Hilgendorfs* Überlegungen sind deshalb nicht geeignet, den Vorwurf, der BGH habe die individuell erforderlichen Rettungshandlung zur Abwendung des tatbestandlichen Erfolges nicht hinreichend konkretisiert, zu entkräften.

Festzuhalten bleibt deshalb, daß das einzelne Geschäftsführungsmitglied in der konkreten Gefahrensituation mit den Ausführungen des BGH wenig anfangen kann. Ausgehend von der Notwendigkeit, die erforderliche Rettungshandlung an Hand des jeweils Möglichen und Zumutbaren zu präzisieren, kommen in dieser Situation für die einzelnen Geschäftsführungsmitglieder als konkret vorstellbare Handlungsalternative allenfalls - individuell verschiedene - Überzeugungsversuche in Betracht, um einen Gesamtgeschäftsführungsbeschluß herbeizuführen. Bleibt dieser dennoch aus, etwa weil sich ein Mitglied diesem verweigert, eine Mehrheit nicht überzeugt werden kann, oder die restlichen Mitglieder sich schlicht passiv verhalten, bliebe nur noch übrig, die persönlichen Anstrengungen der einzelnen Geschäftsführer strafrechtlich zu bewerten. Es wäre dann z. B. zu beurteilen, ob und inwieweit es ausreichend war, daß sich das betreffende Mitglied mit - wie auch

63 *Hilgendorf*, Strafrechtliche Produzentenhaftung, S. 111.

immer zu bewertendem - Nachdruck um einen entsprechenden Beschluß bemüht, auf namentlicher Abstimmung und Protokollierung bestanden, mit seiner Amtsniederlegung gedroht hat oder - je nach Gesellschaftsform - die Gesellschafterversammlung oder den Aufsichtsrat informiert hat[64].

Die Unbrauchbarkeit des Versuchs, in diesem Zusammenhang auf die Nachhaltigkeit von Bemühungen des einzelnen Geschäftsführungsmitgliedes abzustellen, ergibt sich jedoch bereits aus der Unmöglichkeit, den Grad jeweils ausreichender Bemühungen hinreichend konkret zu bestimmen. Vollends deutlich wird die Unmöglichkeit, auf diese Weise die konkret erforderliche Rettungshandlung zur Abwendung des tatbestandlichen Erfolges zu ermitteln, wenn man den Gesichtspunkt der Quasikausalität[65] zwischen dem Unterlassen der erforderlichen Handlung und dem Eintreten des tatbestandlichen Erfolges mit berücksichtigt. Die Bestrafung aus einem unechten Unterlassungsdelikt setzt voraus, daß der tatbestandliche Erfolg dem Beschuldigten objektiv zurechenbar ist[66]. Erforderlich ist dafür nach der herrschenden Meinung[67] jedoch mindestens, daß die unterlassene Handlung den Erfolgseintritt mit an Sicherheit grenzender Wahrscheinlichkeit verhindert hätte. Nimmt man als erforderliche Rettungshandlung jedoch lediglich vage Bemühungspflichten an, wird sich eine mit an Sicherheit grenzende Wahrscheinlichkeit der Erfolgsverhinderung schwerlich jemals begründen lassen[68]. Insgesamt bedeuten deshalb die Ausführungen des BGH zu den konkreten Handlungsalternativen des

64 So etwa *Lutter / Hommelhoff*, GmbHG, § 37, Rz. 30, die dieses Vorgehen aber nur in Extremfällen annehmen wollen und darüber hinaus gehende Maßnahmen nicht in Betracht ziehen.

65 Ausführlich zur Bestimmung der Quasikausalität zwischen dem Verhalten der einzelnen Gremiumsmitglieder und dem tatbestandlichen Erfolg siehe unten, Abschnitt C., S. 101 ff.

66 *Jescheck / Weigend*, AT, § 59 III 2; *Wessels / Beulke*, AT, Rz. 711 und 713 m.w.N.

67 RGSt 15, S. 151, 153 f.; 75, S. 372, 374; BGHSt 6, S. 1, 2; 7, S. 211, 214; OLG Düsseldorf, StV 1993, S. 477, 478; *Baumann / Weber / Mitsch*, AT, § 15, Rz. 23; *Blei*, AT, S. 316; *Jescheck / Weigend*, AT, § 59 III 4; *Kühl*, AT, § 18, Rz. 38; Schönke / Schröder / *Stree*, § 13, Rz. 61; *Wessels / Beulke*, AT, Rz. 713 m.w.N.

68 Ausreichend wäre dieses Vorgehen jedoch, wenn man im Bereich der Quasikausalität der Risikoerhöhungslehre folgt. Dies lehnt der BGH aber gerade ab, BGHSt 37, S. 106, 127.

einzelnen Geschäftsführungsmitgliedes und den damit verbundenen Pflichten eine erhebliche Rechtsunsicherheit. Die eigentlich vom Strafrecht zu erbringende Konkretisierungsleistung hinsichtlich der konkret-individuell erforderlichen Rettungshandlung durch die einzelnen Geschäftsführer wird den Pflichtigen selber abverlangt, unter Strafe der Falschbestimmung[69]. Dies ist mit einem an der persönlichen Vorwerfbarkeit orientierten Strafrecht nicht vereinbar.

Ausgangspunkt der Bestimmung der erforderlichen Rettungshandlung muß vielmehr der Grundsatz sein, daß zum tatbestandlichen Unrecht des Unterlassungsdelikts das Ausbleiben der zur Abwendung des tatbestandsmäßigen Erfolges notwendigen Handlung gehört[70]. Strafrechtlich relevant ist deshalb ausschließlich die Frage, ob es dem einzelnen Geschäftsführungsmitglied tatsächlich möglich und zumutbar war, den tatbestandlichen Erfolg zu verhindern. Damit ist jedoch bereits die eigentliche Problematik der konkreten Feststellung der geforderten Handlung angesprochen: Was genau ist dem in ein mehrköpfiges Gremium eingebundenen Geschäftsführer tatsächlich möglich und zumutbar im Hinblick auf die Abwendung des tatbestandlichen Erfolges. Bei dieser Fragestellung wird deutlich, daß das Kernproblem der oben aufgezeigten Vorgehensweise durch die Rechtsprechung nicht in der Statuierung von vagen Bemühungspflichten liegt. Hier werden allenfalls dessen Auswirkungen sichtbar. Die unzureichende Ermittlung der individuell erforderlichen Rettungshandlung ist vielmehr das Ergebnis der Orientierung am Gesellschaftsrecht und des Versuchs, dessen abstrakte Zuständigkeitsregelungen in das Strafrecht zu übersetzen bzw. dieses dem Gesellschaftsrecht anzupassen[71].

Liegt die Ursache dieses unbefriedigenden Ergebnisses jedoch im Gesellschaftsrecht, wird sich auch nur dort eine Lösung dieser Problematik finden lassen. Bei dem Versuch, die erforderliche Rettungshandlung näher zu bestimmen, kommt deshalb der gesellschaftsrechtlichen Regelung der Geschäftsführungsbefugnisse inner-

---

69 *Hassemer*, Produktverantwortung, S. 69.

70 *Armin Kaufmann*, Unterlassungsdelikte, S.106; Schönke / Schröder / *Stree*, vor § 13, Rz. 151; *Stratenwerth*, AT, Rz. 1022.

71 *Hassemer*, Produktverantwortung, S. 65 f.

halb eines mehrköpfigen Geschäftsleitungsgremiums maßgebliche Bedeutung zu. Im Lederspray-Fall liegt die spezielle Schwierigkeit der Ermittlung der erforderlichen Handlung in der gesellschaftsrechtlich bedingten Konstruktion der Gesamtgeschäftsführung begründet[72]. Die genauere Bestimmung der erforderlichen Rettungshandlung der einzelnen Mitglieder eines mehrköpfigen Gremiums erfordert damit zunächst festzustellen, ob für die hier zu untersuchenden Fälle der Entscheidung über eine Warn- oder Rückrufaktion stets die gesellschaftsrechtliche Konstruktion der Gesamtgeschäftsführung greift. Falls dies zu bejahen ist, gilt es zu untersuchen, welchen Einfluß dies auf die Ermittlung der erforderlichen Rettungshandlung hat. Dazu ist zunächst erforderlich, die tatsächlichen Entscheidungs- und Mitwirkungsrechte einzelner Mitglieder eines mehrköpfigen Geschäftsführungsgremiums festzustellen. Hierbei sollen nur die den Innenbereich betreffenden Regelungen der Geschäftsführung untersucht werden. Die vorliegende Untersuchung wird sich dabei nicht allein auf die vom BGH in der Lederspray-Entscheidung zu beurteilende Situation bei der Geschäftsführung einer GmbH beschränken. Um generelle Aussagen zu ermöglichen, sind für den Bereich der Kapitalgesellschaften vielmehr sowohl die Handlungsmöglichkeiten der Geschäftsführer einer GmbH als auch die der Vorstandsmitglieder einer Aktiengesellschaft näher zu betrachten. Für die Personengesellschaften gilt es, die Befugnisse der geschäftsführenden Mitglieder der BGB-Gesellschaft, der offenen Handelsgesellschaft und der Kommanditgesellschaft zu ermitteln.

72 BGHSt 37, S. 106, 125.

IV. Die regulären Handlungsalternativen der Mitglieder mehrköpfiger Geschäftsleitungsgremien

1. Die Geschäftsführung der GmbH

a) *Gesamt- und Einzelgeschäftsführung*

Hat eine GmbH mehrere Geschäftsführer, so ordnet § 35 I GmbHG im Außenverhältnis Gesamtvertretung an. Für das Innenverhältnis fehlt eine entsprechende Vorschrift. Die ganz herrschende Meinung nimmt jedoch an, daß auch im Innenverhältnis, soweit keine andere Regelung durch Satzung, Gesellschafterbeschluß oder Geschäftsordnung gegeben ist[73], die Geschäftsführer nur gemeinschaftlich zu handeln befugt sind, § 77 I AktG analog[74]. Die Gesamtgeschäftsführung führt also dazu, daß keiner der Beteiligten ohne die Mitwirkung der anderen handeln darf. Die gegenteilige Regelung der §§ 28, 32 BGB findet keine Anwendung[75]. Hinsichtlich der Beschlußfassung greift grundsätzlich das Einstimmigkeitsprinzip[76]. In der Regel dürfte jedoch im Gesellschaftsvertrag, der Satzung oder der Geschäftsordnung die Beschlußfassung durch Mehrheitsentscheidung vereinbart worden sein, so daß entweder eine qualifizierte oder einfache Mehrheit den Gesamtbeschluß herbeiführt[77]. In der Praxis werden die Gesellschaften jedoch regelmäßig von der Möglichkeit Gebrauch machen, eine Einzelvertretung oder Einzelgeschäftsführung für

---

73 Die gesetzlich vorgesehene Gesamtgeschäftsführung ist grundsätzlich dispositiv und wird aus praktischen Gründen in der Regel abgewandelt, Baumbach / Hueck / *Zöllner*, GmbHG, § 37, Rz. 16; *Rowedder / Koppensteiner*, GmbHG, § 37, Rz. 36. Zur Gestaltung siehe *Höhn*, Die Geschäftsführung der GmbH, S. 12 ff. und 51 f.

74 *Lehmann*, Die ergänzende Anwendung von Aktienrecht auf die Gesellschaft mit beschränkter Haftung, S. 51 f.; Baumbach / Hueck / *Zöllner*, GmbHG, § 37, Rz. 16; *Lutter / Hommelhoff*, GmbHG, § 37, Rz. 27; *Rowedder / Koppensteiner*, GmbHG § 37, Rz. 16 u. 36; Scholz / *Schneider*, GmbHG, § 37, Rz. 21.

75 *Rowedder / Koppensteiner*, GmbHG, § 37, Rz. 18; Scholz / *Schneider*, GmbHG, § 37, Rz. 21.

76 Baumbach / Hueck / *Zöllner*, GmbHG, § 37, Rz. 16; *Rowedder / Koppensteiner*, GmbHG, § 37, Rz. 17; Scholz / *Schneider* , GmbHG, § 37, Rz. 21.

77 So auch in der Lederspray-Entscheidung, BGHSt 37, S. 106, 125 f.

bestimmte Geschäftsbereiche oder Ressorts einzurichten[78]. Die Geschäftsleitung wird dabei funktional in verschiedene Geschäftsbereiche aufgegliedert, etwa in die Ressorts Forschung, Entwicklung, Beschaffung, Produktion, Personal, Vertrieb und Finanzwesen[79]. Der jeweils zuständige Geschäftsführer trägt in diesem Fall die volle Handlungsverantwortlichkeit für die in sein Ressort fallenden Aufgaben[80]. Soweit eine entsprechende Ressortaufteilung innerhalb der Geschäftsführung stattgefunden hat, ist demnach grundsätzlich die Veranlassung einer Warn- oder Rückrufaktion allein durch den in seinem Geschäftsbereich betroffenen Ressortleiter denkbar[81]. Eine Unterlassungsstrafbarkeit kommt dann jedenfalls für den jeweiligen Ressortleiter in Betracht, der entsprechende Maßnahmen nicht veranlaßt hat.

b) Der Bereich der zwingenden Gesamtverantwortung

Der gesellschaftsrechtliche Grundsatz der Gesamtverantwortung gilt jedoch auch bei einer Ressortaufteilung innerhalb des Geschäftsführungsgremiums[82]. Daraus wird zunächst die Pflicht jedes Geschäftsführungsmitgliedes abgeleitet, auch im Falle einer Ressortaufteilung die ressortbezogenen Tätigkeiten der anderen Geschäftsführer beobachtend zu kontrollieren[83]. Ergeben sich dabei Anzeichen für Pflichtverletzungen oder Fehlentscheidungen, haben die anderen Geschäftsführer zu

---

78 *Sina*, GmbHR 1990, S. 65; *Schwark*, ZHR 142 (1978), S. 203, 208; *Spörlein / Tausend*, Handbuch, S. 145 f.; *Sudhoff*, Rechte und Pflichten des GmbH-Geschäftsführers, S. 68 ff.

79 *Dreher*, ZGR 1992, S. 22, 24; *Neudecker*, Verantwortlichkeit, S. 33 m.w.N.

80 *Martens*, in: Festschrift für Fleck, 1988, S. 191; *Schneider*, in: Festschrift 100 Jahre GmbH-Gesetz, 1992, S. 473, 481.

81 So etwa *Goll*, in: Produkthaftungshandbuch, § 46, Rz. 22; *Neudecker*, Verantwortlichkeit, S. 40.

82 BFH, ZIP 1984, S.1345; BGH, EWIR 1986, S. 587; *Lutter / Hommelhoff*, GmbHG, § 37, Rz. 32, 35; *Rowedder / Koppensteiner*, GmbHG, § 37, Rz. 43; Scholz / *Schneider*, GmbHG, § 43, Rz. 34 ff.; *Schwark*, ZHR 142 (1978), S. 203, 215 f.

83 BGH, WM 1992, S. 2144; *Ebenroth / Lange*, GmbHR 1992, S. 69, 74; *Lutter / Hommelhoff*, GmbHG, § 37, Rz. 32; *Marsch-Barner / Diekmann*, in: Münchener Handbuch des Gesellschaftsrechts, Bd. 3, § 44, Rz. 75 f.; *Sina*, GmbHR 1990, S. 65, 67.

intervenieren, so daß die zu entscheidende Maßnahme dann in die Zuständigkeit des Gesamtgremiums zurückfällt und von diesem entschieden wird[84]. Wesentlich ist jedoch eine weitere Konsequenz dieses Grundsatzes: Danach gibt es trotz Einzelgeschäftsführung und der Aufteilung der Geschäfte innerhalb einer mehrköpfigen Geschäftsführung einen Bereich von Pflichten, der unteilbar bei dem Gesamtgremium verbleibt. Innerhalb dieses Bereiches der Gesamtzuständigkeit ist deshalb eine Aufteilung der Geschäftsführung in Ressorts und damit eine eventuelle Einzelgeschäftsführung ausgeschlossen[85]. Lediglich die Vorbereitung und Ausführung der vom Gesamtgremium getroffenen Entscheidung soll in diesem Fall einzelnen Organmitgliedern zugewiesen werden können[86]. Zu diesem Kernbereich der Gesamtgeschäftsleitung gehören neben der Verantwortung für die Gesetz- und Zweckmäßigkeit des Geschäftsbetriebs[87] und der Wahrung öffentlichrechtlicher Pflichten[88] auch die Entscheidung über wesentliche und risikoreiche Maßnahmen[89]. Genannt werden hier u. a. grundlegende Fragen der Geschäftspolitik[90], aber auch die

---

84 BGH, WM 1985, S. 1294; BFH, WM 1986, S. 1023; *Dreher*, ZGR 1992, S. 23, 61; *Schneider*, in: Festschrift 100 Jahre GmbH-Gesetz, 1992, S. 473, 483; Scholz / *Schneider*, GmbHG, § 43, Rz. 37.

85 BFHE 141, S. 443, 446; BGH, BB 1981, S. 992; *Heisse*, Geschäftsführerhaftung, S. 82; *Lutter / Hommelhoff*, GmbHG, § 37, Rz. 31; *Marsch-Barner / Diekmann*, in: Münchener Handbuch des Gesellschaftsrechts, Bd. 3, § 44, Rz. 75, 77; *Rowedder / Koppensteiner*, GmbHG, § 37, Rz. 43; Scholz / *Schneider*, GmbHG, § 43, Rz. 39 f. Für die AG, Kölner Kommentar / *Mertens*, AktG, § 77, Rz. 16 ff.; *Martens*, in: Festschrift für Fleck, 1988, S. 191, 197 ff.; *Schneider*, in: Festschrift 100 Jahre GmbH-Gesetz, 1992, S. 473, 484.

86 Kölner Kommentar / *Mertens*, AktG, § 77, Rz. 19 a. E.; *Schwark*, ZHR 142 (1978), S. 203, 217 f.

87 *Hachenburg / Mertens*, GmbHG, § 43, Rz. 33.

88 BGH, GmbHR 1994, S. 3151, 1352; *Heisse*, Geschäftsführerhaftung, S. 82; *Lutter / Hommelhoff*, GmbHG, Anhang zu § 47, Rz. 10, 17, 20; Scholz / *Schneider*, GmbHG, § 37, Rz. 51 m.w.N.

89 BGH, WM 1971, S. 1548; *Ebenroth / Willburger*, BB 1991, 1941, 1942; *Hommelhoff*, Die Konzernleitungspflicht, S. 484 f.; *Lutter / Hommelhoff*, GmbHG, § 37, Rz. 31; *Marsch-Barner / Diekmann*, in: Münchener Handbuch des Gesellschaftsrechts, Bd. 3, § 44, Rz. 77; Scholz / *Schneider*, GmbHG, § 43, Rz. 40; *Sina*, GmbHR 1990, S. 66; *Weimar*, GmbHR 1994, S. 82, 87.

90 *Marsch-Barner / Diekmann*, in: Münchener Handbuch des Gesellschaftsrechts, Bd. 3, § 44, Rz. 77.

Veränderung der Produktpalette, der Wechsel der Hausbank oder die Ausgliederung der Datenverarbeitung[91]. Darüber hinaus wird teilweise vertreten, daß eine gemeinsame Zuständigkeit bereits dann gegeben sei, wenn es sich zwar nicht um eine bedeutsame Entscheidung handelt, andere Geschäftsführer aber der Entscheidung des ressortzuständigen Geschäftsführers widersprechen[92]. Der Grundsatz der zwingenden Gesamtverantwortung greift insbesondere auch - und das ist in unserem Zusammenhang von Bedeutung - in Krisen- und Ausnahmesituationen, in denen die Gesellschaft als Ganzes betroffen ist und deshalb eine Problemlösung nur ressortübergreifend gefunden werden kann[93]. In diesen Fällen kann eine Entscheidung nur von dem Gesamtgremium getroffen werden.

Unter Hinweis auf die Bildung eines sogenannten „Feuerwehrkreises" wird jedoch in Teilen der Literatur[94] vertreten, daß die Entscheidung über eine Warn- oder Rückrufaktion im Hinblick auf gesundheitsschädigende Publikumsprodukte auch einem einzelnen Ressort und damit einem bestimmten Geschäftsleitungsmitglied zur selbständigen Entscheidung zugewiesen werden kann. Dem kann nur in engen Grenzen zugestimmt werden. Zutreffend ist zunächst, daß in vielen Unternehmen Krisenkomitees auf einer unterhalb der Geschäftsführung liegenden Ebene gebildet werden, um ad-hoc-Maßnahmen in besonderen Situationen, u. a. auch im Hinblick auf die Durchführung von Warn- und Rückrufaktionen, vorzubereiten und gegebe-

---

91 *Hommelhoff*, Konzernleitungspflicht, S. 484 f.; Scholz / *Schneider*, GmbHG, § 43, Rz. 40.

92 *Marsch-Barner / Diekmann*, in: Münchener Handbuch des Gesellschaftsrechts, Bd. 3, § 4, Rz. 77. Ebenso für die AG, *Geßler / Hefermehl*, AktG, § 77, Rz. 21; *Martens*, in: Festschrift für Fleck, 1988, S. 191, 197.

93 BGH, BB 1981, S. 992; *Heisse*, Geschäftsführerhaftung, S. 82 f.; *Lutter / Hommelhoff*, GmbHG, § 37, Rz. 31 und 35; *Schneider*, in: Festschrift 100 Jahre GmbH-Gesetz, 1992, S. 473, 484. Für die AG, *Geßler / Hefermehl*, AktG, § 77, Rz. 21; *Martens*, in: Festschrift für Fleck, 1988, S. 191, 197; *Ransiek*, Unternehmensstrafrecht, S. 66.

94 *Goll*, in: Produkthaftungshandbuch, § 46, Rz. 22; widersprüchlich *Schmidt-Salzer*, der in NJW 1990, S. 2966, 2977, Fn. 35, die Existenz solcher Zuständigkeiten ohne weitere Begründung erwähnt und die Rückrufproblematik in NJW 1996, S. 1, 5 nur der Gesamtgeschäftsführung zuweisen will; *Neudecker*, Verantwortlichkeit, S. 40 ff.

nenfalls auch zu treffen[95]. Die Zuweisung der Rückrufproblematik an ein entsprechendes Krisenressort und damit an ein einzelnes Geschäftsführungsmitglied liegt deshalb nahe. Der Grundsatz der zwingenden Gesamtverantwortung würde dann nur subsidiär eingreifen, etwa wenn kein entsprechendes Ressort vorhanden ist oder die Situation so außergewöhnlich ist, daß sie ihrer Natur nach organisatorisch nicht geregelt werden kann[96].

Diese Schlußfolgerung ist jedoch so nicht zutreffend. Die Zulässigkeit einer Zuweisung der Entscheidung über eine Warn- oder Rückrufaktion an ein besonderes Krisengremium oder ein Ressort hängt entscheidend von der Bedeutung dieser Maßnahme für das Unternehmen als Ganzes ab. Die Entscheidungsbefugnis für entsprechende Maßnahmen kann deshalb nur dann auf ein einzelnes Ressort delegiert werden, wenn das Ausmaß einer Warn- oder Rückrufaktion die Gesamtbelange des Unternehmens nicht betrifft und es deshalb einer Entscheidung des Gesamtgremiums nicht bedarf. Ob und inwieweit die Gesamtbelange des Unternehmens betroffen sind, richtet sich jedoch maßgeblich nach der Art des Rückrufs, etwa gegenüber Weiterverarbeitern, Händlern, Verbrauchern, etc., nach dessen Umfang, z. B. im Hinblick auf den Auftragswert, die Stückzahl etc., sowie nach den Auswirkungen der fehlerhaften Produkte, z. B. Sach-, Körperschäden, Lebensgefährdung, Schadensumfang, etc.[97]. Nur in den Fällen, in denen die Veranlassung und Durchführung einer Warn- oder Rückrufaktion nach Art, Umfang und insbesondere im Hinblick auf ihre Kosten für das Unternehmen als Ganzes keine besondere Bedeutung erlangt, ist es möglich, die Entscheidung darüber einem bestimmten Ressort

95 *Heine*, Verantwortlichkeit von Unternehmen, S. 51 f. m.w.N.

96 *Neudecker*, Verantwortlichkeit, S. 42 f.

97 *Dreher*, ZGR 1992, S. 22, 49, 61.

zuzuweisen oder sie dort zu belassen[98]. In den hier zu untersuchenden Fällen hingegen, in denen über die Warnung oder den Rückruf im Hinblick auf massenweise vertriebene Publikumsprodukte, bei denen die Gefahr von Gesundheitsschäden besteht, zu entscheiden ist, sind solche Voraussetzungen jedoch gerade nicht gegeben. Vielmehr liegt nach der zutreffenden Ansicht des BGH in diesem Fall eine Krisen- und Ausnahmesituation vor, in der das Unternehmen als Ganzes betroffen ist. Angesichts des Ausmaßes des Problems kam eine ressortinterne, mit den anderen Geschäftsbereichen nicht abgestimmte Lösung von vorherein nicht in Betracht. Gefordert war vielmehr ein Eingreifen der Geschäftsleitung, in deren Kompetenz auch die Entscheidung über den gebotenen Rückruf fiel[99]. Selbst wenn es also ein Krisenressort gegeben hätte, wäre der Rückruf in dieser speziellen Ausnahmesituation aufgrund seiner Bedeutung in den Bereich der zwingenden Gesamtverantwortung gefallen. Ein entsprechendes Ressort hätte dann allenfalls unterstützende Wirkung gehabt. Auch die überwiegende Meinung in der Literatur hat sich der Auffassung des BGH in diesem Zusammenhang angeschlossen[100]. Dies ist auch überzeugend. Führt man sich vor Augen, welche finanziellen Auswirkungen sowohl das Veranlassen einer entsprechend umfangreichen Warn- oder Rückrufaktion als auch deren Unterlassen durch die Gefahr von Schadensersatzklagen für das Unternehmen haben kann, dann steht diese Entscheidung im Hinblick auf ihre geschäftspolitische Bedeutung für das Unternehmen einer Veränderung der Produktpalette oder etwa dem Wechsel der Hausbank in nichts nach. Aufgrund der Kostenintensität die-

---

98 *Dreher*, ZGR 1992, S. 22, 49, 61, nach dessen Ansicht allerdings „leicht" eine Gesamtverantwortung der Geschäftsleitung in Betracht kommt. Nach Ansicht von *Schmidt-Salzer*, NJW 1996, S. 1, 5, fällt die Entscheidung über die Veranlassung einer Warn- oder Rückrufaktion regelmäßig in den Bereich der Gesamtverantwortung der Geschäftsleitung.

99 BGHSt 37, S. 106, 124.

100 *Beulke / Bachmann*, JuS 1992, S. 737, 741; *Dreher*, ZGR 1992, S. 22, 49, 61; *Eidam*, Unternehmen und Strafe, S. 168, 306; *Franzheim*, Umweltstrafrecht, 1991, S. 125; *Hirte*, JZ 1992, S. 257, 258; *Kassebohm / Malorny*, BB 1994, S.1361, 1364; *Kuhlen*, NStZ 1990, S. 566, 569; *Lutter / Hommelhoff*, GmbHG, § 37, Rz. 31; *Meier*, NJW 1992, S. 3193, 3195; *Ransiek*, Unternehmensstrafrecht, S. 66; *Schmidt-Salzer*, Produkthaftung, Rz. 1.160; ders., NJW 1996, S. 1, 5; *Schneider*, in: Festschrift 100 Jahre GmbH-Gesetz, 1992, Fn. 32, erwähnt in diesem Zusammenhang zwar nur die Existenz der Gesellschaft betreffende Fragen, zitiert aber gerade die Ausführungen des BGH in der Lederspray-Entscheidung; *Weißer*, Täterschaftsprobleme, S. 72.

ser Maßnahmen und der damit verbundenen weitreichenden Konsequenzen für das Gesamtunternehmen handelt es sich somit ebenso um eine bedeutende geschäftspolitische Maßnahme, die nur vom Gesamtgremium entschieden werden kann[101]. Dabei werden auch regelmäßig alle Ressorts betroffen sein, so daß eine Entscheidung nur ressortübergreifend erfolgen kann.

Die Möglichkeit, die Entscheidungsbefugnis einem bestimmten Ressort und damit einem einzelnen Geschäftsleitungsmitglied zuzuweisen, ist demnach nicht gegeben. Die Entscheidung über die Veranlassung einer Warn- oder einer Rückrufaktion kann damit grundsätzlich nur durch Beschlußfassung des Gesamtgremiums unter Mitwirkung aller Geschäftsführungsmitglieder erfolgen. Unter Berücksichtigung der bisher festgestellten Handlungsalternativen der Geschäftsführungsmitglieder scheint demnach eine über die Statuierung von vagen Bemühungspflichten zur Herbeiführung des Gesamtgeschäftsführungsbeschlusses hinausgehende Konkretisierung der erforderlichen Rettungshandlung nicht möglich zu sein. Läßt sich jedoch eine Entscheidung für eine Warn- oder Rückrufaktion im Gesamtgremium nicht durchsetzen, stellt sich die Frage, welche anderen Handlungsalternativen für die einzelnen Geschäftsführer in Betracht zu ziehen sind. Eine Änderung des bisherigen, unbefriedigenden Ergebnisses könnte in der Möglichkeit der Geschäftsführer liegen, die Gesellschafter mit der zu entscheidenen Frage über eine Warn- bzw. Rückrufaktion zu befassen.

c) *Die Vorlage von Geschäftsführungsmaßnahmen an die Gesellschafterversammlung*

Die Führung sämtlicher laufender Geschäfte obliegt zwar grundsätzlich der Geschäftsführung[102]. Eine Differenzierung, etwa zwischen gewöhnlichen und ungewöhnlichen Betriebsmaßnahmen i.S. des § 116 II HGB, ist der Systematik der

---

101 *Schmidt-Salzer*, NJW 1996, S. 1, 5.

102 Baumbach / Hueck / *Zöllner*, GmbHG, § 37, Rz. 6; *Lutter / Hommelhoff*, GmbHG, § 37, Rz. 4.

§§ 35, 37, 45 und 46 GmbHG nicht zu entnehmen[103]. Dennoch liegt es grundsätzlich im freien Ermessen der Geschäftsführer, die Gesellschafter mit einer zu treffenden Maßnahme aus dem Zuständigkeitsbereich der Geschäftsführung zu befassen[104]. Als weisungsabhängiges Organ[105] hätte dann die Geschäftsführung den Gesellschafterbeschluß auszuführen.

aa) Die Einberufung der Gesellschafterversammlung, § 49 I, II GmbHG

Als eine konkrete Handlungsalternative der einzelnen Gremiumsmitglieder käme deshalb in diesem Zusammenhang zunächst die Einberufung der Gesellschafterversammlung in Betracht, § 49 I GmbHG. Die Einberufungsmöglichkeit steht dabei jedem einzelnen Mitglied der Geschäftsführung zu[106]. In ausdrücklich bestimmten Fällen verdichtet sich dieses Recht sogar zu der Pflicht, die Gesellschafterversammlung einzuberufen[107]. Dies ist insbesondere auch dann der Fall, wenn die Einberufung im Interesse der Gesellschaft erforderlich erscheint, § 49 II GmbHG. Eine entsprechende Einberufungspflicht ist dabei nicht erst dann gegeben, wenn im Interesse der Gesellschaft über eine Frage zu entscheiden ist, die nach Gesetz oder Satzung Gegenstand der Gesellschaft und nicht Geschäftsführungsangelegenheit ist[108]. Nach der wohl überwiegenden Ansicht ist eine Gesellschafterversammlung trotz

---

103 *Kübler*, Gesellschaftsrecht, S. 233 f; *Lindacher*, JuS 1984, S. 672; *Zitzmann*, Vorlagepflichten, S. 107.

104 Baumbach / Hueck / *Zöllner*, GmbHG, § 49, Rz. 10; Scholz / *K. Schmidt*, GmbHG, § 49, Rz. 1, 3, 12; *Sudhoff*, Rechte und Pflichten, S. 62 ff.

105 Zur Weisungsgebundenheit der Geschäftsführer, BGHZ 31, S. 278; OLG Düsseldorf, ZIP 1984, S. 1476; *Fleck*, GmbHR 1974, S. 226.

106 OLG Frankfurt, GmbHR, 1976, S. 110; Baumbach / Hueck / *Zöllner*, GmbHG, § 49, Rz. 2; Hachenburg / *Hüffer*, GmbHG, § 49, Rz. 5; *Roth / Altmeppen*, GmbHG, § 49, Rz. 2; *Rowedder / Koppensteiner*, GmbHG, § 49, Rz. 2; Scholz / *K. Schmidt*, GmbHG, § 49, Rz. 4.

107 Vgl. etwa die gesetzlich geregelten Fälle der §§ 26, 46, 53 und 50 I GmbHG. Bestimmte Entscheidungen können nur durch Gesellschafterversammlung getroffen werden, vgl. §§ 13 I S. 2; 125 und 193 I S. 2 UmwG.

108 Scholz / *K. Schmidt*, GmbHG, § 49, Rz. 18 f. m.w.N.

grundsätzlicher Zuständigkeit der Geschäftsführung im Interesse der Gesellschaft vielmehr bereits dann einzuberufen, wenn die zu entscheidenden Maßnahmen außergewöhnliche[109] oder risikoreiche Geschäfte betreffen. Außergewöhnlich sind dabei insbesondere auch solche Maßnahmen, die nachhaltigen Einfluß auf die Interessen, die finanzielle Situation, die Marktstellung sowie auf den Bestand des Unternehmens haben[110]. Im Hinblick auf die hier in Frage stehenden Krisen- und Ausnahmesituationen ergäbe sich also unter Umständen sogar die gesellschaftsrechtliche Pflicht, die Gesellschafterversammlung einzuberufen, § 49 II GmbHG[111].

Auf den ersten Blick scheint diese Handlungsalternative demnach den Weg für eine weitere Konkretisierung der erforderlichen Rettungshandlung zu eröffnen. Jedem einzelnen Mitglied der Geschäftsführung wäre es grundsätzlich möglich und zumutbar, durch die Einberufung der Gesellschafterversammlung die Gesellschafter mit der zu entscheidenden Frage über eine Warn- oder Rückrufaktion zu befassen. Soweit ein Geschäftsführungsmitglied diese Handlungsalternative nicht wahrnehmen würde, wäre darin dann das Unterlassen der erforderlichen Handlung zu sehen. Bei näherer Betrachtung erweisen sich diese weiteren gesellschaftsrechtlichen Handlungsmöglichkeiten jedoch für die Bestimmung der geforderten Rettungshandlung als unbrauchbar. Zum einem wird die Möglichkeit der Beschlußfassung durch die Gesellschafterversammlung durch die gesetzlichen Anforderungen an deren ord-

---

109 Der Kreis ungewöhnlicher Maßnahmen ist jedoch nicht zu weit zu ziehen, da die gesetzliche Gesamtgeschäftsführung bereits die Gesellschafterinteressen in gewissem Umfang schützt, *Lutter / Hommelhoff*, GmbHG, § 49, Rz. 10.

110 H.M., BGH, AG, 1973, S. 244; Baumbach / Hueck / *Zöllner*, GmbHG, § 49, Rz. 13; Hachenburg / *Schilling*, GmbHG, § 49, Rz. 10; *Hommelhoff*, ZGR 1978, S. 123 ff.; ders., ZIP 1983, S. 385 ff.; *Lutter / Hommelhoff*, GmbHG, § 49, Rz. 11; Ro*wedder / Koppensteiner*, GmbHG, § 49, Rz. 11; Scholz / *K. Schmidt*, GmbHG, § 49, Rz. 20; Scholz / *Schneider*, GmbHG, § 37, Rz. 15; *Vollmer*, ZGR 1979, S. 135. Lediglich für Fragen, die den Bestand der Gesellschaft betreffen, *Zitzmann*, Vorlagepflichten, S. 156 ff.

111 A. A. ist der BGH im Lederspray-Fall, BGHSt 37, S. 106, 125 f., der - allerdings ohne Begründung - von einer gewöhnlichen Geschäftsführungsmaßnahme ausgeht.

nungsgemäße Einberufung gemäß § 51 GmbHG erheblich erschwert[112]. Die Regelungen über Einberufung und Ankündigung i.S. des § 51 GmbHG sind zwar grundsätzlich nicht zwingend; gesellschaftsvertragliche Erleichterungen sind jedoch problematisch und nur in engen Grenzen zulässig[113]. Insbesondere darf die einwöchige Einberufungsfrist i.S. des § 51 I S. 2 GmbHG, deren Verlängerung nur in Ausnahmefällen möglich ist[114], auch bei Gefahr im Verzug nicht unterschritten werden[115]. Gerade in den hier zu untersuchenden Fällen von Krisen- und Ausnahmesituationen bedarf es jedoch in der Regel schnellen Handelns, um weitere Gesundheitsschäden durch fehlerhafte Produkte zu vermeiden. Falls die Gesellschafterversammlung überhaupt noch fristgerecht einberufen werden kann, besteht deshalb die Gefahr von Einberufungsmängeln, die grundsätzlich zur Anfechtbarkeit[116] oder Nichtigkeit[117] der Gesellschafterbeschlüsse führen können. Darüber hinaus kann es durch den Zeitnotstand zu Abstimmungsproblemen zwischen der Gesellschafterversammlung und den Geschäftsführern kommen, welche die rechtzeitige und effektive Durchführung der erforderlichen Maßnahmen verhindern oder erschweren. Die Möglichkeit der Einberufung der Gesellschafterversammlung gemäß § 49 I, II GmbHG erfährt dadurch eine erhebliche Beschränkung. Sie stellt deshalb zwar grundsätzlich eine weitere Handlungsalternative der einzelnen Geschäftsleitungsmitglieder dar. In Krisen- und Ausnahmesituationen wird diese jedoch aufgrund des Zeitfaktors in der Regel nicht rechtzeitig genutzt werden können oder ist wenig praktikabel. Die

---

112 Allgemein zu den Anforderungen an Inhalt, Form und Frist der Einberufung, Baumbach / Hueck / *Zöllner*, GmbHG, § 51, Rz. 3 ff.; Scholz / *K. Schmidt*, GmbHG, § 51, Rz. 13 ff. m.w.N.

113 Hachenburg / *Hüffer*, GmbHG, § 51, Rz. 34; Scholz / *K. Schmidt*, GmbHG, § 51, Rz. 4.

114 *Lutter / Hommelhoff*, GmbHG, § 51, Rz. 7 ff.; Scholz / *K. Schmidt*, GmbHG, § 51, Rz. 15.

115 OLG Hamm, DB 1992, S. 263 f.; Scholz / *K. Schmidt*, GmbHG, § 51, Rz. 14.

116 Verstöße gegen Form, Frist und Inhalt der Einberufung stellen grundsätzlich nur Anfechtungsgründe dar, *Lutter / Hommelhoff*, GmbHG, § 51, Rz. 14; *Thelen*, GmbHR 1992, S. 796; *Vogel*, Gesellschafterbeschlüsse, S. 211.

117 Zu den Folgen von Ladungsmängeln, BGH, GmbHR 1989, S. 120 ff.; OLG Zweibrücken, GmbHR 1980, S. 85 f.; Baumbach / Hueck / *Zöllner*, GmbHG, § 51, Rz. 24 ff. m.w.N. Zu den Heilungsmöglichkeiten, Scholz / *K. Schmidt*, GmbHG, § 51, Rz. 27 ff. m.w.N.

Handlungsalternative gemäß § 49 I, II GmbHG kann deshalb regelmäßig nicht zu einer weiteren Konkretisierung der erforderlichen Rettungshandlung herangezogen werden. Aus strafrechtlicher Sicht wäre die Annahme einer Einberufungspflicht zudem „kontra-produktiv". Bestünde die Rettungshandlung in der Einberufung, ließe sich praktisch nie klären, ob bei Vornahme der Rettungshandlung der Erfolg mit an Sicherheit grenzender Wahrscheinlichkeit entfallen wäre. Das Verhalten der Gesellschafterversammlung dürfte sich nämlich kaum sicher prognostizieren lassen.

bb) Die Beschlußfassung im schriftlichen Verfahren, § 48 II GmbHG

Ist eine ordnungsgemäße Einberufung der Gesellschafterversammlung aus zeitlichen Gründen nicht sachdienlich[118] oder unmöglich, kommt, soweit im Gesellschaftsvertrag nichts anderes vereinbart ist[119], eine Vorlage zum schriftlichen Beschlußverfahren in Betracht, § 48 II GmbHG. Die Befugnis der einzelnen Geschäftsführungsmitglieder, statt der Einberufung das Abstimmungsverfahren einzuleiten, ergibt sich dabei aus der generellen Zuständigkeit zur Einberufung der Gesellschafterversammlung gemäß § 49 GmbHG[120]. Die Vorgehensweise der Beschlußfassung ohne Abhaltung einer Gesellschafterversammlung ist insbesondere deshalb eine praktikablere und damit vorteilhaftere Handlungsalternative, weil hier die strengen Anforderungen des § 51 GmbHG nicht gelten[121]. Das Verfahren der schriftlichen Beschlußfassung ermöglicht somit den Gesellschaftern, auf einem organisatorisch einfacheren und schnelleren Weg zu einer Entscheidung zu gelangen. Das Zustandekommen eines Gesellschafterbeschlusses ohne Einberufung der

118 Auch in den Fällen des § 49 GmbHG können die Geschäftsführer statt der Einberufung der Gesellschafterversammlung das Verfahren nach § 48 GmbHG wählen. Je nach Zeitdruck kann die Gesellschafterversammlung immer noch einberufen werden, falls ein Beschluß ohne Beratung nicht zustande kommen sollte, Baumbach / Hueck / *Zöllner*, GmbHG, § 49, Rz. 14.

119 Zu den Abänderungsmöglichkeiten des schriftlichen Verfahrens, *Roth / Altmeppen*, GmbHG, § 48, Rz. 24 f.; Scholz / *K. Schmidt*, GmbHG, § 48, Rz. 71.

120 Baumbach / Hueck / *Zöllner*, GmbHG, § 49, Rz. 8.

121 Scholz / *K. Schmidt*, GmbHG, § 51, Rz. 3.

Gesellschafterversammlung ist dabei in zwei Varianten möglich: Zum einen bedarf es keiner Versammlung, wenn sich sämtliche Gesellschafter schriftlich mit der vorgelegten Maßnahme einverstanden erklären, § 48 II 1. Variante GmbHG[122]. Gesetzlich vorgesehen ist dabei Einstimmigkeit, und zwar unter Mitwirkung auch der Gesellschafter, deren Teilnahme an der Beschlußfassung selbst ausgeschlossen ist[123]. Das Einverständnis ist, soweit die Gesellschafter stimmberechtigt sind, zugleich Stimmabgabe. Falls sie kein Stimmrecht haben, ist das Einverständnis nur Verfahrenserfordernis für die einstimmige Beschlußfassung[124]. Wesentlich ist hierbei, daß Schriftlichkeit nicht gleichbedeutend mit der gesetzlichen Schriftform des § 126 BGB ist. Ausreichend ist vielmehr jede schriftlich verkörperte Mitteilung, insbesondere auch ein von allen Gesellschaftern unterzeichnetes Rundschreiben, Telegramm oder Telefax[125]. Die telephonische Durchsage zu Protokoll der Geschäftsführer genügt insoweit allerdings nicht[126]. Die schriftliche Abstimmung ist zum anderen dann zulässig, wenn sich sämtliche Gesellschafter mit der schriftlichen Stimmabgabe einverstanden erklärt haben, § 48 II 2. Variante GmbHG. Im Gegensatz zur ersten Variante des § 48 II GmbHG kann diese Einverständniserklärung jedoch auch formlos erfolgen, da sie nur die Verfahrensart betrifft[127]. Für die eigentliche Beschlußfassung gilt hingegen Schriftlichkeit. Allerdings sind nunmehr Mehrheitsentscheidungen möglich[128].

---

122 Baumbach / Hueck / *Zöllner*, GmbHG, § 48, Rz. 20 ff.; *Rowedder / Koppensteiner*, GmbHG, § 48, Rz. 18 ff.; Scholz / *K. Schmidt*, GmbHG, § 48, Rz. 63 ff.; *Vogel*, Gesellschafterbeschlüsse, S. 162 m.w.N.

123 H.A., Baumbach / Hueck / *Zöllner*, GmbHG, § 48, Rz. 18; Hachenburg / *Hüffer*, GmbHG, § 48, Rz. 43; *Lutter / Hommelhoff*, GmbHG, § 48, Rz. 10; *Rowedder / Koppensteiner*, GmbHG, § 48, Rz. 20; *Vogel*, Gesellschafterbeschlüsse, S. 162 m.w.N.

124 Scholz / *K. Schmidt*, GmbHG, § 48, Rz. 63.

125 Baumbach / Hueck / *Zöllner*, GmbHG, § 48, Rz. 19; Scholz / *K. Schmidt*, GmbHG, § 48, Rz. 62; *Vogel*, Gesellschafterbeschlüsse, S. 161 ff.

126 Scholz / *K. Schmidt*, GmbHG, § 48, Rz. 62.

127 BGHZ 28, S. 355, 358; Baumbach / Hueck / *Zöllner*, GmbHG, § 48, Rz. 21; *Rowedder / Koppensteiner*, GmbHG, § 48, Rz. 19; *Vogel*, Gesellschafterbeschlüsse, S. 162.

128 Baumbach / Hueck / *Zöllner*, GmbHG, § 48, Rz. 20 m.w.N.

Mit der Einleitung des Beschlußverfahrens gemäß § 48 II GmbHG besteht somit grundsätzlich für jedes einzelne Geschäftsführungsmitglied eine Möglichkeit, die Entscheidung für die Veranlassung einer Warn- oder Rückrufaktion herbeizuführen: Jedem einzelnen Mitglied der Geschäftsführung ist es möglich, die Gesellschafter mit der Entscheidung dieser Maßnahme zu befassen[129]. Wesentlich ist dabei jedoch vor allem, daß der maßgebliche Beschluß über eine Warn- oder Rückrufaktion nunmehr von den Gesellschaftern zu treffen ist und nicht mehr in die Zuständigkeit der Geschäftsführung fällt. Liegt aber ein wirksam gefaßter Beschluß der Gesellschafter vor, sind die Geschäftsführer an diesen gebunden und haben ihn auszuführen[130]. Insoweit hätte der einzelne Geschäftsführer grundsätzlich auch alles ihm Mögliche und Zumutbare getan, um einen Beschluß über die Anordnung und den Vollzug der erforderlichen Warn- oder Rückrufaktion zustandezubringen. Die Handlungsalternative, ein Beschlußverfahren gemäß § 48 II GmbHG einzuleiten, führt somit grundsätzlich zu einer Konkretisierung der erforderlichen Rettungshandlung im Hinblick auf die einzelnen Geschäftsführungsmitglieder. Insoweit scheint eine Lösung für die hier zu untersuchende Frage nach der individuell erforderlichen Rettungshandlung innerhalb eines mehrköpfigen Entscheidungsgremiums gefunden zu sein. Bei genauerer Betrachtung wird jedoch deutlich, daß diese Schlußfolgerung nur teilweise zutrifft.

Obwohl durch die Einleitung des schriftlichen Beschlußverfahrens gemäß § 48 II GmbHG für den einzelnen Geschäftsführer grundsätzlich die Möglichkeit besteht, eine Entscheidung der Gesellschafter über die Anordnung und den Vollzug einer Warn- oder Rückrufaktion herbeizuführen, bleibt die Notwendigkeit, die individuell erforderliche Rettungshandlung hinreichend präzise zu bestimmen, im Hinblick auf die einzelnen Gesellschafter weiterhin bestehen. Haben jetzt die Gesellschafter kollektiv über die anstehende Frage bezüglich eines Rückrufs oder einer Warnaktion zu entscheiden, ist dadurch für die strafrechtliche Untersuchung nicht viel gewonnen. Hinsichtlich der Bestimmung der erforderlichen Handlung zur Abwendung des

---

129 *Lutter / Hommelhoff*, GmbHG, § 37, Rz. 30, die sich dabei auf die Lederspray-Entscheidung beziehen.

130 OLG Düsseldorf, ZIP 1994, S. 1476; Baumbach / Hueck / Zöllner, GmbHG, § 37, Rz. 10.

tatbestandlichen Erfolges stellt sich nämlich für die Gesamtheit der stimmberechtigten Gesellschafter die gleiche Problematik wie für die Mitglieder der Gesamtgeschäftsführung. Jeder einzelne Gesellschafter hätte alles ihm Mögliche und Zumutbare zu tun, um einen entsprechenden Gesellschafterbeschluß zustande zu bringen. Auch hier bliebe somit nur die Möglichkeit, vage Bemühungspflichten zur Herbeiführung der Kollegialentscheidung zu statuieren. Die Alternative, die Entscheidung über die zu treffende Maßnahme den Gesellschaftern zu überantworten, führt also lediglich zu einer Verlagerung der Problematik von einem Gesellschaftsorgan auf das andere, nicht jedoch zu einer Lösung. Die Berücksichtigung der Beschlußfassung durch die Gesellschafter im Wege des schriftlichen Verfahrens gemäß § 48 II GmbHG ermöglicht deshalb nur teilweise - und zwar nur im Hinblick auf die einzelnen Geschäftsführer - eine weitere Konkretisierung der erforderlichen Rettungshandlung bei einem mehrköpfigen Entscheidungsgremium. Bei den nunmehr eigentlichen Entscheidungsträgern - den Gesellschaftern - gelingt dies hingegen nicht. Hinzu kommt, daß auch die Konkretisierung der Rettungshandlung der Geschäftsführer durch die Herbeiführung der schriftlichen Beschlußfassung strafrechtlich „kontra-produktiv" ist[131].

d) Die Entscheidung von Geschäftsführungsmaßnahmen durch den Aufsichtsrat der GmbH

Zu dem gleichen Ergebnis wie für die Gesellschafterversammlung gelangt man, wenn man die Bestellung eines fakultativen oder obligatorischen Aufsichtsrats als weiteres Organ für die GmbH berücksichtigt, §§ 52 I GmbHG i.V.m. 2, 3 I MitbestG 1956, 1 III MitbestG 1976 und 77 BetrVG 1952. Soweit dem Aufsichtsrat durch Satzung[132] die Entscheidungsbefugnis hinsichtlich der hier zu betrachtenden Geschäftsführungsmaßnahmen zugewiesen wurde, hat dieser unter Mitwirkung

---

131 Siehe oben, Abschmitt B. IV. 1. c) aa), S. 49.

132 Die Satzung kann die Zuständigkeit des Aufsichtsrats nahezu beliebig ausweiten. Eine Übertragung der Geschäftsführung im ganzen ist jedoch nicht möglich, Baumbach / Hueck / *Zöllner*, GmbHG, § 52, Rz. 64; *Lutter / Hommelhoff*, GmbHG, § 52, Rz. 10; Scholz / *Schneider*, GmbHG, § 52, Rz. 94 m.w.N.

sämtlicher anwesender Mitglieder mehrheitlich darüber zu beschließen[133]. Falls eine entsprechende Regelung nicht vereinbart wurde, besteht lediglich die Möglichkeit, Zustimmungsvorbehalte gegenüber den Geschäftsführern zu statuieren, §§ 52 I GmbHG i.V.m. 111 IV S.2 AktG[134]. Dadurch kann aber die konkrete Geschäftsführungsmaßmahme nicht positiv entschieden werden. Dies bedeutet somit lediglich ein Initiativrecht des Aufsichtsrats, nicht jedoch eine Handlungsalternative des einzelnen Geschäftsführers oder des Aufsichtsratsmitglieds[135]. Auch eine eventuelle Zuständigkeit des Aufsichtsrats für die hier anstehenden Geschäftsführungsmaßnahmen ändert demnach nichts daran, daß insoweit von den entscheidungsbefugten Gremiumsmitgliedern grundsätzlich nur die Herbeiführung eines bestimmten Beschlusses gefordert werden kann.

e) Zwischenergebnis

Als Zwischenergebnis bleibt an dieser Stelle festzuhalten: Die regulären Handlungsalternativen der Mitglieder des jeweils entscheidungsberechtigten Organs der GmbH eröffnen den einzelnen Gremiumsmitgliedern keine Möglichkeit, eine Warn- oder Rückrufaktion selbständig und eigenverantwortlich zu veranlassen. Erforderlich ist vielmehr ein Beschluß des Gesamtorgans. Unter diesen Voraussetzungen ist damit für die GmbH vorläufig festzustellen, daß eine über die Statuierung von vagen Bemühungspflichten hinausgehende Konkretisierung der individuellen Rettungshandlung der Gremiumsmitglieder nicht möglich ist.

---

133 Dies gilt sowohl für den fakultativen als auch für den obligatorischen Aufsichtsrat, *Lutter / Hommelhoff*, GmbHG, § 52, Rz. 48; Scholz / *Schneider*, GmbHG, § 52, Rz. 301 ff., 404 ff.

134 *Lutter / Hommelhoff*, GmbHG, § 52, Rz. 10; *Lutter / Krieger*, Rechte und Pflichten, § 9, Rz. 338, 363 m.w.N.

135 BGH, WM 1994, S. 27.

2. Die Geschäftsführung der Aktiengesellschaft

a) *Gesamt- und Einzelgeschäftsführung innerhalb des Vorstands*

Die Geschäftsführung der Aktiengesellschaft obliegt dem Vorstand. Dies ist gesetzlich nicht ausdrücklich geregelt, ergibt sich aber aus §§ 76, 78, 82 II AktG und wird in § 77 I AktG vorausgesetzt[136]. Für den Fall eines mehrköpfigen Vorstandes sieht das Gesetz grundsätzlich Gesamtgeschäftsführung vor, § 77 I S.1 AktG. Es gilt das Einstimmigkeitsprinzip[137]. In der Praxis wird dies jedoch regelmäßig durch Satzung oder Geschäftsordnung des Vorstandes zu Gunsten des Mehrheitsprinzips abgeändert worden sein[138]. Durch Geschäftsordnung oder Satzung ist es zwar auch möglich, hinsichtlich bestimmter Geschäftsbereiche oder Ressorts Einzelgeschäftsführung für die Vorstandsmitglieder zu statuieren[139]. Wie im Recht der GmbH gilt jedoch auch im Aktienrecht der Grundsatz der Gesamtverantwortung des Vorstandes für die Leitung der Gesellschaft[140]. Bestimmte Maßnahmen können deshalb nur vom Gesamtvorstand unter Mitwirkung aller Mitglieder entschieden werden. Hierunter fallen zunächst die gesetzlich zwingend angeordneten Entscheidungen, etwa die Wahrung der Pflichten i.S. des § 92 AktG, die Einberufung der Hauptversammlung gemäß § 121 II AktG und ihre Einschaltung nach § 119 II AktG oder grundlegende Fragen der Organisation des Rechnungswesens, § 91

---

136 *Hüffer*, AktG, § 77, Rz. 5; Kölner Kommentar / *Mertens*, AktG, § 77, Rz. 6; *Raiser*, Kapitalgesellschaften, § 14, Rz. 23;*Würdinger*, Aktienrecht, S. 119 f.

136 *Godin / Wilhelmi*, AktG, § 77, Anm. 2; *Henn*, Handbuch des Aktienrechts, § 18, Rz. 574; *Hoffmann-Becking*, in: Münchener Handbuch des Gesellschaftsrechts, Bd. 4, § 22, Rz. 6; Kölner Kommentar / *Mertens*, AktG, § 77, Rz. 7.

137 *Geßler / Hefermehl*, AktG, § 77, Rz. 3; Kölner Kommentar / *Mertens*, AktG, § 77, Rz. 8; *Meyer-Landrut*, in: Großkommentar zum AktG, § 77, Anm. 3. Zur Berechnung der Mehrheitsverhältnisse, BGH, NJW 1982, S. 1585 m.w.N.

139 *Hüffer*, AktG, § 77, Rz. 14; Kölner Kommentar / *Mertens*, AktG, § 77, Rz. 13, 15.

140 *Dose*, Rechtsstellung, S. 72 ff; *Geßler / Hefermehl*, AktG, § 77, Rz. 20 und 22; *Hoffmann-Becking*, in: Münchener Handbuch des Gesellschaftsrechts, Bd. 4, § 22, Rz. 13; Kölner Kommentar / *Mertens*, AktG, § 77, Rz. 13 ff.

AktG[141]. Darüber hinaus gehören Entscheidungen, die ressortübergreifende Maßnahmen betreffen und von grundlegender unternehmenspolitischer Bedeutung für das Unternehmen sind, zum Verantwortungsbereich des Gesamtvorstands[142]. Aufgrund der ressortübergreifenden Wirkung und der wesentlichen Bedeutung für das Unternehmen ist deshalb auch bei der Aktiengesellschaft die Frage über einen Rückruf oder eine Warnaktion grundsätzlich nur vom Gesamtvorstand zu entscheiden[143]. Dabei haben sämtliche Vorstandsmitglieder eigenverantwortlich an der Beschlußfassung mitzuwirken und eine entsprechende Kollegialentscheidung herbeizuführen[144].

Für den Vorstand der Aktiengesellschaft gilt somit ebenfalls das bereits für die einzelnen Geschäftsführungsmitglieder der GmbH festgestellte Ergebnis. Das Prinzip der Gesamtgeschäftsführung läßt nur eine gemeinschaftliche Beschlußfassung zu. Eine über die Feststellung von Bemühungspflichten hinausgehende Konkretisierung der strafrechtlich geforderten Rettungshandlung erscheint deshalb vorläufig nicht möglich. Es stellt sich damit die Frage, ob und inwieweit die Berücksichtigung der weiteren Organe der Aktiengesellschaft möglicherweise zu einer Änderung dieses unbefriedigenden Befunds führen kann.

---

141 Auch die Berichterstattung an den Aufsichtsrat, § 90 AktG, die Aufstellung der Jahresbilanz, § 170 AktG, die Entscheidung über die Anfechtung eines Hauptversammlungsbeschlusses, § 245 Nr. 4 AktG, und die Sorge für die gesetzmäßige Zusammensetzung des Aufsichtsrates, §§ 97, 98 und 104 AktG sind zwingend dem Gesamtvorstand zugeordnet.

142 *Hüffer*, AktG, § 77, Rz. 18; Kölner Kommentar / *Mertens*, AktG, § 77, Rz. 16 ff.

143 Zur diesbezüglichen Verantwortung des Gesamtvorstands im Monza-Steel-Verfahren, LG München II, Urteil vom 21.04.1978, abgedruckt in: Schmidt-Salzer, ES, Nr. IV. 28 (S. 307 ff.); *Schmidt-Salzer*, NJW 1990, S. 2966 ff.; ders., NJW 1996, S. 1, 5.

144 *Hüffer*, AktG, § 77, Rz. 14; Kölner Kommentar / *Mertens*, AktG, § 77, Rz. 18 a. E.; § 93, Rz. 56; *v. Werder*, DB 1987, S. 2265, 2270 m.w.N.

b) *Die Entscheidung von Geschäftsführungsangelegenheiten durch die weiteren Organe der Aktiengesellschaft*

aa) *Die Mitentscheidungskompetenzen des Aufsichtsrats*

Die eigenverantwortliche Geschäftsführung des Vorstandes umfaßt sämtliche Geschäfte und Maßnahmen zur Leitung der Gesellschaft[145]. Es bedarf deshalb in der Regel auch keiner Abgrenzung zwischen allgemeinen Geschäftsführungsakten und Grundlagengeschäften[146]. Ebenso ist eine Unterscheidung zwischen gewöhnlichen und ungewöhnlichen Maßnahmen i.S. des § 116 II HGB entbehrlich[147]. Im Gegensatz zur GmbH können dem Aufsichtsrat der Aktiengesellschaft auch keine Maßnahmen der Geschäftsführung übertragen werden, § 111 IV S. 1 AktG. Die Hauptaufgabe des Aufsichtsrates liegt vielmehr in der Überwachung des Vorstandes, § 111 I AktG[148]. Bei Meinungsverschiedenheiten im Vorstand kann grundsätzlich jedes Vorstandsmitglied den Aufsichtsrat anrufen und um Vermittlung bitten. Dieser hat dann die Möglichkeit, seinen Standpunkt darzulegen und durch Vermittlung die Uneinigkeit zu überbrücken[149]. Dem Aufsichtsrat steht jedoch nicht die Befugnis zu, Geschäftsführungsmaßnahmen gegen den Willen des Vorstandes selbst vorzunehmen oder ihn anzuweisen, eine bestimmte Maßnahme durchzuführen[150]. Ebenso sind Meinungsbeschlüsse des Aufsichtsrats für den Vorstand nicht

---

145 *Dose*, Rechtsstellung, S. 54 ff.; *Hoffmann-Becking*, in: Münchener Handbuch des Gesellschaftsrechts, Bd. 4, § 22, Rz.1; *Meyer-Landrut*, in: Großkommentar zum AktG, § 76, Rz. 3. Zur Planung der Unternehmenspolitik, *Kallmeyer*, ZGR 1993, S. 104 ff.

146 *Hüffer*, AktG, § 77, Rz. 4; Kölner Kommentar / *Mertens*, AktG, § 77, Rz. 3.

147 *Geßler / Hefermehl*, AktG, § 111, Rz. 66 f.

148 *Cramer*, in: Festschrift für W. Stree und J. Wessels, 1993, S. 563, 567 ff.; *Lutter / Krieger*, Rechte und Pflichten, § 2, Rz. 16.

149 *Godin / Wilhelmi*, AktG, § 77, Anm. 5; Kölner Kommentar / *Mertens*, AktG, § 77, Rz 37.

150 *Geßler / Hefermehl*, AktG, § 77, Rz. 5; § 111, Rz.64; *Henn*, Handbuch des Aktienrechts, § 18, Rz. 576; *Lutter / Krieger*, Rechte und Pflichten, § 2, Rz. 16, 33.

verbindlich[151]. Die Entscheidung verbleibt vielmehr beim Gesamtvorstand. Soweit der Appell des Aufsichtsrats erfolglos bleibt, ist demnach die Geschäftsführungsmaßnahme im Sinne der Vorstandsentscheidung auszuführen oder die Maßnahme hat gemäß der Vorstandsentscheidung zu unterbleiben[152]. Eine direkte Einwirkung des Aufsichtsrats auf den Vorstand ist somit nicht möglich. Aus der Möglichkeit, den Aufsichtsrat anzurufen und ihn um Vermittlung zu bitten, ergibt sich demnach keine weitere Handlungsalternative für die einzelnen Vorstandsmitglieder.

Auch die Möglichkeit des Vorstands, den Aufsichtsrat mit der zu entscheidenden Maßnahme zu befassen, indem er seiner Informationspflicht i.S. des § 90 I S. 2 AktG nachkommt, führt deshalb in diesem Zusammenhang nicht weiter. Zum einen kann auch diese Entscheidung grundsätzlich nur vom Gesamtvorstand unter Mitwirkung sämtlicher Mitglieder getroffen werden[153]. Einzelne Vorstandsmitglieder haben diese Möglichkeit nicht, so daß auch hier wieder nur versucht werden kann, einen Kollegialentschluß zustandezubringen. Zum anderen eröffnet die Berichterstattung an den Aufsichtsrat keine weitere Handlungsalternative im Hinblick auf die zu entscheidene Sachfrage. Die Informationspflicht des Vorstandes korrespondiert vielmehr lediglich mit dem Informationsrecht des Aufsichtsrats und dient damit vornehmlich der Überwachung der Geschäftsführung[154]. Im übrigen bleibt es auch dann, wenn die einzelnen Vorstandsmitglieder ihrer Informationspflicht i.S. des § 90 I S. 2 AktG nachkommen, weiterhin bei dem Grundsatz, daß über die Geschäftsführungsmaßnahme ausschließlich vom Gesamtvorstand zu entscheiden ist.

Ist der Aufsichtsrat jedoch informiert, besteht für diesen die Möglichkeit, durch Gesamtbeschluß des Aufsichtsrats[155] aus eigener Initiative bestimmte Arten von Geschäftsführungsmaßnahmen des Vorstands von seiner Zustimmung abhängig zu

---

151 *Ransiek*, Unternehmensstrafrecht, S. 81.

152 *Geßler / Hefermehl*, AktG, § 77, Rz. 5; *Lutter / Krieger*, Rechte und Pflichten, § 2, Rz. 16; *Steinbeck*, Überwachungspflichten, S. 159 m.w.N.

153 *Geßler / Hefermehl*, AktG, § 90, Rz. 2.

154 *Hüffer*, AktG, § 90, Rz. 1. *Lutter / Krieger*, Rechte und Pflichten, § 2, Rz. 16.

155 *Hüffer*, AktG, § 111, Rz. 17.

machen, § 111 IV S. 2, 2. Alt. AktG. Hierunter können insbesondere auch Einzelmaßnahmen fallen, die nach Umfang, Bedeutung oder Risiko für das Unternehmen außergewöhnlich sind[156]. Dies bedeutet zwar entgegen § 111 IV S. 1 AktG de facto eine Möglichkeit der Einflußnahme des Aufsichtsrats auf die Geschäftsführung[157]. Satzung oder Aufsichtsrat können jedoch nur ein Zustimmungserfordernis begründen. Soweit der Aufsichtsrat demnach seine Zustimmung zu der Geschäftsführungsmaßnahme verweigert, hat diese zwar zu unterbleiben. Nicht möglich ist es jedoch, die in Frage stehende Entscheidung durch den Aufsichtsrat treffen zu lassen[158]. Verantwortlich für die Geschäftsführung bleibt auch in diesem Fall allein der Vorstand[159]. Der Aufsichtsrat ist nicht befugt, bestimmte Geschäfte gegen den Willen des Vorstands vorzunehmen oder diesem Anweisungen zu erteilen[160], so daß folglich auch die Berücksichtigung des § 111 IV S. 2 AktG keine Lösung der hier zur Untersuchung anstehenden Frage ermöglicht.

---

155 *Godin / Wilhelmi*, AktG, § 111, Anm. 5; *Götz*, ZGR 1990, S. 633, 642 f.; Kölner Kommentar / *Mertens*, AktG, § 111, Rz. 65; *Meyer-Landrut*, in: Großkommentar zum AktG, § 111, Anm. 15. Ausführlich hierzu *Steinbeck*, Überwachungspflichten, S. 147 ff., 151 m.w.N.

157 *Geßler / Hefermehl*, § 111 Rz. 62; Hüffer, AktG, § 111, Rz. 16; *Lutter / Krieger*, Rechte und Pflichten, § 2, Rz. 16.

158 *Geßler / Hefermehl*, AktG, § 111, Rz. 62 ff.; *Hüffer*, AktG, § 111, Rz. 18.

159 Die Zustimmungserteilung durch den Aufsichtsrat befreit den Vorstand nicht von dessen Haftung i.S. des § 93 AktG, Kölner Kommentar / *Mertens*, AktG, § 111, Rz. 87.

160 *Geßler / Hefermehl*, AktG, § 111, Rz. 64 m.w.N. Ausführlich zu den beschränkten Handlungsmöglichkeiten des Aufsichtsrats auch *Cramer*, in: Festschrift für W. Stree und J. Wessels, 1993, S. 563 ff.

bb) Die Mitentscheidungskompetenzen der Hauptversammlung

Als weitere Handlungsmöglichkeit des Vorstands, welche sich unter Umständen sogar zur Handlungspflicht[161] verdichtet, kommt in Betracht, die Hauptversammlung einzuberufen und die zu entscheidende Frage über eine Warn- oder eine Rückrufaktion den Aktionären zur Beschlußfassung vorzulegen, § 119 II AktG. Abgesehen von dem organisatorischen und zeitlichen Aufwand gemäß §§ 123 ff. AktG, der einem schnellen und effektiven Handeln zur Verhinderung von drohenden Gesundheitsschäden durch fehlerhafte Produkte entgegensteht, stellt sich jedoch auch in diesem Fall wieder die Problematik der notwendigen Gesamtbeschlußfassung. Sowohl die Einberufung als auch die Entscheidung über die Vorlage der konkreten Geschäftsführungsmaßnahme obliegt dem Gesamtvorstand und erfordert eine Beschlußfassung unter Mitwirkung sämtlicher Vorstandsmitglieder, § 121 I S. 2 AktG. Einzelne Vorstandsmitglieder sind hierzu nicht berechtigt[162].

Es zeigt sich also, daß auch die Berücksichtigung der weiteren Organe der Aktiengesellschaft nicht zu einer Erweiterung der Handlungsmöglichkeiten der einzelnen Vorstandsmitglieder führt. Es bleibt vielmehr bei dem bisher für die GmbH festgestellten Ergebnis, daß die regulären Handlungsalternativen der Mitglieder des entscheidungsberechtigten Organs nur eine Gesamtbeschlußfassung zulassen und damit eine Präzisierung der strafrechtlich geforderten Handlung zur Abwendung des tatbestandlichen Erfolges insoweit nicht möglich ist.

---

161 BGH, NJW 1982, S. 1703 ff.; LG Köln, AG 1992, S. 238 ff.; LG Stuttgart, WM 1992, S. 58, 6; *Geßler*, in: Festschrift für Stimpel, 1985, S. 771, 780 f.; *Hüffer*, AktG, § 119, Rz. 16 f. m.w.N. Eine Einberufungspflicht i.S. des § 121 I 3. Fall AktG, kommt für Geschäftsführungsmaßnahmen hingegen nicht in Betracht, *Hüffer*, AktG, § 121, Rz. 5 a. E.; Kölner Kommentar / *Zöllner*, AktG, § 121, Rz. 12.

162 *Hüffer*, AktG, § 119, Rz 13; Kölner Kommentar / *Zöllner*, AktG, § 119, Rz. 34. Soweit in der Satzung nicht das Mehrheitsprinzip vereinbart wurde, gilt grundsätzlich das Erfordernis der Einstimmigkeit.

3. Die Geschäftsführung der offenen Handelsgesellschaft und der Kommanditgesellschaft

a) Die offene Handelsgesellschaft

Sofern der Gesellschaftsvertrag keine abweichende Regelung enthält, sind alle Gesellschafter der offenen Handelsgesellschaft zur Geschäftsführung berechtigt und verpflichtet, § 114 I HGB. Zwischen mehreren geschäftsführungsberechtigten Gesellschaftern gilt grundsätzlich das Prinzip der Einzelgeschäftsführung, §§ 114 I, II, 115 I HGB. Jeder Gesellschafter ist demnach für den gesamten Geschäftsbereich zuständig und im Rahmen der allgemeinen Treuepflicht gegenüber der Gesellschaft allein entscheidungsberechtigt[163]. Die gesetzliche Kompetenz zum selbständigen und unabhängigen Handeln erfährt jedoch in zwei Fällen eine Beschränkung: Zum einen hat eine beabsichtigte Maßnahme zu unterbleiben, sobald ein anderer geschäftsführender Gesellschafter wirksam Widerspruch dagegen erhoben hat, § 115 I 2. Hs. HGB[164]. Das Widerspruchsrecht entspricht damit der grundsätzlichen Gleichberechtigung sämtlicher geschäftsführender Gesellschafter[165]. Zum anderen gilt das Prinzip der Einzelgeschäftsführung nur für gewöhnliche Maßnahmen des Geschäftsbetriebes, § 116 I HGB. Für betriebsungewöhnliche Maßnahmen bedarf es eines Beschlusses sämtlicher Gesellschafter, also auch derjenigen, die nach dem Gesellschaftsvertrag von der Geschäftsführung ausgeschlossen sind, § 116 II HGB[166]. Soweit durch Gesellschaftsvertrag das Mehrheitsprinzip nicht vereinbart wurde, sind deshalb alle Gesellschafter zur einstimmigen Beschlußfassung ver-

---

163 *A. Hueck*, Das Recht der OHG, S. 117; *Kraft / Kreutz*, Gesellschaftsrecht, S. 128 ff.; Schlegelberger / *Martens*, HGB, § 115, Rz. 1; K. Schmidt, Gesellschaftsrecht, S. 1146.

164 Zu den Wirksamkeitsvoraussetzungen des Widerspruchs, *Baumbach / Hopt*, HGB, § 115, Rz. 2 ff.; *A. Hueck*, Das Recht der OHG, S. 125 ff.

165 *Fischer*, in: Großkommentar zum HGB, § 115, Anm. 4; Heymann / *Emmerich*, HGB, § 115, Rz. 1.

166 *Fischer*, in: Großkommentar zum HGB, § 116, Anm. 3a; Schlegelberger / *Martens*, HGB, § 116, Rz. 2 f.

pflichtet, 119 I, II HGB[167]. Betriebsungewöhnliche Maßnahmen oder Geschäfte liegen nach der Rechtsprechung und Literatur in der Regel dann vor, wenn sie nach Inhalt und Zweck über den Rahmen des bisherigen Geschäftsbetriebes hinausgehen oder wegen ihrer Bedeutung für die Gesellschaft und der damit verbundenen finanziellen Risiken Ausnahmecharakter haben[168]. Die Einstufung als ungewöhnliche Maßnahme hängt dabei insbesondere von den speziellen Gesellschaftsverhältnissen und den Zeitumständen ab[169]. So wurden zum Beispiel der Notverkauf von Wertpapieren[170] sowie außerordentliche Reklameaufwendungen zur Einführung eines neuen Produkts[171] als ungewöhnliche Geschäfte i.S. des § 116 II HGB anerkannt. Aufgrund der geschäftspolitischen Bedeutung für die Gesellschaft, aber auch wegen der in Aussicht stehenden finanziellen Folgen, welche durch die produktbedingten Schädigungen fremder Rechtsgüter entstehen können, stellt deshalb auch die Entscheidung über eine Warn- oder eine Rückrufaktion bereits vertriebener Produkte keine gewöhnliche Betriebsmaßnahme i.S. des § 116 I HGB dar. In entsprechenden Krisen- und Ausnahmesituationen, in denen die Gesellschaft als Ganzes betroffen ist, sind vielmehr sämtliche geschäftsführende Gesellschafter berufen, mehrheitlich oder einstimmig einen Gesamtbeschluß zustandezubringen. Nur so ist es möglich, adäquat auf eine Krisensituation zu reagieren und den berechtigten Schutz- und Haftungsinteressen[172] der Gesellschafter Rechnung zu tragen. Die Entscheidung über eine Warn- oder Rückrufaktion kann somit grundsätzlich nicht durch einen einzelnen Gesellschafter getroffen werden.

---

167 *Baumbach / Hopt*, HGB, § 116, Rz. 11; *Kraft / Kreutz*, Gesellschaftsrecht, S. 130; *K. Schmidt*, Gesellschaftsrecht,§ 47 V 1 c.

168 BGHZ 76, S. 338 ff.; BGH, LM Nr. 1 zu § 116 HGB; BGH, BB 1973, S. 212; *Baumbach / Hopt*, HGB, § 116, Rz. 2; Heymann / *Emmerich*, HGB, 116, Rz. 3, 5; *A. Hueck*, Das Recht der OHG, § 14 II 2; Schlegelberger / *Martens*, HGB, § 116, Rz. 10 f.

169 RGZ 158, S. 308 ff.; BGHZ 76, S. 162. Auch eine an sich gewöhnliche Maßnahme kann im Falle einer erheblichen Interessenkollision zwischen der Gesellschaft und einem Gesellschafter zu einer ungewöhnlichen Maßnahme werden, BGH, BB 1973, S. 213 ff. m.w.N.

170 RGZ, JW 1930, S. 705 ff.

171 OLG Köln, RheinArch 111, S. 157 ff.

172 Schlegelberger / *Martens*, HGB, § 116, Rz. 2 f.

b) *Die Kommanditgesellschaft*

Die Geschäftsführungsbefugnisse bei der Kommanditgesellschaft orientieren sich weitgehend an denen der offenen Handelsgesellschaft. Die Komplementäre als persönlich haftende Gesellschafter sind zur Geschäftsführung berechtigt und verpflichtet, §§ 164 1. Hs., 161 II, 114, 115 I HGB. Es gilt Einzelgeschäftsführung, wobei bei einem Widerspruch eines anderen Komplementärs die beabsichtigte Maßnahme zu unterbleiben hat, §§ 161 II, 115 I HGB[173]. Die Kommanditisten sind dabei grundsätzlich von der Geschäftsführung ausgeschlossen, § 164 1.Hs. HGB. Die alleinige Zuständigkeit der Komplementäre erstreckt sich jedoch lediglich auf den gewöhnlichen Geschäftsbetrieb. Im Hinblick auf betriebsungewöhnliche Maßnahmen bedarf es demnach auch bei der Kommanditgesellschaft eines Beschlusses sämtlicher Gesellschafter[174]. Entgegen seinem Wortlaut entnimmt dabei die ganz herrschende Meinung dem § 164 2. Hs. HGB für die Kommanditisten nicht nur ein Widerspruchsrecht, sondern weitergehend ein Zustimmungsrecht[175]. Bei Maßnahmen, die über den gewöhnlichen Geschäftsbetrieb hinausgehen, bleibt es demnach auch für die Kommanditgesellschaft bei der Regelung des § 116 II HGB, so daß in diesem Fall ein Gesamtbeschluß unter Mitwirkung sämtlicher Kommanditisten notwendig ist[176]. Damit besteht in den hier zu untersuchenden Fällen weder für den einzelnen Komplementär noch für die Kommanditisten die Möglichkeit, alleinverantwortlich einen Vertriebsstop oder eine Rückrufaktion zu veranlassen.

In den oben angesprochenen Krisen- und Ausnahmesituationen ist demnach sowohl bei der offenen Handelsgesellschaft als auch bei der Kommanditgesellschaft die bis jetzt festgestellte Problematik gegeben. Die Entscheidung über die Veranlassung

---

173 Schlegelberger / *Martens*, HGB, § 164, Rz. 3 m.w.N.

174 Schlegelberger / *Martens*, HGB, § 164, Rz. 16 f. m.w.N.

175 RGZ 158, S. 305 ff.; *Baumbach / Hopt*, HGB, § 164, Rz. 2; *A. Hueck*, Das Recht der OHG, § 18 V 1; *Schilling*, in: Großkommentar zum HGB, § 164, Anm. 5; *K. Schmidt*, Gesellschaftsrecht, S. 1277 f.; *H. P. Westermann*, Personengesellschaften, Rz. 873.

176 RGZ 158, S. 302 ff.; *Baumbach / Hopt*, HGB, § 164, Rz. 2; Schlegelberger / *Martens*, HGB, § 164, Rz. 16 f.

einer Warn- oder Rückrufaktion kann grundsätzlich nur im Rahmen eines Gesamtbeschlusses getroffen werden. Die bisher untersuchten regulären Handlungsalternativen der Gesellschafter lassen deshalb eine weitere Konkretisierung der erforderlichen Rettungshandlung der einzelnen Gesellschafter nicht zu. Insoweit bleibt vorläufig nur übrig, seitens der einzelnen geschäftsführenden Gesellschafter zu fordern, alles ihnen Mögliche und Zumutbare zu tun, um einen entsprechenden Gesamtbeschluß zustandezubringen.

4. Die Geschäftsführung der Gesellschaft bürgerlichen Rechts (GbR)

a) *Die gesetzlich vorgesehene Gesamtgeschäftsführung gemäß § 709 I BGB*

Im Recht der GbR umfaßt die Geschäftsführungsbefugnis der geschäftsführenden Gesellschafter grundsätzlich alle rechtlichen und tatsächlichen Handlungen, die der Erfüllung des vertraglich festgelegten Gesellschaftszwecks dienen[177]. Eine Differenzierung zwischen gewöhnlichen und ungewöhnlichen Geschäftsmaßnahmen i.S. des § 116 II HGB ist dabei im dispositiven Recht der GbR nicht vorgesehen. Enthält der Gesellschaftsvertrag keine entgegenstehende Regelung, sind die geschäftsführenden Gesellschafter deshalb auch für ungewöhnliche Maßnahmen zuständig[178]. Soweit kein Gesellschafter durch den Gesellschaftsvertrag von der Geschäftsführung ausgeschlossen ist, § 710 I S. 1 BGB, sieht die gesetzliche Regelung - im Gegensatz zur offenen Handelsgesellschaft - Gesamtgeschäftsführung aller Gesellschafter vor, § 709 I BGB. Es gilt das Einstimmigkeitsprinzip, § 709 I 2. Hs. BGB. Gesellschaftsvertraglich kann die Gesamtgeschäftsführung jedoch durch die Einführung des Mehrheitsprinzips modifiziert werden, § 709 II BGB.

---

177 Palandt / *Thomas*, vor § 709, Rz. 5. Nicht hierzu gehören Maßnahmen, die eine Veränderung des Gesellschaftsvertrages bewirken; entsprechende Entscheidungen sind nur von allen Gesellschaftern gemeinsam zu treffen, Münchener Kommentar / *Ulmer*, § 709, Rz.10 f. m.w.N.

178 RGZ 158, S. 308 ff.; Münchener Kommentar / *Ulmer*, § 709, Rz. 24, 44; Soergel / *Hadding*, § 709, Rz. 16 m.w.N.

b) *Die Einzelgeschäftsführung gemäß § 711 BGB*

Es ist auch möglich, Einzelgeschäftsführung im Gesellschaftsvertrag zu vereinbaren, § 711 BGB. In diesem Fall ist jeder Gesellschafter befugt, von sich aus jede Handlung vorzunehmen, die in den Bereich der Geschäftsführung fällt[179]. Den restlichen Gesellschaftern steht insoweit nur ein Widerspruchsrecht zu, mit dem sie die Geschäftsführungsmaßnahme verhindern können[180]. Da sich die Geschäftsführung im Rahmen der BGB-Gesellschaft auch auf ungewöhnliche Geschäfte erstreckt[181] und somit eine Einschränkung i.S. des § 116 II HGB entfällt, besteht in diesem Fall grundsätzlich für jeden geschäftsführungsbefugten Gesellschafter die Möglichkeit, eine Warn- oder Rückrufaktion zu veranlassen. Auf den ersten Blick scheint sich demnach zumindest im Recht der GbR das bis jetzt ermittelte Ergebnis nicht zu bestätigen. Im Fall der Einzelgeschäftsführung besteht für jeden einzelnen Geschäftsführer grundsätzlich die gesellschaftsrechtliche Möglichkeit, die erforderliche Rettungshandlung eigenverantwortlich und selbständig auszuführen. Bei genauerer Betrachtung zeigt sich jedoch, daß diese Handlungsalternative nur in einem äußerst begrenzten Umfang Anwendung findet.

Zum einen führt diese Handlungsmöglichkeit nur dann zum Erfolg, wenn im Fall von betriebsungewöhnlichen Geschäftsführungsmaßnahmen die übrigen Geschäftsführer rechtzeitig über die beabsichtigen Maßnahmen informiert worden sind und ein Widerspruch der anderen geschäftsführungsbefugten Gesellschafter daraufhin ausbleibt[182]. Ist der Widerspruch rechtzeitig erklärt worden, hat die Maßnahme zu unterbleiben. Verletzt der handelnde Geschäftsführer hingegen seine Unterrichtungspflicht, besteht für die übrigen Geschäftsführer über ein nachträgliches Widerrufsrecht hinaus die Möglichkeit, die Rückgängigmachung der beanstandeten Maß-

---

179 Soergel / *Hadding*, § 711, Rz. 2; Staudinger / *Keßler*, § 711, Rz. 1.

180 *v. Ditfurth*, in: Münchener Handbuch des Gesellschaftsrechts, Bd. 1, § 7, Rz. 32 f.; Soergel / *Hadding*, § 711, Rz. 4.

181 *v. Ditfurth*, in: Münchener Handbuch des Gesellschaftsrechts, Bd. 1, § 7, Rz. 4; Münchener Kommentar / *Ulmer*, § 709, Rz. 10 f. m.w.N.

182 Münchener Kommentar / *Ulmer*, § 711, Rz. 3 und 13 m.w.N. Zur Unterrichtungspflicht, BGH, WM 1971, S. 819.

nahme zu verlangen oder selbst Gegenmaßnahmen zu ergreifen[183]. Die gesellschaftsrechtliche Einzelhandlungsbefugnis führt demnach nur dann zu einer Konkretisierung der erforderlichen Rettungshandlung, wenn sämtliche geschäftsführende Gesellschafter damit einverstanden sind. Soweit die Meinungen der Gesellschafter hinsichtlich der Geschäftsführungsmaßnahme jedoch divergieren - und dies dürfte in den hier zu untersuchenden Krisen- und Notsituationen häufig der Fall sein - verbleibt es auch in diesem Fall nur bei der Möglichkeit, die jeweiligen Mitgesellschafter von der Notwendigkeit der Maßnahme zu überzeugen, damit ein Widerspruch unterbleibt. Zum anderen dürfte im Bereich der Produktion und des Vertriebs von Publikumsprodukten die Vereinbarung einer unmodifizierten Einzelgeschäftsführung sämtlicher Gesellschafter eher selten sein. In der Praxis wird es sich vielmehr regelmäßig um eine funktionell, d. h. auf bestimmte Geschäftsbereiche oder Ressorts begrenzte Einzelgeschäftsführung handeln[184]. Ist dies der Fall, liegt eine ausschließliche Zuweisung von Verantwortungsbereichen an den jeweiligen Gesellschafter vor, so daß den für andere Ressorts zuständigen Mitgesellschaftern insoweit kein Widerspruchsrecht zusteht[185]. Gilt es in dieser Situation jedoch, Maßnahmen zu veranlassen, die über den einzelnen Geschäftsbereich oder das betreffende Ressort hinaus Bedeutung erlangen, so obliegt die entsprechende Entscheidung wiederum sämtlichen geschäftsführungsbefugten Gesellschaftern[186].

Auch im Recht der GbR ergibt sich demnach grundsätzlich keine Abweichung von dem bis jetzt festgestellten Ergebnis. In dem für die vorliegende Untersuchung wesentlichen Bereich der Produktion und des Vertriebs von Publikumsprodukten wird als Abweichung von der gesetzlich vorgesehenen Gesamtgeschäftsführung i.S. des § 709 BGB in der Regel nur die Vereinbarung einer modifizierten Einzel-

---

183 BGH, BB 1971, S. 759; *v. Ditfurth*, in: Münchener Handbuch des Gesellschaftsrechts, Bd. 1, § 7, Rz. 41.

184 *v. Ditfurth*, in: Münchener Handbuch des Gesellschaftsrechts, Bd. 1, § 7, Rz. 48; Münchener Kommentar / *Ulmer*, § 709, Rz. 17; Soergel / *Hadding*, § 709, Rz. 21; Staudinger / *Keßler*, vor § 709, Rz. 12; *Ulmer*, Systematischer Kommentar, § 709, Rz. 17.

185 *v. Ditfurth*, in: Münchener Handbuch des Gesellschaftsrechts, Bd. 1, § 7, Rz. 48.

186 Münchener Kommentar / *Ulmer*, § 709, Rz. 17; ders., Systematischer Kommentar, § 709, Rz. 17.

geschäftsführungsbefugnis der Gesellschafter in Betracht zu ziehen sein. Bei einer Warn- oder Rückrufaktion handelt es sich jedoch um ressortübergreifende Maßnahmen. Auch im Rahmen einer funktional begrenzten Einzelgeschäftsführung kann deshalb die Entscheidung über die Veranlassung entsprechender Maßnahmen nur von sämtlichen geschäftsführungsbefugten Gesellschaftern gemeinsam getroffen werden. Die gesellschaftsrechtliche Konstruktion der Gesamtgeschäftsführung verhindert demnach auch im Bereich der GbR eine weitere Konkretisierung der strafrechtlich erforderlichen Rettungshandlung im Hinblick auf die einzelnen geschäftsführungsberechtigten Gesellschafter.

5. Ergebnis des Abschnittes IV.

Als Zwischenergebnis läßt sich demnach vorläufig festhalten, daß die vom BGH[187] hinsichtlich der Geschäftsführungsmitglieder einer GmbH festgestellte Problematik grundsätzlich auch bei Mitgliedern der Geschäftsführungen anderer Gesellschaftsformen besteht. Die Veranlassung einer Warn- oder Rückrufaktion stellt eine ressortübergreifende Maßnahme dar, welche die Gesellschaft als Ganzes betrifft. Die entsprechende Entscheidung obliegt deshalb grundsätzlich der Gesamtgeschäftsführung. Dies ist insbesondere auch dann der Fall, wenn in dem Gesellschaftsvertrag, der Satzung oder der Geschäftsordnung eine funktional begrenzte Einzelgeschäftsführung vereinbart wurde. Die Zuweisung der Warn- und Rückrufproblematik, z. B. an ein besonderes Krisenressort und damit an einzelne Gremiumsmitglieder, ist mithin ebenfalls ausgeschlossen[188]. In den hier zu untersuchenden Fällen kommt deshalb ein Beschluß des Kollegialorgans nur dann zustande, wenn sich die Mitglieder des betroffenen Entscheidungsorgans entweder einstimmig oder mehrheitlich für diesen aussprechen. Für die strafrechtliche Frage nach einer weiteren Konkretisierungsmöglichkeit der von den einzelnen Gremiumsmitgliedern geforderten Rettungshandlung sind dabei die gesellschaftsrechtlichen Unterschiede zwischen einer einstimmigen oder einer mehrheitlichen Beschlußfassung ohne Belang. Dies

---

187 BGHSt 37, S. 106, 125 f.

188 *Dreher*, ZGR 1992, S. 22, 61; *Schmidt-Salzer*, NJW 1996, S. 1, 5.

ergibt sich aus der generellen Mitwirkungspflicht sämtlicher Mitglieder des entscheidungsbefugten Organs an der Beschlußfassung. Unter Zugrundelegung der bisher untersuchten regulären Handlungsalternativen der Geschäftsleitungsmitglieder bleibt deshalb für die Feststellung der strafrechtlich gebotenen Rettungshandlung nur die Möglichkeit, von den einzelnen zur Entscheidung berufenen Mitgliedern zu fordern, einen entsprechenden Gesamtentschluß zustandezubringen. Eine über vage Bemühungspflichten hinausgehende Konkretisierung der erforderlichen Rettungshandlung scheint vorläufig nicht möglich zu sein.

Auch die Berücksichtigung anderer Gesellschaftsorgane führt grundsätzlich nicht zu einer Erweiterung der Handlungsmöglichkeiten der einzelnen Geschäftsleitungsmitglieder und damit zu einer Änderung des bisherigen Ergebnisses. Eine Ausnahme ergibt sich insoweit nur für die Geschäftsführer der GmbH, welche durch die Einleitung des schriftlichen Beschlußverfahrens gemäß § 48 II GmbHG die Möglichkeit haben, die Gesellschafter mit der konkreten Entscheidung zu befassen. Die Entscheidung fällt bei der Befassung der Gesellschafter mit der Rückrufproblematik nicht mehr in den Aufgabenbereich der Geschäftsführung. Eine strafrechtliche Verantwortlichkeit der einzelnen Geschäftsführungsmitglieder kommt deshalb nicht mehr in Betracht. Allerdings stellt sich die Problematik der Gesamtbeschlußfassung nun erneut auf der Ebene der Gesellschafter. Die gesellschaftsrechtliche Möglichkeit, ein weiteres Organ der Gesellschaft mit der zu entscheidenden Frage über eine Warn- oder Rückrufaktion zu befassen, führt deshalb nur zu einer Verlagerung des Problems von einem Organ auf das andere, nicht jedoch zu einer Lösung. Wesentlich ist deshalb die Feststellung, daß es dem einzelnen Gremiumsmitglied des zur Entscheidung befugten Organs auf der Grundlage seiner regulären Handlungsmöglichkeiten nicht möglich ist, selbständig und eigenverantwortlich eine Warn- oder Rückrufaktion zu veranlassen. Diese Entscheidung kann grundsätzlich nur kollektiv gefaßt werden und verhindert dadurch die notwendige Präzisierung der erforderlichen Handlung zur Abwendung des tatbestandlichen Erfolges. Das gesellschaftsrechtliche Prinzip der Gesamtverantwortung und Gesamtgeschäftsführung kollidiert somit mit dem strafrechtlichen Grundsatz der individuellen Vorwerfbarkeit.

V. Die Einzelhandlungsbefugnis innerhalb eines mehrköpfigen Gremiums trotz Gesamtgeschäftsführung

Wie im obigen Abschnitt dargelegt, verhindert die gesellschaftsrechtliche Konstruktion der Gesamtgeschäftsführung grundsätzlich die Möglichkeit des einzelnen Geschäftsführungsmitgliedes, alleinverantwortlich die strafrechtlich gebotene Handlung durchzuführen oder zu veranlassen. Hat die unzureichende Bestimmung der erforderlichen Rettungshandlung demnach ihre Ursache im Gesellschaftsrecht, kann sich auch nur dort die Möglichkeit einer weitergehenden Konkretisierung der strafrechtlich relevanten Rettungshandlung ergeben. Im Hinblick auf die bis jetzt festgestellte Beschränkung durch das Prinzip der Gesamtgeschäftsführung könnte dabei allein eine gesellschaftsrechtliche Einzelhandlungsbefugnis der einzelnen Gremiumsmitglieder eine weitere Präzisierung der erforderlichen Rettungshandlung bewirken. Für die Fälle der Entscheidung über eine Warn- oder Rückrufaktion stellt sich demnach die Frage, ob es im Gesellschaftsrecht Ausnahmen von dem Prinzip der Gesamtgeschäftsführung gibt, die trotz grundsätzlich kollektiver Beschlußfassung dem einzelnen Mitglied der Geschäftsleitung entsprechende Handlungsmöglichkeiten eröffnen.

1. Die actio pro socio

Eine entsprechende Handlungsmöglichkeit für die einzelnen Geschäftsführungsmitglieder könnte sich aus den Grundsätzen der actio pro socio ergeben. Das Institut der actio pro socio ist weder im BGB noch im HGB gesetzlich geregelt. Als Minderheiten- und Kontrollrecht ist die actio pro socio jedoch in der Rechtsprechung und Literatur allgemein anerkannt[189]. Die actio pro socio stellt grundsätzlich die Befugnis jedes Gesellschafters einer Personengesellschaft oder einer GmbH dar, einen der Gesellschaft zustehenden Anspruch aus dem Gesellschaftsverhältnis

---

189 BGHZ 10, S. 91, 100 f.; 25, S. 47, 49 f.; BGH, NJW 1960, S. 433; 1973, S. 2198 f.; BGH, DB 1985, S. 2037; *Flume*, Personengesellschaft, § 10 IV, S. 139 ff.; ders., Juristische Person, § 8 V; *Hadding*, Die actio pro socio, S. 14 ff.; *A. Hueck*, Das Recht der OHG, S. 189, S. 27.

gegen einen Mitgesellschafter im eigenen Namen und zugunsten der Gesellschaft geltend zu machen[190]. Bereits damit ist jedoch die Anwendung des Instituts der actio pro socio auf die hier zu untersuchende Problematik zweifelhaft. Die Grundsätze der actio pro socio finden ausschließlich auf Sozialansprüche[191], also auf Verpflichtungen der Gesellschafter aus dem Gesellschaftsvertrag oder dem Gesellschaftsverhältnis gegenüber der Gesellschaft Anwendung. Strikt davon zu trennen ist die Geltendmachung von Ansprüchen der Gesellschaft gegenüber außenstehenden Dritten[192]. Zwar geht es bei der Frage nach der Möglichkeit der einzelnen Geschäftsführer, eine Warn- oder Rückrufaktion selbständig zu veranlassen, um die gesetzlich oder gesellschaftsvertraglich festgelegten Befugnisse der Geschäftsführung, also auch um Regelungen aus dem Gesellschaftsverhältnis. Dies betrifft jedoch nur die im Innenverhältnis rechtfertigende Kompetenzregelung für Maßnahmen, die nach außen, also Dritten gegenüber getätigt werden. Es betrifft hingegen keinesfalls Sozialansprüche der Gesellschaft aus dem Gesellschaftsverhältnis gegen einzelne Mitgesellschafter, welche in Form der Gesellschafterklage[193] geltend gemacht werden können. Die Grundsätze des Instituts der actio pro socio können demnach für die hier relevante Problematik nicht herangezogen werden.

2. Handeln bei Gefahr im Verzug gemäß § 115 II HGB analog

Eine weitere Ausnahmeregelung vom Prinzip der Gesamtgeschäftsführung findet sich im Recht der offenen Handelsgesellschaft. Ausnahmsweise ist der einzelne

---

190 BGHZ 25, S. 47 ff.; *Hadding*, JZ 1975, S. 159 ff.; *A. Hueck*, Das Recht der OHG, § 18 II 3 ff.; *Kübler*, Gesellschaftsrecht, § 6 II 3 m.w.N. Zur Übertragung und Anwendung auch auf die GmbH, Baumbach / Hueck / *Hueck*, GmbHG, § 13, Rz. 32 ff. m.w.N.

191 *v. Ditfurth*, in: Münchener Handbuch des Gesellschaftsrechts, Bd. 1, § 47, Rz. 67 ff. m.w.N.

192 *Höfler*, JuS 1992, S. 388, 389; G. Hueck, Gesellschaftsrecht, § 7 I 3; *Kraft / Kreutz*, Gesellschaftsrecht, S. 87.

193 Zum umstrittenen Problem, ob mittels der actio pro socio ein eigener Anspruch oder derjenige der Gesellschaft in Form der Prozeßstandschaft geltend gemacht wird, vgl. etwa *Höfler*, JuS 1992, S. 388, 390 f. m.w.N.

geschäftsführende Gesellschafter auch im Falle der Gesamtgeschäftsführung allein, also ohne Zustimmung der Mitgeschäftsführer, zum Handeln berechtigt, wenn Gefahr im Verzug ist, § 115 II HGB. Gefahr ist grundsätzlich dann im Verzug, wenn der Gesellschaft ein Schaden droht, dessen Eintritt nur durch sofortiges Handeln verhindert werden kann, und die Einholung der Zustimmung aller geschäftsführenden Gesellschafter nicht mehr möglich ist[194]. Eine entsprechende Gefahrensituation liegt auch dann vor, wenn bei Verzögerung der Maßnahme der OHG ein erheblicher Gewinn zu entgehen droht[195]. Die Gefahrenregelung i.S. des § 115 II HGB ist dabei unabhängig von den konkreten Verhinderungsgründen in der Person der anderen Gesellschafter anwendbar, so z. B., wenn diese aus Krankheitsgründen nicht ansprechbar oder erreichbar sind[196]. Gesetzlich normiert ist der Grundsatz der alleinigen Handlungsbefugnis eines geschäftsführenden Gesellschafters oder einer Minderheit des Gremiums bei Gefahr im Verzug jedoch nur im Recht der OHG. Mangels entsprechender Regelungen im Recht anderer Personen- und Kapitalgesellschaften käme jedoch eine analoge Anwendung der Gefahrenregelung aus § 115 II HGB in Betracht[197]. Neben dem Vorliegen einer planwidrigen Gesetzeslücke und der Vergleichbarkeit der Fälle[198] setzt dies allerdings voraus, daß die Regelung des § 115 II HGB überhaupt die hier in Frage stehenden Kollegialentscheidungen über Rückruf- und Warnaktionen erfaßt.

Die Situationen, in denen über eine Warn- oder Rückrufaktion hinsichtlich bestimmter Produkte zu entscheiden ist, stellen regelmäßig ressortübergreifende Krisen- und Ausnahmesituationen dar, in denen die Gesellschaft als Ganzes betroffen

---

194 BGHZ 17, S. 181 ff.; *Baumbach / Hopt*, HGB, § 115, Rz. 5; *Fischer*, in: Großkommentar zum HGB, § 115, Anm. 22.

195 *A. Hueck*, Das Recht der OHG, S. 125; Schlegelberger / *Martens*, HGB, § 115, Rz. 28.

196 Schlegelberger / *Martens*, HGB, § 115, Rz. 28.

197 Für die Anwendung bei der AG, *Geßler / Hefermehl*, AktG, § 77, Rz. 6; *Hüffer*, AktG, § 77, Rz. 6; Kölner Kommentar / *Mertens*, AktG, § 77, Rz. 7 und 26 f. Für die GbR, *Hadding*, JZ 1975, S. 162 m.w.N.

198 *Larenz / Canaris*, Methodenlehre, S. 191 ff. m.w.N.

ist[199]. In der Regel ist schnelles Handeln erforderlich, um (weitere) Gesundheitsschäden durch fehlerhafte Produkte zu vermeiden. Das Erfordernis zum schnellen Handeln betrifft daneben jedoch auch die Abwendung von erheblichen Schäden für die Gesellschaft und das Gesellschaftsvermögen durch zukünftige Schadensersatzforderungen der Opfer sowie die Abwendung von Gewinneinbußen am Markt durch Reputationsverlust. Eine Gefahrenlage für die Gesellschaft ist demnach grundsätzlich gegeben. Dennoch findet die Gefahrenregelung für die vorliegenden Fälle keine Anwendung:

Zum einen stellen die zu entscheidenden Maßnahmen aufgrund ihrer Bedeutung für die Gesellschaft generell außergewöhnliche Betriebsmaßnahmen i.S. des § 116 II HGB dar. Nach ganz herrschender Ansicht ist die Gefahrenregelung i.S. des § 115 II HGB jedoch auf gewöhnliche Betriebsmaßnahmen beschränkt und findet demnach in Fällen des § 116 II HGB keine Anwendung[200]. Wesentlicher ist zum anderen jedoch, daß eine Anwendung der Gefahrenregelung nur dann in Betracht kommt, wenn eine rechtzeitige Befragung der Mitgeschäftsführer nicht mehr möglich ist[201]. Sind jedoch die geschäftsführungsbefugten Gesellschafter anwesend oder erreichbar, und verweigert ein Geschäftsführungsmitglied oder die Mehrheit die Zustimmung, hat die Maßnahme trotz Dringlichkeit zu unterbleiben. Es stehen sich nämlich dann, wie im Fall des Widerspruchs bei Einzelgeschäftsführung gemäß § 115 I HGB, zwei Meinungen gegenüber, so daß die des Ablehnenden den Vorrang hat[202]. Das Problem der Entscheidung über eine Warn- oder Rückrufaktion liegt jedoch nicht primär darin begründet, daß ein erforderlicher Gesamtbe-

---

199 BGHSt 37, S. 106, 124; *Schmidt-Salzer*, NJW 1996, S. 1, 5.

200 *Baumbach / Hopt*, HGB, § 116, Rz. 5; *Fischer*, in: Großkommentar zum HGB, § 116, Anm. 3; Heymann / *Emmerich*, HGB, § 115, Rz. 20; *A. Hueck*, Das Recht der OHG, S. 122; Schlegelberger / *Martens*, HGB, § 116, Rz. 13; *H. P. Westermann*, Personengesellschaftsrecht, S. 135. Auch die Ausnahmeregelung der Prokuraerteilung gemäß 116 III HGB greift nur dann, wenn es sich um eine gewöhnliche Betriebsmaßnahme handelt. *Fischer*, in: Großkommentar zum HGB, § 116, Anm. 11.

201 BGHZ 17, S. 181 ff.; *Baumbach / Hopt*, HGB, § 115, Rz. 5; *Fischer*, in: Großkommentar zum HGB, § 115, Anm. 22.

202 BGHZ 17, S. 181 ff.; OLG Hamburg, OLGE 24, S. 408 ff.; *Fischer*, in: Großkommentar zum HGB, § 115, Anm. 7, 23; *A. Hueck*, Das Recht der OHG, S. 125.

schluß des Gremiums an der Abwesenheit eines oder mehrerer seiner Mitglieder scheitert. Die strafrechtlich erforderliche Handlung zur Verhinderung des tatbestandlichen Erfolges wird in der Regel vielmehr deshalb unterbleiben, weil die Zustimmungsverweigerung eines Mitglieds oder einer Mehrheit das Zustandekommen eines entsprechenden Kollegialentschlusses vereitelt. Diese Krisen- und Ausnahmesituationen stellen demnach zwar eine Gefahrenlage für die Gesellschaft dar. Da jedoch die Regelung des § 115 II HGB lediglich die Handlungszuständigkeiten im Rahmen der Gesamtgeschäftsführung für den Fall der Abwesenheit eines Gremiumsmitgliedes betrifft[203], kommt weder eine direkte noch eine analoge Anwendung der Gefahrenregelung aus § 115 II HGB auf die hier zu untersuchende Problematik in Betracht.

3. Das Notgeschäftsführungsrecht gemäß § 744 II BGB

Als weitere Ausnahmeregelung vom Prinzip der Gesamtgeschäftsführung könnte für jedes einzelne Mitglied der Geschäftsführung ein allgemeines Notgeschäftsführungsrecht bestehen. Ein entsprechendes Notrecht findet sich im Recht der Erbengemeinschaft, § 2038 I S. 2, 2.Hs. BGB und der Gütergemeinschaft, §§ 1429, 1459 BGB. Für die hier relevante gesellschaftsrechtliche Problematik kommt jedoch nur das gesetzlich normierte Notgeschäftsführungsrecht im Recht der Bruchteilsgemeinschaft in Betracht, § 744 II BGB.

a) *Das Notgeschäftsführungsrecht gemäß § 744 II BGB in Rechtsprechung und Literatur*

Grundsätzlich steht die Verwaltung eines gemeinschaftlichen Gegenstandes allen Teilhabern gemeinschaftlich zu, § 744 I BGB. Jedes Mitglied der Gemeinschaft hat jedoch die Möglichkeit, sein Individualrecht auf Werterhaltung am Gemeinschafts-

---

203 Schlegelberger / *Martens*, HGB, § 115, Rz. 28 m.w.N.

gegenstand zu wahren[204]. Ausnahmsweise kann deshalb jeder Teilhaber auch ohne oder gegen die Stimmen der anderen Gemeinschaftsmitglieder[205] notwendige Maßnahmen treffen, die zur Erhaltung des gemeinschaftlichen Gegenstandes, der Nutzungsmöglichkeit und bei einem Recht auch der Geltendmachung dienen[206], § 744 II BGB. Dabei verleiht § 744 II BGB auch eine Prozeßführungsbefugnis, wenn die Prozeßführung eine notwendige Erhaltungsmaßnahme darstellt[207]. § 744 II BGB begründet jedoch grundsätzlich keine Vertretungsmacht für die Gemeinschaft[208], sondern betrifft nur das Innenverhältnis, so daß eine eingegangene Verpflichtung des Handelnden nur diesen selbst bindet. Soweit allerdings die Voraussetzungen der Notgeschäftsführung gegeben sind, ist der einzelne Teilhaber ausreichend durch die Regreßmöglichkeiten der §§ 748 BGB und 677 ff. BGB geschützt[209]. Der einzelne Teilhaber kann weiterhin nur allein als Prozeßpartei auftreten. Sofern er für alle Teilhaber handeln will, steht ihm jedoch ein einklagbarer Anspruch auf vorherige Zustimmung zu der entsprechenden Maßnahme zu[210].

---

204 BGH, JZ 1985, S. 888 f.; BGH, NJW 1985, S. 1826 f.; *Diederichsen*, MDR 1963, S. 634 ff.; Münchener Kommentar / *K. Schmidt*, § 744, Rz. 34; Staudinger / *Huber*, § 744, Rz. 26.

205 RGRK / *v. Gramm*, § 744, Rz. 13; Staudinger / *Huber*, § 744, Rz. 23, 31.

206 BGHZ 17, S. 181 ff.; LG Berlin, NJW 1961, S. 1406; OLG Düsseldorf, VersR 1963, S. 56 f.; LG Essen, MDR 1966, S. 420.

207 BGHZ 39, S. 14 ff.; BGHZ 51, S. 125, 128; BGH, JZ 1985, S. 888; *Ganssmüller*, DB 1954, S. 862 f.; Palandt / *Thomas*, § 744, Rz. 3.

208 BGHZ 17, S. 184 ff.; *Flume*, Personengesellschaft, § 8, S. 116; Münchener Kommentar / *K. Schmidt*, § 744, Rz. 37 f.; Soergel / *Hadding*, § 744, Rz. 6; Staudinger / *Huber*, § 744, Rz. 33. A. A. Palandt / *Thomas*, § 744, Rz. 3, der Vertretungsmacht für notwendige Erhaltungsmaßnahmen annimmt, die keine Verfügungen sind.

209 Heymann / *Emmerich*, HGB, § 110, Rz. 5; RGRK / *v. Gramm*, § 744, Rz. 15.

210 BGHZ 17, S. 184 ff.; *Breetzke*, NJW 1961, S. 1406 ff. m.w.N.

b) *Die Anwendbarkeit des Notgeschäftsführungsrechts gemäß § 744 II BGB analog im Gesellschaftsrecht*

aa) *Personengesellschaften*

Im Gesellschaftsrecht ist eine dem § 744 II BGB entsprechende Regelung nicht normiert. Nach ganz herrschender Meinung findet der Rechtsgedanke der Notgeschäftsführung i.S. des § 744 II BGB jedoch auch auf Gesellschaftsverhältnisse, insbesondere auf die Personengesellschaften Anwendung[211]. Dem ist zuzustimmen. Die analoge Anwendung rechtfertigt sich vor allem dadurch, daß die Gesellschafter in der Regel noch enger miteinander verbunden sind, als die oft zufälligen Bruchteilsgemeinschaften. Da sie Mitberechtigte am gemeinschaftlichen Vermögen sind, besteht für sie demnach ein ebenso starkes Interesse an der Erhaltung des Gesellschaftsvermögens wie für die Teilhaber der Gemeinschaft[212]. Die Ansicht *Hubers*[213], der unter Hinweis auf den Vorrang der gesellschaftsrechtlichen Organisationsregeln eine analoge Anwendung des § 744 II BGB ablehnt, ist nicht überzeugend. Die gänzliche Versagung der Handlungsalternative gemäß § 744 II BGB analog entspricht nicht dem berechtigten Interesse der Gesellschafter an der Erhal-

---

211 RGZ 112, S. 361, 367; 158, S. 302, 311; BGHZ 17, S. 181, 183 ff.; 39, S. 14, 20; BGH, NJW 1982, S. 641; BGH, NJW 1983, S. 1192 f.; *Baumbach / Hopt*, HGB, § 114, Rz. 7; *v. Ditfurth*, in: Münchener Handbuch des Gesellschaftsrechts, Bd. 1, § 7, Rz. 75, § 47, Rz. 63 ff.; Erman / *H. P. Westermann*, § 709, Rz. 8; *Fischer*, in: Großkommentar zum HGB, § 116, Anm. 22; *Flume*, Personengesellschaft, § 15 II 1, S. 265; *Hadding*, JZ 1975, S. 159, 161 ff.; Heymann / *Emmerich*, HGB, § 115, Rz. 11; *A. Hueck*, Das Recht der OHG, S. 125; *G. Hueck*, Gesellschaftsrecht, § 8 I 3; *Kraft / Kreutz*, Gesellschaftsrecht, S. 97; Münchener Kommentar / *K. Schmidt*, §§ 744, 745, Rz. 41; Münchener Kommentar / *Ulmer*, § 709, Rz, 16, 21; Staudinger / *Keßler*, § 709, Rz. 4; *Nitschke*, ZHR 128 (1992), S. 48, 80 f.; *Reinicke / Tiedtke*, JZ 1985, S. 888, 890 f.; *Schulze-Osterloh*, Das Prinzip der gesamthänderischen Bindung, S. 46 ff.; *H. P. Westermann*, Personengesellschaftsrecht, Rz. 167, 875; *Wirth*, in: Münchener Handbuch des Gesellschaftsrechts, Bd. 2., § 3, Rz. 89 ff. A. A. *Diederichsen*, MDR 1963, S. 632, 633 f.; *Huber*, Vermögensanteil, S. 132; RGRK / *v. Gramm*, § 746, Rz. 13 a.E.; Staudinger / *Huber*, § 744, Rz. 28, die eine analoge Anwendung des § 744 II BGB auf Gesellschaftsverhältnisse ablehnen. Kritisch insoweit auch Münchener Kommentar / *K. Schmidt*, § 744, 745, Rz. 41.

212 *Schulze-Osterloh*, Das Prinzip der gesamthänderischen Bindung, S. 47.

213 *Huber*, Vermögensanteil, S. 132; Staudinger / *Huber*, § 744, Rz. 28.

tung des Gesellschaftsvermögens. Im übrigen wird dem Vorrang der gesellschaftsrechtlichen Organisationsregeln durch den engen Anwendungsbereich des Notgeschäftsführungsrechts hinreichend Rechnung getragen[214]. Die gesellschaftsrechtlichen Organisationsregeln stehen deshalb einer analogen Anwendung des § 744 II BGB auf Gesellschaftsverhältnisse nicht zwingend entgegen. In Ausnahmesituationen steht somit jedem einzelnen Gesellschafter ein entsprechendes Notgeschäftsführungsrecht neben der gesetzlichen oder der vertraglichen Organisation der Geschäftsführung zu. Dies ist auch dann der Fall, wenn der einzelne Gesellschafter von der Geschäftsführung gänzlich ausgeschlossen ist und folglich erst recht, wenn er kollektivgeschäftsführungsbefugt ist[215]. Das Notgeschäftsführungsrecht ist zwingendes Recht[216]. Es können demnach sowohl gewöhnliche als auch ungewöhnliche Geschäftsführungsmaßnahmen vorgenommen werden[217]. Die Maßnahmen können insbesondere auch ohne Zustimmung der anderen Gesellschafter oder trotz Vorliegens eines gegenteiligen Beschlusses ergriffen werden[218]. Diese Durchbrechung der gesetzlich oder vertraglich festgelegten Organisation der Geschäftsführung ist jedoch nur dann zulässig, wenn Gefahr im Verzug ist und die Maßnahme zur Erhaltung eines zum Gesellschaftsvermögen gehörenden Gegenstandes notwendig ist[219]. Entsprechend der sinngemäßen Anwendung auf das Gesellschaftsrecht ist ein Notgeschäftsführungsrecht über den gegenstandsbezogenen Wortlaut des § 744

---

214 Ähnlich insoweit Münchener Kommentar / *K. Schmidt*, § 744, 745, Rz. 41, der unter Hinweis auf die grundsätzliche Subsidiarität des Notgeschäftsführungsrechts die analoge Anwendung des § 744 II BGB bejaht.

215 *v. Ditfurth*, in: Münchener Handbuch des Gesellschaftsrechts, Bd. 1, § 47, Rz. 63; Erman / *H. P. Westermann*, § 709, Rz. 8; *A. Hueck*, Das Recht der OHG, S. 125; Schlegelberger / *Martens*, HGB, § 116, Rz. 23.

216 *v. Ditfurth*, in: Münchener Handbuch des Gesellschaftsrechts, Bd. 1, § 47, Rz.63; Münchener Kommentar / *K. Schmidt*, §§ 744, 745, Rz. 30; Schlegelberger / *Martens*, HGB, § 116, Rz. 23; *Wirth*, in: Münchener Handbuch des Gesellschaftsrechts, Bd. 2, § 3, Rz. 91.

217 Schlegelberger / *Martens*, HGB, § 115, Rz. 29, § 116, Rz. 23.

218 BayObLG, ZIP 1980, S. 904 f.; *Baumbach / Hopt*, HGB, § 114, Rz. 7; Schlegelberger / *Martens*, HGB, § 115, Rz. 29, § 116, Rz. 23; *H.P. Westermann*, Personengesellschaftsrecht, S. 186.

219 *v. Ditfurth*, in: Münchener Handbuch des Gesellschaftsrechts, Bd. 1, § 7, Rz. 75, § 47, Rz. 65; Schlegelberger / *Martens*, HGB, § 116, Rz. 23.

II BGB hinaus aber auch dann gegeben, wenn eine dringende und auf andere Weise nicht abzuwendende Gefahr für Gesellschaftsbelange schlechthin[220], das Gesellschaftsvermögen[221] oder die Gesellschaft selbst besteht[222]. Allerdings ist nur das Innenverhältnis betroffen, so daß der einzelne Gesellschafter nicht berechtigt ist, die Gesellschaft nach außen zu vertreten[223]. Er handelt vielmehr in eigenem Namen und auf eigenes Risiko[224].

bb) Kapitalgesellschaften

(1) Aktiengesellschaft

(a) Die analoge Anwendung des § 744 II BGB für den Fall der Gesamtgeschäftsführung i.V.m. dem Einstimmigkeitsprinzip

Obwohl der personale Charakter bei den Kapitalgesellschaften fehlt oder weniger stark ausgeprägt ist[225], findet der Rechtsgedanke der Notgeschäftsführung gemäß § 744 II BGB auch im Recht der Aktiengesellschaft auf die gesetzlich vorgesehene

---

220 *Baumbach / Hopt*, HGB, 114, Rz. 7; Erman / *H. P. Westermann*, § 709, Rz. 8, ziehen eine Notgeschäftsführung gemäß § 744 II analog bereits für den Fall der Wahrnehmung einer außergewöhnlichen, sonst der Gesellschaft entgehenden Chance in Betracht.

221 *Baumbach / Hopt*, HGB, § 114, Rz. 7.

222 BGHZ 17, S. 181, 183 ff.; BayObLG, ZIP 1980, S. 905; *Baumbach / Hopt*, HGB, § 114, Rz. 7; *v. Ditfurth*, in: Münchener Handbuch des Gesellschaftsrechts, § 47, Rz. 65; Erman / *H. P. Westermann*, § 709, Rz. 8; *Fischer*, in: Großkommentar zum HGB, § 116, Anm. 22; *Flume*, Personengesellschaft, § 15 II 1, S. 265; Münchener Kommentar / *Ulmer*, § 709, Rz. 21; Soergel / *Hadding*, § 709, Rz.16 a.E.; *Ulmer*, Systematischer Kommentar, § 709, Rz. 21.

223 BGHZ 17, S. 181, 184; *Nitschke*, ZHR 128 (1992), S. 48, 81 m.w.N.

224 BGHZ 17, S. 181, 183 ff.; *Flume*, Personengesellschaft, § 8, S. 116; *Nitschke*, ZHR 128 (1992), S. 48, S. 80 f. m.w.N.

225 *Immenga*, Die personalistische Kapitalgesellschaft, S. 69 ff. m.w.N. Zur personalistischen Ausprägung der GmbH vgl. etwa *G. Hueck*, Gesellschaftsrecht, § 37 II 2 sowie § 37 I 3; *Kraft / Kreutz*, Gesellschaftsrecht, S. 235 f. m.w.N.

Form der Gesamtgeschäftsführung des Vorstandes i.V.m. dem Einstimmigkeitsprinzip analoge Anwendung[226]. *Hüffer* will allerdings den Rechtsgedanken des § 744 II BGB, ebenso wie den des § 115 II HGB, nur auf die Fälle anwenden, in denen Vorstandsmitglieder abwesend oder nicht erreichbar sind[227]. Seien Vorstandsmitglieder unter den Voraussetzungen des § 744 II BGB analog übergangen worden, habe man diese umgehend nachträglich zu informieren. Solange die Durchführung der Maßnahme noch ausstehe, könnten die übergangenen Vorstandsmitglieder noch widersprechen[228]. Eine Beschränkung allein auf diese Fälle ist jedoch nicht überzeugend, da sie bereits durch die analoge Anwendung des § 115 II HGB abgedeckt sind. Die Anwendung des Rechtsgedankens aus § 744 II BGB würde insoweit leerlaufen und wäre deshalb überflüssig. Zu Recht nimmt deshalb *Mertens* die analoge Anwendung des § 744 II BGB weitergehend auch für die Fälle an, in denen ein Vorstandsmitglied seine Zustimmung zu einer Geschäftsführungsmaßnahme verweigert, die restlichen Vorstandsmitglieder diese jedoch trotzdem vornehmen[229]. Dem ist zuzustimmen. Zwar besteht für die einzelnen Vorstandsmitglieder keine persönliche Bindung an das Gesellschaftsvermögen. Aus der treuhänderischen Funktion des Vorstands[230] ergibt sich aber für die Mitglieder ein ebenso starkes Interesse an der Erhaltung des Gesellschaftsvermögens wie für die Gesellschafter einer Personengesellschaft. Soweit im Rahmen der Gesamtgeschäftsführung des Vorstandes das Einstimmigkeitsprinzip vereinbart wurde, entspricht die Handlungsmöglichkeit gemäß § 744 II BGB analog demnach der umfassenden Zuständigkeit der einzelnen Vorstandsmitglieder für die Geschäftsleitung und der strengen Haftung bei pflichtwidriger Verursachung von Schäden für die Gesellschaft oder das

---

226 *Hüffer*, AktG, § 77, Rz. 6; Kölner Kommentar / *Mertens*, AktG, § 77, Rz. 7 und 26 f.

227 *Hüffer*, AktG, § 77, Rz. 6.

228 *Hüffer*, AktG, § 77, Rz. 6 a.E.

229 Kölner Kommentar / *Mertens*, AktG, § 77, Rz. 26.

230 *Geßler / Hefermehl*, AktG, § 76, Rz. 8; *Hüffer*, AktG, § 93, Rz. 5 und § 84, Rz. 8 f. Zur organschaftlichen Treuebindung der Vorstandmitglieder, BGHZ 13, S. 188, 192; 49, S. 30 ff.

Gesellschaftsvermögen, § 93 II, III AktG[231]. Der Beschluß einer Maßnahme hat also grundsätzlich zu unterbleiben, wenn eine Minderheit oder auch nur ein Mitglied des Vorstandes dieser nicht zustimmt. Nehmen die anderen Vorstandsmitglieder diese dennoch vor, handeln sie pflichtwidrig, es sei denn, sie sind durch den Rechtsgedanken aus § 744 II BGB gerechtfertigt[232].

(b) Die analoge Anwendung des § 744 II BGB für den Fall der Gesamtgeschäftsführung i.V.m. dem Mehrheitsprinzip

Ist die analoge Anwendung des § 744 II BGB im Rahmen des Einstimmigkeitsprinzips demnach überzeugend, stellt sich die Frage, ob dies auch für die Fälle der Gesamtgeschäftsführung i.V.m. dem Mehrheitsprinzip gilt. Weder die Rechtsprechung noch die Literatur haben diesen Fall thematisiert. Grundsätzlich ist hier die Minderheit an den Mehrheitsbeschluß gebunden und hat diesen loyal auszuführen[233]. Diese Bindung an den Beschlußmodus gilt jedoch ebenfalls für die Mehrheit im Falle des Einstimmigkeitsprinzips bei der Zustimmungsverweigerung auch nur eines Vorstandsmitglieds. Über die Möglichkeit der Anwendung des Rechtsgedankens der Notgeschäftsführung sagt dies demnach nichts. Entscheidend ist vielmehr das Kriterium der Notsituation selbst, welche es ausnahmsweise erlaubt, die vorgegebene oder vereinbarte Organisationsstruktur der Geschäftsführung zu durchbrechen. Ist das der Fall, kann es bei Gefahr im Verzug, um notwendige Erhaltungsmaßnahmen zu treffen, oder um Gefahren für das Gesellschaftsvermögen bzw. die Gesellschaft selbst abzuwenden, keinen Unterschied zwischen einstimmig oder mehrheitlich zu fassenden Beschlüssen geben. In beiden Fällen würde ein Festhalten an der Organisationsstruktur das Gesellschaftsvermögen oder die Gesellschaft selbst gefährden. Wie im Recht der Personengesellschaft muß demnach in entsprechenden Notsituationen auch der Minderheit oder einzelnen Vorstandsmitglie-

---

231 *Martens*, in: Festschrift für Fleck, 1988, S. 209 ff.; *Spieker*, DB 1962, S. 927 ff.

232 Kölner Kommentar / *Mertens*, AktG, § 77, Rz. 26.

233 *Godin / Wilhelmi*, AktG, § 77, Anm. 6; Kölner Kommentar / *Mertens*, AktG, § 77, Rz. 38.

dern ein Notgeschäftsführungsrecht in analoger Anwendung des § 744 II BGB gegen die Mehrheit des Gremiums zustehen. Diese Handlungsalternative entspricht auch der strengen Haftung der einzelnen Vorstandsmitglieder gemäß § 93 II, III AktG, deren Verantwortlichkeit nicht allein durch die Überstimmung mittels eines Mehrheitsbeschlusses oder bei Billigung durch den Aufsichtsrat entfällt[234]. Vielmehr sind die überstimmten Vorstandsmitglieder in bestimmten Fällen, etwa bei gesetzwidrigen, gesellschaftschädlichen oder leichtfertig gefaßten Beschlüssen, sogar gehalten, auf Grund ihrer Treue- und Sorgfaltspflicht gegenüber der Gesellschaft[235] alle nötigen und geeigneten Schritte zu ergreifen, um die Ausführung des Beschlusses zu verhindern[236]. Ausreichend kann es insoweit zwar sein, die Vorstandsmitglieder durch Anrufung des Aufsichtsrates oder durch Niederlegung des Vorstandsamtes unter Druck zu setzen[237], so daß ein gegenteiliger Beschluß gefaßt wird oder der Gesamtvorstand von der Ausführung absieht. Die Möglichkeit, mit diesem Verhalten die Ausführung des Beschlusses zu verhindern, erweist sich jedoch bei genauerer Betrachtung als wenig effektiv. Zum einen steht dem Aufsichtsrat grundsätzlich keine Entscheidungs- und Weisungskompetenz in Fragen der Geschäftsführung zu[238]. Er kann deshalb bei Meinungsverschiedenheiten allenfalls versuchen zu vermitteln, um die Uneinigkeit des Vorstandes zu überbrücken[239]. Zum anderen kann die Amtsniederlegung die Ausführung des Beschlusses regelmäßig nicht verhindern[240] und ist damit als Handlungsalternative in diesem Zusam-

234 *Geßler / Hefermehl*, AktG, § 93, Rz. 27; *Henn*, Handbuch des Aktienrechts, § 18, Rz. 576; *Hüffer*, AktG, § 93, Rz. 27.

235 *Hüffer*, AktG, § 84, Rz. 9; § 93, Rz. 13 m.w.N.

236 *Godin / Wilhelmi*, AktG, § 93, Anm. 5; Kölner Kommentar / *Mertens*, AktG, §§ 93, Rz. 56, 77, Rz. 38; *Wiesener*, in: Münchener Handbuch des Gesellschaftsrechts, Bd. 4, § 22, Rz. 7.

237 *Foerste*, in: Produkthaftungshandbuch, § 25, Rz. 199; *Geßler / Hefermehl*, AktG, § 93, Rz. 27.

238 *Cramer*, in: Festschrift für W. Stree und J. Wessels, 1993, S. 563, 567; *Lutter / Krieger*, Rechte und Pflichten, § 2, Rz. 16.

239 Kölner Kommentar / *Mertens*, AktG, § 77, Rz. 37.

240 *Geßler / Hefermehl*, AktG, § 93, Rz. 27; Kölner Kommentar / *Mertens*, AktG, § 77, Rz. 38; *Wiesener*, in: Münchener Handbuch des Gesellschaftsrechts, Bd. 4, § 22, Rz. 7.

menhang unbrauchbar. Bei Gefahr im Verzug und nicht anders abwendbaren Gefahren für das Gesellschaftsvermögen oder die Gesellschaft selbst bleibt vielmehr für das einzelne Vorstandsmitglied oder eine Minderheit nur die Möglichkeit, selbständig und eigenverantwortlich gegen die Mehrheit zu handeln, um die Ausführung des Beschlusses zu verhindern und damit der Haftung gemäß § 93 I, II AktG zu entgehen[241]. Nur mit dieser Handlungsmöglichkeit ist das einzelne Vorstandsmitglied in der Lage, seiner über den Rahmen des § 242 BGB hinausgehenden Treuepflicht gegenüber der Gesellschaft gerecht zu werden. Diese Handlungsalternative ist folglich notwendiges Korrelat zu der umfassenden Verantwortung der einzelnen Vorstandsmitglieder. In Krisen- und Ausnahmesituationen steht demnach einer Minderheit oder einzelnen Vorstandsmitgliedern in analoger Anwendung des § 744 II BGB ein Notgeschäftsführungsrecht auch gegen einen Mehrheitsbeschluß zu, um entsprechende Erhaltungsmaßnahmen durchzuführen.

(2) Die GmbH

(a) Die analoge Anwendung des § 744 II BGB auf die Geschäftsführungsmitglieder für den Fall einer fehlenden Weisung durch die Gesellschafter

Im Recht der GmbH ist eine dem Rechtsgedanken des § 744 II BGB entsprechende Regelung ebenfalls weder für die Geschäftsführer noch für die Gesellschafter vorgesehen. Auch eine analoge Anwendung des § 744 II BGB auf die GmbH wird, im Gegensatz zum Recht der Aktiengesellschaft, von der Literatur nicht thematisiert. Dennoch besteht auch für die Geschäftsleitung der GmbH, ebenso wie für den Vorstand der Aktiengesellschaft, die Notwendigkeit einer entsprechenden Handlungsmöglichkeit. Wie die einzelnen Vorstandsmitglieder der Aktiengesellschaft sind die

241 So ausdrücklich etwa auch für die Veranlassung einer Warn- oder Rückrufaktion eines einzelnen Gremiumsmitgliedes gegen die Mehrheitsentscheidung eines mehrköpfigen Vorstandes oder einer mehrköpfigen Geschäftsführung der GmbH, um der deliktischen Haftung gemäß § 823 BGB zu entgehen: *Foerste*, in: Produkthaftungshandbuch, § 25, Rz. 198 f.

einzelnen Geschäftsführer aufgrund ihrer Organstellung mit treuhänderischer Funktion dazu verpflichtet, den Vorteil der Gesellschaft zu wahren und Schaden von ihr abzuwenden[242]. Die Geschäftsführer unterliegen deshalb auch einer umfassenden Haftung für pflichtwidriges Verhalten gegenüber der Gesellschaft, § 43 I, II GmbHG[243]. Der Haftungsmaßstab entspricht dabei dem der Vorstandsmitglieder gemäß § 93 I, II AktG[244].

Sind mehrere Geschäftsführer vorhanden, gilt unabhängig von der Ausgestaltung der Geschäftsführungsbefugnis für jedes einzelne Mitglied des Gremiums der Grundsatz der Gesamtverantwortung für die Geschäftsleitung. Dementsprechend entfällt eine Haftung nicht bereits dann, wenn einzelne Mitglieder gemäß dem jeweiligen Beschlußmodus überstimmt werden. Vielmehr sind die überstimmten Geschäftsführer, wie die einzelnen Vorstandsmitglieder auch, in Fällen von rechtswidrigen, sorgfaltswidrigen oder gesellschaftsschädigenden Beschlüssen des Gremiums gehalten, deren Ausführung zu verhindern[245]. Aus der Organfunktion ergibt sich demnach auch für die einzelnen Geschäftsführer der GmbH die Notwendigkeit der analogen Anwendung des Rechtsgedankens der Notgeschäftsführung gemäß § 744 II BGB, um Gefahren für das Gesellschaftsvermögen oder die Gesellschaft selbst abzuwenden. Nur so ist es jedem einzelnen Geschäftsführungsmitglied möglich, der Haftung gemäß § 43 I, II GmbHG zu entgehen und seiner Verantwortung gegenüber der Gesellschaft gerecht zu werden.

---

242 OLG Bremen, GmbHR 1964, S. 8 f.; Hachenburg / *Mertens*, GmbHG, § 43, Rz. 23, 42; Scholz / *Schneider*, GmbHG, § 43, Rz. 6 ff., 32; *Sonnenberger*, GmbHR 1973, S. 28 ff.

243 Gleiches gilt grundsätzlich auch für Gesellschafter, die faktisch das Unternehmen leiten, Scholz / *Schneider*, GmbHG, § 43, Rz. 18 m.w.N.

244 Hachenburg / *Mertens*, GmbHG, § 43, Rz. 23 ff.; Scholz / *Schneider*, GmbHG, § 43, Rz. 1, 32.

245 Hachenburg / *Mertens*, GmbHG, § 43, Rz. 26; *Rowedder / Koppensteiner*, GmbHG, § 43, Rz. 11.

Hinsichtlich der Geschäftsführung besteht jedoch für die GmbH durch die Weisungsbefugnis der Gesellschafterversammlung ein wesentlicher struktureller Unterschied zur Aktiengesellschaft[246]. Es stellt sich damit die Frage, ob und inwieweit die Weisungsbefugnis der Gesellschafter die Anwendung des Rechtsgedankens aus § 744 II BGB im Recht der GmbH zu beeinflussen vermag.

(b) Die analoge Anwendung des § 744 II BGB auf die Geschäftsführungsmitglieder für den Fall einer wirksamen Weisung durch die Gesellschafter

Als übergeordnetes Organ besteht für die Gesellschafterversammlung die Möglichkeit, durch einen gemeinschaftlichen Beschluß oder eine Weisung über einzelne Geschäftsführungsmaßnahmen zwingend zu entscheiden[247]. Liegt ein wirksam gefaßter Beschluß oder eine zulässige Weisung vor, sind die Geschäftsführer somit verpflichtet, die dementsprechende Maßnahme auszuführen[248]. Eine Befugnis der Geschäftsführer, die Weisung auf ihre Zweckmäßigkeit zu überprüfen, besteht grundsätzlich nicht[249]. Soweit die Ausführung nicht zu einer Existenzgefährdung der Gesellschaft führt, sind deshalb grundsätzlich auch Weisungen auszuführen, welche die Gesellschaft mit hoher Wahrscheinlichkeit schädigen werden, da das Unternehmensinteresse allein durch die Gesellschafter bestimmt wird[250]. Unter der Voraussetzung eines wirksamen Gesellschafterbeschlusses und einer darauf beru-

---

[246] BGHZ 89, S. 57 ff.; Baumbach / Hueck / *Zöllner*, GmbHG, § 37, Rz. 10 m.w.N.

[247] Das Weisungsrecht steht dabei nur der Gesellschafterversammlung zu, nicht einzelnen Gesellschaftern, Scholz / *Schneider*, GmbHG, § 37, Rz. 31 m.w.N.

[248] *Konzen*, NJW 1989, S. 2977 ff.; *Lutter / Hommelhoff*, GmbHG, § 37, Rz. 17 ff. m.w.N.

[249] Scholz / *Schneider*, GmbHG, § 43, Rz. 95.

[250] BGHZ 93, S. 146, 148; *Ebenroth / Lange*, GmbHR 1992, S. 70, 73; *Fleck*, ZHR 149 (1985), S. 387, 408; ders., ZGR 1990, S. 31, 36; *K. Schmidt*, ZIP 1988, S. 1497, 1506.

henden Weisung entfällt jedoch auch die Haftung gegenüber der Gesellschaft[251], da die Verantwortung nunmehr bei den Gesellschaftern liegt. In diesem Fall besteht dann aber für die einzelnen Geschäftsführer auch keine Notwendigkeit mehr, eine konkrete Handlungsmöglichkeit in Form des Notgeschäftsführungsrechts zu haben.

(c) Die analoge Anwendung des § 744 II BGB auf die Geschäftsführungsmitglieder für den Fall einer nichtigen oder anfechtbaren Weisung der Gesellschafter

Anders sind die Handlungsalternativen der GmbH-Geschäftsführer jedoch zu beurteilen, wenn die Weisung auf einem nichtigen Gesellschafterbeschluß basiert. Eine Folgepflicht der Geschäftsführer und damit eine Haftungsentlastung kommt grundsätzlich nur dann in Betracht, wenn die Weisung im Einklang mit Gesetz und Gesellschaftervertrag steht[252]. Dementsprechend bleibt das Haftungsrisiko bestehen, wenn die Weisung auf einem nichtigen Beschluß beruht[253]. Die Nichtigkeit von Gesellschafterbeschlüssen kann sich u. a. aus ihrem sitten- oder treuwidrigen Inhalt sowie aus Verstößen gegen Bestimmungen, die dem Gläubigerschutz dienen oder sonst im öffentlichen Interesse liegen, ergeben[254]. Der Begriff des öffentlichen

---

251 BGHZ 31, S. 278 f.; BGH, GmbHR 1974, S. 132; Baumbach / Hueck / *Zöllner*, GmbHG, § 43, Rz. 22; *Fleck*, GmbHR 1974, S. 224, 226; Hachenburg / *Mertens*, GmbHG, § 43, Rz. 67; *Heisse*, Geschäftsführerhaftung, S. 64 ff.; *Konzen*, NJW 1989, S. 2977, 2983; *K. Schmidt*, ZGR 1978, S. 425, 427.

252 *Eisenhardt*, in: Festschrift für Pfeiffer, 1988, S. 839, 844; *Konzen*, NJW 1989, S. 2977, 2981.

253 Baumbach / Hueck / *Zöllner*, GmbHG, § 37, Rz. 12; *Boesebeck*, GmbHR 1960, S. 118, 120 f.; *Fleck*, GmbHR 1974, S. 224, 227; *Konzen*, NJW 1989, S. 2977, 2981 f.; *Rowedder / Koppensteiner*, GmbHG, § 43, Rz. 30; Scholz / *Schneider*, GmbHG, § 43, Rz. 98.

254 Baumbach / Hueck / *Zöllner*, GmbHG, Anhang zu § 47, Rz. 23 ff.; *Lutter / Hommelhoff*, GmbHG, Anhang zu § 47, Rz. 10 ff.

Interesses ist dabei weit auszulegen. Hierunter fallen deshalb insbesondere Bestimmungen des Strafrechts, des öffentlichen Rechts sowie arbeitsrechtliche Bestimmungen, z. B. §§ 25 ff. MitbestG[255]. Entfaltet die Weisung unter diesen Voraussetzungen demnach keine Bindungswirkung für die Geschäftsführer und sind diese folglich dazu verpflichtet, die Ausführung des z. B. strafrechtswidrigen oder existenzgefährdenden Beschlusses zu verhindern, um einer Haftung gemäß § 43 I, II GmbHG zu entgehen, bleibt das Bedürfnis nach einer effektiven Handlungsalternative weiter bestehen.

Auch für den Fall eines anfechtbaren Weisungsbeschlusses orientiert sich die Frage nach der analogen Anwendbarkeit des § 744 II BGB an dessen Bindungswirkung und dem damit verbundenen Haftungsrisiko für die einzelnen Geschäftsführer. Eine Folgepflicht der Geschäftsführer wird grundsätzlich nur durch wirksame Beschlüsse ausgelöst[256]. War der Weisungsbeschluß zunächst zwar anfechtbar, ist dieser aber in der Zwischenzeit unanfechtbar geworden, besteht eine uneingeschränkte Folgepflicht der Geschäftsführer und demnach ein Haftungsausschluß[257]. Die Notwendigkeit der analogen Anwendung des § 744 II BGB stellt sich mithin auf der Ebene der Gesellschafter. Eine Folgepflicht entfällt aber, wenn der Weisungsbeschluß noch anfechtbar ist[258]. Dieser ist zwar wirksam, die Geschäftsführer müssen aber damit rechnen, daß der Beschluß in der Folgezeit angefochten wird und damit die Bindungswirkung der Weisung entfällt. Die Entscheidung, dem Weisungsbeschluß Folge zu leisten oder nicht, liegt dabei in der Verantwortung der Geschäftsführer, die somit auch das Haftungsrisiko tragen[259]. In diesem Fall steht deshalb den einzelnen Geschäftsführern weiterhin das Notgeschäftsführungsrecht gemäß § 744 II

---

255 Hachenburg / *Schilling-Zutt*, GmbHG, Anhang zu § 47, Rz. 44; *Ransiek*, Unternehmenstrafrecht, S. 65; *Rowedder / Koppensteiner*, GmbHG, § 47, Rz. 84; Scholz / *K. Schmidt*, GmbHG, § 45, Rz. 75.

256 Baumbach / Hueck / *Zöllner*, GmbHG, § 37, Rz. 12 m.w.N.

257 *Fleck*, GmbHR 1974, S. 224, 228; Hachenburg / *Mertens*, GmbHG, § 43, Rz. 80.

258 Baumbach / Hueck / Zöllner, GmbHG, § 37, Rz. 12; Scholz / Schneider, GmbHG, § 43, Rz. 102.

259 Baumbach / Hueck / *Zöllner*, GmbHG, § 37, Rz. 12; *Konzen*, NJW 1989, S. 2977, 2982; Scholz / *Schneider*, GmbHG, § 43, Rz. 103.

BGB analog zu, um Gefahren für das Gesellschaftsvermögen oder die Gesellschaft selbst abzuwenden und ihrer treuhänderischen Verantwortung gegenüber der Gesellschaft gerecht zu werden.

(d) Die analoge Anwendung des § 744 II BGB auf die Gesellschafter für den Fall einer wirksamen Weisung an die Geschäftsführer

Liegt ein wirksamer Gesellschafterbeschluß und eine darauf beruhende Weisung vor, entfällt die Haftung der einzelnen Geschäftsführungsmitglieder gegenüber der Gesellschaft[260]. Die Verantwortung liegt nunmehr bei den Gesellschaftern. In diesem Fall besteht dann aber auch für die einzelnen Geschäftsführer keine Notwendigkeit mehr, die Handlungsalternative des Notgeschäftsführungsrecht gemäß § 744 II BGB analog zu haben. Bedingt durch die Verantwortungsübernahme durch das übergeordnete Organ ergibt sich das Bedürfnis nach einer entsprechenden Handlungsalternative jetzt vielmehr auf der Ebene der Gesellschafter. Ist gesellschaftsvertraglich nichts anderes vereinbart[261], entscheidet im Rahmen eines Gesellschafterbeschlusses die Mehrheit der abgegebenen Stimmen[262]. Überstimmte Gesellschafter haben sich somit dem Ergebnis zu beugen. Neben dem Interesse an einer gesetz- und satzungsmäßigen Verwaltung des Verbandes besteht für jede Gesellschafterminderheit oder auch einzelne Gesellschafter jedoch auch ein schutzwürdiges Interesse an der Integrität ihrer Vermögensbeteiligungen[263]. Insoweit besteht kein Unterschied zu den Interessen der Gesellschafter einer Personengesellschaft oder denen der Mitglieder einer Bruchteilsgemeinschaft. Um jedoch einer drohenden Wertminderung ihres Kapitalanteils und damit einer Beeinträchtigung ihrer Vermö-

---

260 BGHZ 31, S. 278 f.; BGH, GmbHR 1974, S. 132; Baumbach / Hueck / *Zöllner*, GmbHG, § 37, Rz. 12; Hachenburg / *Mertens*, GmbHG, § 43, Rz. 67.

261 Zu den Vereinbarungsmöglichkeiten Scholz / *K. Schmidt*, GmbHG, § 47, Rz. 8 ff. m.w.N.

262 Scholz / *K. Schmidt*, GmbHG, § 47, Rz. 3 m.w.N.

263 *Eickhoff*, Die Gesellschafterklage im GmbH-Recht, S. 152 f., der die Schutzwürdigkeit des Kapitalanteils und damit der Mitgliedschaft unter anderem gerade auch aus der Wertung des § 744 II BGB ableitet.

gensinteressen entgegentreten zu können, müssen die einzelnen Gesellschafter oder eine Minderheit in der Lage sein, entsprechende Schutzmaßnahmen auch gegen die Mehrheit der Gesellschafter vorzunehmen. Diese Notwendigkeit ist z. B. für die Geltendmachung von Ansprüchen aus dem Gesellschaftsverhältnis durch die Gesellschafterklage allgemein anerkannt[264]. Eine entsprechende Einzelhandlungsbefugnis jedes Gesellschafters ergibt sich dort aus dem Erfordernis, die Mitgliedschaft durch die Abwendung einer drohenden Gefährdung des Kapitalanteils effektiv schützen zu können[265].

Ein entsprechendes Schutzbedürfnis besteht jedoch auch dann, wenn die Gefährdung des Kapitalanteils und damit der Mitgliedschaft nicht auf der ausbleibenden Geltendmachung von Verbandsansprüchen beruht, sondern auf einem mehrheitlichen Beschluß einer Geschäftsführungsmaßnahme, die das Gesellschaftsvermögen oder die Gesellschaft selbst bedroht. Ausreichend kann es in diesem Fall zwar sein, durch eine Anfechtungsklage gegen den Beschluß vorzugehen[266]. Erscheint dies als aussichtslos bzw. als zu zeitaufwendig und damit als unbrauchbar, bedarf es aber einer entsprechenden Handlungsmöglichkeit der Gesellschafter, um eine entsprechende Gefährdung des Gesellschaftsvermögens und damit ihres Kapitalanteils effektiv abwenden zu können. Außerhalb des Bereichs von Verbandsansprüchen kann demnach nichts anderes gelten. Soweit sich also eine Gesellschaftermehrheit nicht überzeugen läßt, bleibt den einzelnen Gesellschaftern zum Schutze ihrer Vermögensinteressen nur die Handlungsalternative des Notgeschäftsführungsrechts ge-

---

264 Baumbach / Hueck / *Hueck*, GmbHG, § 13, Rz. 32 ff.; *Lutter*, AcP 180 (1980), S. 135 ff.; *Martens*, GmbHR 1984, S. 265, 271.

265 *Eickhoff*, Die Gesellschafterklage im GmbH-Recht, S. 153.

266 Als Anfechtungsgrund kommt sowohl ein Verstoß gegen die Bindung an den Gesellschaftszweck als auch ein Verstoß gegen die Treuebindungen der Gesellschafter in Betracht, welche die Gesellschafter dazu verpflichten, auf die mitgliedschaftlichen Interessen der einzelnen Mitgesellschafter Rücksicht zu nehmen, Baumbach / Hueck / *Zöllner*, GmbHG, Anhang zu § 47, Rz. 49, 50, 52; *Lutter*, AcP 180 (1980), S. 84, 102 ff., 120 ff. m.w.N.

mäß § 744 II BGB analog[267]. Wie bei den Personengesellschaften kann deshalb jeder einzelne Gesellschafter in entsprechenden Notsituationen auch gegen einen Beschluß der Gesellschafterversammlung notwendige Erhaltungsmaßnahmen vornehmen, um die dem Gesellschaftsvermögen oder der Gesellschaft selbst drohenden Schäden abzuwenden.

c) *Zwischenergebnis des Abschnittes V. 3.*

Zusammenfassend läßt sich also feststellen, daß sowohl im Bereich der Personengesellschaften als auch bei den Kapitalgesellschaften der Rechtsgedanke der Notgeschäftsführung gemäß § 744 II BGB Anwendung findet. Diese Handlungsalternative ergibt sich zwingend sowohl aus der treuhänderischen Organfunktion der nicht am Gesellschaftsvermögen beteiligten Geschäftsführer als auch aus den berechtigten Schutzinteressen der Gesellschafter an der vermögensmäßigen Integrität ihrer Beteiligungen oder ihres Kapitalanteils. Dies gilt auch für geschäftsführende Gesellschafter. Auch unter Berücksichtigung der Weisungsgebundenheit der GmbH-Geschäftsführer ergibt sich insoweit keine Änderung dieses Ergebnisses. Im Fall einer bindenden Weisung durch die Gesellschafter bleibt das Bedürfnis nach einer Handlungsalternative gemäß § 744 II BGB weiterhin bestehen. Mangels Haftungsrisikos der Geschäftsführer ergibt sich das Bedürfnis in diesem Fall auf der Ebene der Gesellschafter. Ein wirksamer Weisungsbeschluß der Gesellschafter führt damit lediglich zu einer Verlagerung der Problematik von der Ebene der Geschäftsführer auf die der Gesellschafter. Die Notwendigkeit einer entsprechenden Einzelhandlungsbefugnis entfällt dadurch jedoch nicht. Im Hinblick auf das einzelne Organmitglied stellt diese konkrete Handlungsmöglichkeit vielmehr das notwendige Korrelat zu der umfassenden Verantwortung jedes einzelnen Mitgliedes für das Gesellschaftsvermögen dar. Jedes Mitglied des zur Entscheidung der Geschäftsführungsmaßnahme befugten Organs hat demnach grundsätzlich in analoger Anwendung des

---

267 Eine mögliche Anfechtungsklage gegen den Gesellschafterbeschluß scheidet in diesem Zusammenhang aus, da diese, soweit Gefahr in Verzug ist, keine hinreichende Schutzmöglichkeit für die Vermögensinteressen der betroffenen Gesellschafter bieten kann. Ebenso für den Fall der Gesellschafterklage, BGH, WM 1982, S. 928; Baumbach / Hueck / *Hueck*, GmbHG, § 13, Rz. 34 a m.w.N.

§ 744 II BGB die Möglichkeit, unabhängig von der Organisationsstruktur der Geschäftsleitung eigenverantwortlich entsprechende Erhaltungsmaßnahmen auch gegen die Mehrheit der Gremiumsmitglieder vorzunehmen.

d) Die analoge Anwendung des § 744 II BGB im Fall der Entscheidung über eine Warn- oder Rückrufaktion

Aus den vorstehenden Ausführungen ergibt sich, daß der Rechtsgedanke der Notgeschäftsführung gemäß § 744 II BGB im Gesellschaftsrecht Anwendung findet und damit für die einzelnen Mitglieder eines mehrköpfigen Entscheidungsgremiums trotz einer vereinbarten Gesamtgeschäftsführung eine Einzelhandlungsbefugnis im Prinzip gegeben ist. Allerdings hat die vertragsmäßige Organisation der Geschäftsleitung grundsätzlich Vorrang, so daß den nicht geschäftsführungsberechtigten Gesellschaftern oder den überstimmten Geschäftsleitungsmitgliedern insoweit nur ein subsidiäres Notgeschäftsführungsrecht zusteht[268]. Die Ausübung des Notgeschäftsführungsrechtes gemäß § 744 II BGB analog setzt deshalb nicht nur Gefahr im Verzug voraus, sondern weiterhin den bevorstehenden Eintritt eines die Erhaltung eines Gegenstandes des Gesellschaftsvermögens, das Gesellschaftsvermögen oder die Gesellschaft selbst bedrohenden Schadens[269]. Fraglich ist, ob das Notgeschäftsführungsrecht gemäß § 744 II BGB analog eine Möglichkeit für den einzelnen Geschäftsführer bzw. für das einzelne Mitglied des entscheidungsbefugten Organs eröffnet, selbständig eine Warn- oder Rückrufaktion zu veranlassen.

---

268 Münchener Kommentar / *K. Schmidt*, § 746, Rz. 41.

269 *v. Ditfurth*, in: Münchener Handbuch des Gesellschaftsrechts, Bd. 1, § 7, Rz. 75 und § 47, Rz. 64; Schlegelberger / *Martens*, HGB, § 116, Rz. 23. Für Erman / *H. P. Westermann*, § 709, Rz. 8, ist bereits eine Gefahr für Gesellschaftsbelange schlechthin ausreichend.

aa) *Die Gefährdung wesentlicher Gesellschaftsbelange, im Fall der fehlenden Veranlassung einer Warn- oder Rückrufaktion*

Der Entscheidung über die Veranlassung einer Warn- oder Rückrufaktion zur Verhinderung von produktbedingten Gesundheitsschädigungen der Verbraucher kommt regelmäßig eine erhebliche wirtschaftliche Bedeutung für das Unternehmen zu. Gerade auch aufgrund der Kostenintensität dieser Maßnahmen ist das Unternehmen als Ganzes betroffen[270]. Zu den Kosten zählen einerseits die Aufwendungen, die durch die Veranlassung entsprechender Maßnahmen verursacht werden[271]. Demgegenüber stehen andererseits jedoch die erheblichen finanziellen Belastungen des Gesellschaftsvermögens, wenn eine entsprechende schadensverhindernde oder begrenzende Maßnahme unterbleibt oder nicht rechtzeitig veranlaßt wird. Zu nennen sind hier mögliche Schadensersatz- und Schmerzensgeldforderungen[272] der Geschädigten sowie insbesondere die Gewinneinbußen der Unternehmen durch Reputationsverlust[273] am Markt. Gerade die in den letzten Jahren zunehmende Sensibilität der Öffentlichkeit gegenüber Produkthaftungsfällen hat dazu geführt, daß ein entsprechender Imageverlust zu erheblichen finanziellen Einbußen führen kann. Aufgrund der stigmatisierenden Wirkung eines öffentlichen Strafverfahrens und der damit verbundenen negativen Publizität gehören dabei insbesondere auch die strafrechtlichen Konsequenzen ebenso wie die zivilrechtlichen Folgen eines Produktfehlers, zu den „Kosten", die ein Unternehmen als Folge fehlerhafter Nichtentscheidungen zu tra-

---

270 *Schmidt-Salzer*, NJW 1996, S. 1, 5.

271 *Littbarski*, in: Produkthaftungshandbuch, § 56 IV m.w.N.

272 Zum Schadensumfang im Contergan-Fall, *Vogel*, GA 1990, S. 241, 250. Zu der Gefahr von „amerikanischen Verhältnissen" hinsichtlich Schadensersatzforderungen der Opfer: „Handelsblatt" vom 08.08.1995, Nr. 148, S. 2.

273 Nach ganz herrschender Meinung stellen auch tatsächliche Werte wie z. B. Kundenbeziehungen, Know-How und Reputation ebenfalls zum Gesellschaftsvermögen gehörende Gegenstände dar, *A. Hueck*, Das Recht der OHG, § 16 III; *G. Hueck*, Gesellschaftsrecht, § 9 I.

gen hat[274]. So hat etwa den Automobilhersteller Audi gerade auch die Erfahrung auf dem amerikanischen Markt, daß eine falsche oder zu späte Reaktion auf echte oder auch nur angebliche Produktmängel das Neugeschäft über lange Zeit ruinieren kann, dazu bewogen, im Herbst 1997 eine der bisher größten Rückrufaktionen in der ganzen Welt zu veranlassen[275].

Es besteht zwar grundsätzlich die Möglichkeit, die finanziellen Risiken von produktbedingten Schädigungen durch den Abschluß einer Produkthaftpflichtversicherung zu mindern, §§ 1 f. AHB i.V.m. den Ziffern 1 f. ProdHB (Verbandsmodell über die erweiterte Produkthaftpflichtversicherung). Nach der enormen Haftungsverschärfung durch eine Reihe grundlegender zivilrechtlicher Entscheidungen zur Produkthaftung[276] dürfte dies sogar regelmäßig der Fall sein[277]. Aber auch der Abschluß einer entsprechenden Versicherung wird eine Gefährdung des Gesellschaftsvermögens nur in einem begrenzten Umfang ausschließen können. Bei einer Verursachung von erheblichen Gesundheitsschäden[278] bei einer großen Zahl betroffener Personen[279] durch mangelhafte Produkte besteht grundsätzlich die Gefahr, daß die

---

274 *Meier*, NJW 1992, S. 3193, 3199; *Vogel*, GA 1990, S. 241, 254 ff. Zu den finanziellen Auswirkungen von öffentlichkeitswirksamen Strafprozessen gegen die Geschäftsleitung des Unternehmens, *Goll*, in: Produkthaftungshandbuch, § 44, Rz. 3 ff.

275 Vgl. hierzu etwa „F.A.Z." vom 13.10.1997, Nr. 237, S. 23.

276 BGHZ 51, S. 91 ff. (Hühnerpest); 67, S. 359 ff. (Schwimmschalter); 80, S. 186 ff. (Apfelschorf); 104, S. 323 ff. (Mehrwegflaschenfall); 116, S. 60 ff. (Milupafall); BGH, BB 1995, S. 1431 (Mineralwasserflasche II-Urteil) m.w.N.

277 Vgl. hierzu die Darstellungen von *Littbarski* zur Produkthaftpflichtversicherung, in: Produkthaftungshandbuch, §§ 48-56 m.w.N.; ebenso *Schmidt-Salzer*, Produkthaftpflichtversicherung, Rz. 7.300 ff.

278 Vgl. hierzu etwa „Contergan", LG Aachen, JZ 1971, S. 507 ff. Die tatsächliche Schadenshöhe belief sich auf 2 Mrd. DM, *Schmidt-Salzer*, Produkthaftpflichtversicherung, Rz. 7.345.

279 *Schulz*, ZUR 1994, S. 26, 27. Das Ermittlungsverfahren gegen die Geschäftsführer im Holzschutzmittel-Fall wurde aufgrund der Strafanzeige von 2100 Einzelpersonen aufgenommen, die sich in der „Interessensgemeinschaft der Holzschutzmittelgeschädigten" (IHG) organisiert hatten. Dieser wurden bis 1993 10.000 Schadensfälle bekannt, Urteil des LG Frankfurt a.M. vom 25.05 1993, Aktenz. 5 / 26 Kls 65 Js 8793 / 84, S. 83.

vereinbarten Deckungsgrenzen durch die Kumulation der Schadensfälle überschritten werden. Bestätigt wird diese Einschätzung vor allem auch dadurch, daß in der Versicherungspraxis die Regeldeckungssummen für produktbedingte Gesundheits- und Sachschäden häufig zu niedrig angesetzt werden[280]. Soweit der Geschäftsleitung vorsätzliches Handeln vorgeworfen wird, wie dies z. B. in der Lederspray-Entscheidung für den weiteren Vertrieb und das Versäumen einer Warn-oder Rückrufaktion für die bereits vertriebenen Produkte nach der Sondersitzung vom 12. 05.1981 vom Senat angenommen wurde[281], entfällt ein Versicherungsschutz möglicherweise sogar gänzlich, § 4 II, Ziff. 1 AHB.

Es zeigt sich somit, daß in bestimmten Fällen die Nichtveranlassung einer Warn- oder Rückrufaktion eine erhebliche Gefahr für das Gesellschaftsvermögen oder sogar für die Existenz der Gesellschaft selbst darstellen kann. Diese kann nur durch die rechtzeitige Vornahme der entsprechenden „Erhaltungsmaßnahme“, hier die Veranlassung und Durchführung der Warn- oder Rückrufaktion, abgewendet werden. Unter diesen Voraussetzungen kommt demnach für sämtliche Mitglieder des Geschäftsleitungsgremiums ein Notgeschäftsführungsrecht gemäß § 744 II BGB analog in Betracht.

bb) Gefahr im Verzug

Die Situationen, in denen über eine Warn- oder Rückrufaktion aufgrund bereits vertriebener gesundheitsschädigender Publikumsprodukte zu entscheiden ist, stellen regelmäßig Krisen- und Ausnahmesituationen innerhalb des Unternehmens dar[282]. Diese weichen vom gewöhnlichen Betriebsgeschehen ab und erfordern deshalb unter Umständen schnelles Handeln, um (weitere) Gesundheitsschädigungen zu ver-

---

280 *Littbarski*, in: Produkthaftungshandbuch, § 54, Rz. 138 ff. m.w. N.; *Schmidt-Salzer*, Produkthaftpflichtversicherung, Rz. 7.350 ff.; ders., BB 1983, S. 1251 ff.

281 BGHSt 37, S. 106, 111, 132.

282 BGHSt 37, S. 106, 124; *Schmidt-Salzer*, Produkthaftung, Rz. 1.160, 1.177; ders., NJW 1996, S. 1, 5.

meiden[283]. Das Erfordernis zum sofortigen Handeln der Geschäftsleitungsmitglieder ergibt sich in dieser Situation jedoch nicht allein aus der Notwendigkeit, weitere Rechtsgutsverletzungen Dritter zu vermeiden. Ein sofortiges Handeln der Verantwortlichen ist vielmehr u.a. auch deshalb geboten, weil die Gefahr von Schäden für die Gesellschaft und das Gesellschaftsvermögen durch zukünftige Schadensersatzforderungen der Opfer sowie Gewinneinbußen am Markt durch Imageverlust besteht. Nur ein sofortiges Handeln gewährleistet in diesem Fall die Integrität des Gesellschaftsvermögens. In den hier relevanten Krisen- und Ausnahmesituationen liegt demnach Gefahr im Verzug vor.

4. Ergebnis des Abschnittes V.

Die vorstehenden Ausführungen haben gezeigt, daß trotz der Organisation eines mehrköpfigen Geschäftsleitungsgremiums in Form der Gesamtgeschäftsführung für jedes Mitglied des entscheidungsberechtigten Organs unter bestimmten Voraussetzungen die Möglichkeit einer Einzelhandlungsbefugnis gegeben ist. Eine entsprechende Handlungsbefugnis findet ihre rechtliche Grundlage in der Anwendung des Rechtsgedankens der Notgeschäftsführung gemäß § 744 II BGB auf das Gesellschaftsrecht. Für die analoge Anwendbarkeit des Notgeschäftsführungsrechts aus § 744 II BGB sind zwar hohe Anforderungen zu stellen. Die Voraussetzungen sind aber gerade auch in Krisen- und Ausnahmesituationen, in denen es um die Verhinderung von produktbedingten Gesundheitsschädigungen durch bereits vertriebene Publikumsprodukte geht, erfüllt. In den entsprechenden Situationen besteht demnach für jedes Mitglied des betroffenen Entscheidungsgremiums die gesellschaftsrechtliche Möglichkeit, selbstverantwortlich und in eigener Regie entsprechende Maßnahmen zu veranlassen. Entgegen der vom BGH angenommenen vagen Möglichkeiten für das einzelne Geschäftsführungsmitglied, eine Warn- oder Rückrufaktion zu veranlassen, indem es sich bemüht, einen entsprechenden Beschluß des Gesamtgremiums herbeizuführen, führt die analoge Anwendung des § 744 II BGB somit zu einer wesentlichen Konkretisierung der tatsächlichen Handlungsalternati-

283 *Eidam*, Unternehmen und Strafe, S. 7 ff.

ven der einzelnen Mitglieder des entscheidungsberechtigten Organs. Erst diese Berücksichtigung der tatsächlichen gesellschaftsrechtlichen Handlungsalternativen der einzelnen Gremiumsmitglieder eröffnet nunmehr den Weg zu einer präzisen Bestimmung der konkret-individuell erforderlichen Rettungshandlung zur Abwendung des tatbestandlichen Erfolges.

Die vorstehenden Ausführungen haben sich jedoch weitestgehend nur auf die im Innenverhältnis bestehenden Handlungsmöglichkeiten der einzelnen Gremiumsmitglieder konzentriert. Unberücksichtigt blieb bisher, daß der Rechtsgedanke der Notgeschäftsführung gemäß § 744 II BGB analog es nicht ermöglicht, die Gesellschaft nach außen zu vertreten oder zu verpflichten. Der Handelnde agiert vielmehr selbstverantwortlich und in eigenem Namen[284]. Der im Rahmen der unechten Unterlassungsdelikte ebenfalls zu berücksichtigenden Frage nach der Zumutbarkeit der geforderten Rettungshandlung kommt damit erhebliche Bedeutung zu.

VI. Die Zumutbarkeit der erforderlichen Rettungshandlung

1. Die Zumutbarkeit normgemäßen Verhaltens als Voraussetzung der Unterlassungsdelikte

Rechtsprechung[285] und Literatur[286] stimmen im Ergebnis darin überein, daß die Strafbarkeit des Unterlassens unter dem Vorbehalt der Zumutbarkeit normgemäßen Verhaltens steht. Unzumutbares Handeln ist rechtlich ebensowenig geboten wie eine sinnlose oder unmögliche Tätigkeit. Im Bereich der echten Unterlassungsde-

---

284 *v. Ditfurth*, in: Münchener Handbuch des Gesellschaftsrechts, Bd. 1, § 47, Rz. 65; *Nitschke*, ZHR 128 (1992), S. 22, 80 f.

285 RGSt 58, S. 97 ff.; BGHSt 4, S. 23; BGH, NJW 1964, S. 731 f.; BGH, NStZ 1984, S. 164; 1994, S. 29.

286 *Jescheck / Weigend*, AT, § 59 VIII 1 ff.; *Maurach / Gössel / Zipf*, AT 2, § 46, Rz. 130 ff.; *Otto / Brammsen*, Jura 1985, S. 530, 540; *Ranft*, JZ 1987, S. 908; *Schmidhäuser*, AT, S. 690; SK / *Rudolphi*, vor § 13, Rz. 31 f.; *Wessels / Beulke*, AT, Rz. 739.

likte wird die Zumutbarkeit normgemäßen Verhaltens grundsätzlich als ein tatbestandseinschränkendes Merkmal aufgefaßt[287]. Zu Recht sieht die wohl herrschende Meinung bei den unechten Unterlassungsdelikten in der Frage der Zumutbarkeit hingegen ein Kriterium, das den individuellen Schuldvorwurf begrenzt[288]. Das individuelle Regulativ der Zumutbarkeit normgemäßen Verhaltens steht den gesetzlich geregelten Entschuldigungsgründen, z. B. § 35 StGB, deutlich näher, als den objektiven Tatbestandselementen[289]. Im Bereich der Begehungsdelikte betrifft deshalb die Frage der Unzumutbarkeit normgemäßen Verhaltens regelmäßig den individuellen Schuldvorwurf[290]. Da jedoch für den Bereich der unechten Unterlassungsdelikte das Gleichstellungserfordernis gemäß § 13 StGB zu berücksichtigen ist, hat das Kriterium der Unzumutbarkeit normgemäßen Verhaltens auch dort zu einer Beschränkung der Schuld zu führen. Insoweit ist eine von Teilen der Literatur[291] vorgenommene Einordnung dieser Frage in den Bereich der Tatbestandsmäßigkeit nicht überzeugend.

Nach der herrschenden Meinung[292] wird die Zumutbarkeit der erforderlichen Handlung in Form einer Verhältnismäßigkeitsprüfung ermittelt, wobei die widerstreitenden Interessen, einschließlich des Grades der jeweiligen Gefahren, gegeneinander abzuwägen sind. Unzumutbar ist die erforderliche Handlung demnach dann, wenn eigene billigenswerte Interessen in erheblichem Umfang beeinträchtigt werden und

---

287 BGHSt 11, S.135, 153; BGH FamRZ 1964, S. 418; *Hilgendorf*, JuS 1993, S. 97, 99; *Kühl*, AT, § 18, Rz. 33; *Lackner / Kühl*, § 323c, Rz. 7; *Wessels / Beulke*, AT, Rz. 739.

288 BGHSt 3, S. 206; BGHSt 6, S. 57; AKStGB / *Seelmann*, § 13, Rz. 58; *Baumann / Weber / Mitsch*, AT, § 15, Rz. 19; *Ebert*, AT, S. 162; *Jakobs*, AT, 29 / 99; *Jescheck / Weigend*, AT, § 59 VIII 3; *Kühl*, AT, § 18, Rz. 33, 140; SK / *Rudolphi*, § 13, Rz. 31, 34; *Wessels / Beulke*, AT, Rz. 739. A. A. *Tröndle / Fischer*, StGB, § 13, Rz. 16 a. E., für den die Zumutbarkeit ein Bestandteil des Tatbestandes ist.

289 *Kühl*, AT, § 18, Rz. 33.

290 *Baumann / Weber / Mitsch*, AT, § 15, Rz. 19, § 23, Rz. 59 ff.; *Wessels / Beulke*, AT, Rz. 739 m.w.N.

291 *Tröndle / Fischer*, StGB, § 13, Rz. 16 a.E.; Schönke / Schröder / *Stree*, vor § 13, Rz. 155 m.w.N.

292 *Tröndle / Fischer*, StGB, § 13, Rz. 16; *Goll*, in: Produkthaftungshandbuch, § 45, Rz. 62; Schönke / Schröder / *Stree*, vor § 13, Rz. 156 m.w.N.

diese in angemessenem Verhältnis zum drohenden Erfolg stehen[293]. Maßgebend ist dabei die Beurteilung der Lage des Einzelfalls[294]. Im Bereich der strafrechtlichen Produktverantwortung ergibt sich die Zumutbarkeit der erforderlichen Handlung für das Unternehmen und damit für die Geschäftsleitung aus der Abwägung zwischen dem sachlichen, personellen und vor allem finanziellen Aufwand einerseits und der Art sowie dem Ausmaß der bei der Nichtveranlassung der gebotenen Handlung drohenden Gefahren andererseits[295]. Entscheidungshilfen ergeben sich dabei zum einen aus der Orientierung an der Gefährlichkeit des Produkts und der dadurch zu erwartenden Gesundheitsschädigungen[296]. Zum anderen haben, insbesondere wenn es um die Abwehr von Gefahren für Leib und Leben geht, die finanziellen Auswirkungen für das Unternehmen, etwa Imageverlust oder ein Produktionsrückgang, nur einen äußerst geringen Stellenwert hinsichtlich der strafrechtlichen Beurteilung der Zumutbarkeit[297].

2. Die Frage der Zumutbarkeit normgemäßen Verhaltens im Hinblick auf das einzelne Gremiumsmitglied

Wie in Abschnitt B V. 3. d)[298] dargelegt, besteht zwar in den hier relevanten Krisen- und Ausnahmesituationen für das einzelne Geschäftsleitungsmitglied die gesellschaftsrechtliche Handlungsalternative gemäß § 744 II BGB analog. Die Ent-

---

293 BGHSt 4, S. 23 ff.; BGHSt 6, S. 57 ff.; BGH, NStZ 1984, S. 164.

294 BGHSt 6, S. 57 ff.; BGH, StV 1990, S. 446, 450; OLG Karlsruhe, NJW 1981, S. 1054; *Schmidt-Salzer*, Produkthaftung, Rz. 1.285.

295 *Schmidt-Salzer*, Produkthaftung, Rz. 1.332.

296 *Foerste*, in: Produkthaftungshandbuch, § 25, Rz. 199 a.E.; *Goll*, in: Produkthaftungshandbuch, § 45, Rz. 21 sowie § 46, Rz. 24; *Löwe*, DAR 1978, S. 288, 291 f.; *Sack*, BB 1985, S. 813, 815 ff. jew. m.w.N.

297 BGH, NJW 1964, S. 732 f.; OLG Karlsruhe, NJW 1981, S. 1054; *Deutscher / Körner*, wistra 1996, S. 327, 328; *Eidam*, Unternehmen und Strafe, S. 305; *Goll*, in: Produkthaftungshandbuch, § 45, Rz. 22; *Schmidt-Salzer*, Produkthaftung, Rz. 1.332 f.

298 Siehe oben, S. 88 ff.

scheidung des einzelnen Gremiumsmitgliedes, auch gegen die Mehrheit des Gremiums eine Warn- oder Rückrufaktion zu veranlassen, erfolgt jedoch selbstverantwortlich und auf eigenes Risiko[299]. Berücksichtigt man die finanziellen und beruflichen Konsequenzen, die im Falle der Veranlassung entsprechender Maßnahmen den einzelnen Geschäftsführer treffen können, stehen der Zumutbarkeit eines entsprechenden Verhaltens demnach gewichtige eigene Interessen des Gremiumsmitgliedes entgegen.

Zur Bestimmung der Zumutbarkeit des normgemäßen Verhaltens hat jedoch auch in dieser Situation eine Abwägung zwischen den eigenen billigenswerten Interessen und der Schwere, dem Umfang sowie der Wahrscheinlichkeit des Schadenseintritts durch das Unterlassen einer Warn- oder Rückrufaktion zu erfolgen. Je höher dabei das bedrohte Rechtsgut zu bewerten ist, desto weniger fallen die individuellen Interessen des jeweiligen Geschäftsführungsmitgliedes ins Gewicht. Sind etwa auf Grund des zu erwartenden Schadensumfanges zwar die Voraussetzungen der analogen Anwendung des § 744 II BGB gegeben, besteht jedoch „nur" die Gefahr von Sachschäden, ist es dem einzelnen Geschäftsleitungsmitglied im Hinblick auf die persönlichen Risiken möglicherweise nicht zuzumuten, gegen die Mehrheit entsprechende Maßnahmen zu veranlassen[300]. Droht hingegen die Gefährdung von Gesundheit, Leib und Leben der Verbraucher durch bereits vertriebene Publikumsprodukte, so tritt die Berücksichtigung persönlicher Nachteile, etwa arbeitsrechtlicher Konsequenzen, sonstiger Vermögensopfer oder der Gefahr einer Strafverfolgung, regelmäßig in den Hintergrund[301]. Diese Wertung ergibt sich bereits daraus, daß im Falle der gesundheitsgefährdenden Wirkung der vertriebenen Produkte das Verhalten der Geschäftsführer ohnehin in die Nähe der allgemeinen Pflichten

---

299 *v. Ditfurth*, in: Münchener Handbuch des Gesellschaftsrechts, Bd. 1, § 47, Rz. 65; *Nitschke*, ZHR 128 (1992), S. 22, 80 f.

300 *Ransiek*, Unternehmensstrafrecht, S. 77, für den Fall von Sachschäden und der Frage nach weitergehenden Pflichten des überstimmten Gremiumsmitgliedes; zumutbarkeitseinschränkend für den Fall von Sachschäden auch *Schmidt-Salzer*, Produkthaftung, Rz. 1.333.

301 BGHSt 4, S. 20 ff.; BGH, NJW 1964, S. 732; BGH, NStZ 1984, S. 452; LG Mainz, abgedruckt in: *Schmidt-Salzer*, ES, Nr. IV 3.22 (S.32); *Bock*, Produktkriminalität, S. 149; *Bottke / Mayer*, ZfBR 1991, S. 183, 238; *Goll*, in: Produkthaftungshandbuch, § 45, 23; Schönke / Schröder / *Stree*, vor § 13, Rz. 156.

gemäß § 138 StGB rückt[302]. Der BGH weist deshalb in diesem Zusammenhang auch ausdrücklich darauf hin, daß dem Schutz der Verbraucher grundsätzlich Vorrang vor wirtschaftlichen Gesichtspunkten gebührt[303]. Die Furcht vor persönlichen Nachteilen kann insoweit nur im Rahmen der Strafzumessung berücksichtigt werden[304]. Zusammenfassend läßt sich damit feststellen, daß in Rechtsprechung und Literatur an die Unzumutbarkeit des Tätigwerdens zum Zwecke der Erfolgsabwendung sehr hohe Anforderungen gestellt werden. Insbesondere im Falle der Gefährdung von Gesundheit, Leib oder Leben ist die Vornahme der Rettungshandlung nur in Ausnahmefällen unzumutbar[305].

Für das einzelne Geschäftsführungsmitglied oder den einzelnen Gesellschafter bedeutet dies, daß im Hinblick auf das Gefahrenpotential der Produkte für die körperliche Integrität oder das Leben der von dem Produkt betroffenen Verbraucher die selbstverantwortliche Veranlassung einer Warn- oder Rückrufaktion regelmäßig zumutbar sein wird[306]. Lediglich bei relativ geringfügigen Gesundheitsschädigungen, z. B. vorübergehenden Unwohlsein dürfte die eigenverantwortliche Veranlassung der entsprechenden Maßnahme im Verhältnis zu den finanziellen und persönlichen Risiken des Gremiumsmitgliedes unzumutbar sein[307]. Dann allerdings sind die Auswirkungen des Produkts so geringfügig, daß es bereits an einer Gefahrenlage für das Gesellschaftsvermögen fehlen, es mithin an einer Handlungsbefugnis

---

302 Zutreffend weist *Ransiek*, Unternehmensstrafrecht, S. 77, in diesem Zusammenhang darauf hin, daß vor allem bei vorsätzlich herbeigeführten Produktgefahren auch eine Strafbarkeit gemäß § 138 I Nr. 9 StGB i.V.m. § 319 StGB - nach der Änderung des StGB durch das 6. Strafrechtsreformgesetz nunmehr i.V.m. § 314 StGB - in Betracht zu ziehen ist.

303 BGHSt 37, S. 106, 122.

304 *Goll*, in: Produkthaftungshandbuch, § 46, Rz. 24 a.E.

305 Schönke / Schröder / *Stree*, vor § 13, Rz. 156 m.w.N.

306 So bereits das LG Mainz im Lederspray-Fall, abgedruckt in: *Schmidt-Salzer*, ES, Nr. IV. 3. 22 (S. 32); *Foerste*, in: Produkthaftungshandbuch, § 25, Rz. 199.

307 Schönke / Schröder / *Stree*, vor § 13, Rz. 156; *Schmidt-Salzer*, Produkthaftung, Rz. 1.333 f. m.w.N. Ebenso BGHSt 37, S. 106, 122, hinsichtlich existenzgefährdender Folgen für das Unternehmen im Verhältnis zu geringfügigen Nachteilen der Verbraucher.

gemäß § 744 II BGB analog mangeln wird. Soweit also in den hier interessierenden Krisen- und Ausnahmesituationen die gesellschaftsrechtlich zu beurteilenden Voraussetzungen des Rechtsgedankens aus § 744 II BGB gegeben sind, ist ein Handeln des einzelnen Gremiumsmitglieds auch gegen die Mehrheit zumutbar. Der Zumutbarkeit steht dabei insbesondere auch nicht entgegen, daß die tatsächliche Handlungsmöglichkeit gemäß § 744 II BGB analog allein im Interesse der Gesellschaft gegeben ist. Für die strafrechtliche Beurteilung der Zumutbarkeit kommt es nicht darauf an, weshalb eine Handlungsmöglichkeit gegeben ist. Erforderlich ist nur, daß sie besteht. Maßgeblich ist deshalb aus strafrechtlicher Sicht allein das Ergebnis der Abwägung zwischen den eigenen billigenswerten Interessen des Unterlassenden und denen des bedrohten Rechtsgutes. In den vorliegenden Fällen fällt dieses zugunsten der Verbraucher aus. Ein Handeln des einzelnen Gremiumsmitgliedes auch gegen die Mehrheit ist damit zumutbar.

VII. Ergebnis des Abschnittes B.

Als Ergebnis dieses Abschnitts läßt sich demnach feststellen, daß die durch die Rechtsprechung vorgenommene Konkretisierung der erforderlichen Rettungshandlung einzelner Mitglieder eines mehrköpfigen Entscheidungsgremiums zur Abwendung des tatbestandlichen Erfolges zu kurz greift. Bei der Feststellung der gebotenen Rettungshandlung ist jeweils das individuell Mögliche zu berücksichtigen. Dementsprechend hat sich die Konkretisierung der erforderlichen Rettungshandlung auch an der gesellschaftsrechtlich bedingten Organisationsstruktur der Geschäftsleitung und den damit verbundenen Handlungsalternativen der Gremiumsmitglieder zu orientieren. In dieser Hinsicht sind jedoch die Ausführungen des BGH zu den tatsächlichen gesellschaftsrechtlichen Handlungsmöglichkeiten der einzelnen Gremiumsmitglieder zu pauschal. Zur Herbeiführung eines positiven Beschlusses über die Veranlassung einer Warn- oder Rückrufaktion kann der einzelne Geschäftsführer zwar versuchen, durch intensive Gegendarstellungen die Mehrheit seines Gremiums zu überzeugen. Auch die Möglichkeit, ein weiteres entscheidungsbefugtes Gesellschaftsorgan mit der zu entscheidenden Maßnahme zu befassen, kann insoweit ausreichend sein. Entgegen der Auffassung des BGH erschöpfen sich jedoch die Handlungsalternativen der Mitglieder des entscheidungsberechtigten Organs nicht in der Möglichkeit, durch individuelles Bemühen einen Gesamtbeschluß zustande zu bringen. Im Falle der Veranlassung einer Warn- oder Rückrufaktion zur Verhinderung von produktbedingten Gesundheitsschädigungen ist vielmehr regelmäßig eine Gefährdung wesentlicher Gesellschaftsbelange, des Gesellschaftsvermögens oder der Gesellschaft selbst gegeben, so daß die Voraussetzungen für die analoge Anwendung des Notgeschäftsführungsrechts gemäß § 744 II BGB vorliegen. Damit ist jedoch eine gesellschaftsrechtliche Einzelhandlungsbefugnis der Geschäftsleitungsmitglieder gegeben, die jedem Mitglied des entscheidungsberechtigten Gremiums die Möglichkeit verschafft, selbstverantwortlich und unabhängig von der jeweiligen Gremiumsentscheidung zu handeln. Unter Berücksichtigung dieser Einzelhandlungsbefugnis läßt sich somit die individuell erforderliche Rettungshandlung für die einzelnen Gremiumsmitglieder präzise bestimmen: Jedes einzelne Mitglied des zur Entscheidung befugten Gremiums hätte die erforderliche Handlung zur Abwendung des tatbestandlichen Erfolges, z. B. eine Warn- oder Rückrufaktion, eigenständig vornehmen können. Die Wahrnehmung der Einzelhandlungsbefugnis gemäß § 744 II BGB analog zur Veranlassung einer Warn- oder Rückrufaktion, um Gefahren für Gesundheit, Leib oder Leben abzuwenden, ist dabei auch gegen einen Mehrheitsentscheid des Gremiums für jedes einzelne Gremiumsmitglied zumutbar. Entgegen der Auffassung des BGH ist damit die zumutbare erforderliche Rettungshandlung zur Abwendung des tatbestandlichen Erfolges sowohl für das Geschäftsführungsgremium als auch für die einzelnen Geschäftsführungsmitglieder identisch[308]. Soweit die Konkretisierung der erforderlichen Rettungshandlung durch den BGH lediglich zu der Aufstellung vager Bemühungspflichten für die einzelnen Geschäftsführer führt, einen Kollegialbeschluß zustandezubringen, entspricht dies folglich weder den tatsächlichen gesellschaftsrechtlichen Handlungsmöglichkeiten noch einem an Art. 103 II GG orientierten Strafrecht. Im Gegensatz dazu eröffnet die hier vorgenommene Konkretisierung der Rettungshandlung durch die analoge Anwendung des § 744 II BGB im Einzelfall zwar den Weg zu einer erheblichen Verschärfung der strafrechtlichen Verantwortung. Sie wird jedoch zum einem dem Grundsatz der individuellen Vorwerfbarkeit gerecht. Zum anderen begegnet sie dem

---

308 Im Ergebnis ebenso, allerdings ohne Begründung, das LG Mainz, abgedruckt in: Schmidt-Salzer, ES, Nr. IV. 3.22 (S. 32 f.).

- gerade im Bereich der strafrechtlichen Produktverantwortung beklagten[309] - Mangel an ausreichender Präventionswirkung des Strafrechts, indem sie dem Kreis der Betroffenen präzise und kalkulierbare[310] Verhaltensweisen aufzeigt.

309 *Kuhlen*, Produkthaftung, S. 171, 184 ff. m.w.N.

310 Zutreffend weist *Hassemer*, Produktverantwortung, S. 55, darauf hin, daß es gerade im Bereich der strafrechtlichen Produktverantwortung den seltenen Fall des „potentiellen“ Straftäters gibt, der sich über seine strafrechtlichen Pflichten informieren muß.

C. DIE FESTSTELLUNG DER QUASIKAUSALITÄT

I. Die Bestimmung der Quasikausalität in Rechtsprechung und Literatur

Die Grundlage jeglicher strafrechtlicher Verantwortung im Bereich der vollendeten Erfolgsdelikte bildet die Feststellung eines Kausalzusammenhangs zwischen dem in Frage stehenden Verhalten und dem tatbestandlichen Erfolg[1]. Bei den Begehungsdelikten bedient sich die wohl überwiegende Meinung in Rechtsprechung[2] und Literatur[3] zur Feststellung des Ursachenzusammenhanges der Äquivalenztheorie. Ursächlich ist danach jede Bedingung, die nicht hinweggedacht werden kann, ohne daß der konkrete Erfolg entfiele. Kausal ist also jede Bedingung, die condicio sine qua non für den Erfolg ist[4]. Aufgrund der Schwächen der condicio-Formel[5], insbesondere in den Fällen der hypothetischen Kausalverläufe und der Doppelkausalität, gewinnt jedoch die auf Engisch zurückgehende Lehre von der gesetzmäßigen

---

1 *Brammsen*, Jura 1991, S. 533, 535.

2 RGSt 44, S. 137, 139; BGHSt 1, S. 332 f.; 24, S. 31, 34; 31, S. 96, 98; BGHSt, NJW 1993, S. 1723; BayObIG, NZV 1992, S. 453.

3 *Arzt*, JA 1980, S. 553; *Baumann / Weber / Mitsch*, § 14, Rz. 8 ff.; *Kühl*, AT, § 4, Rz. 9 ff.; *Wessels / Beulke*, AT, Rz. 156 m.w.N.

4 *Baumann / Weber / Mitsch*, AT, § 14, Rz. 19 m.w.N. Kritisch gegenüber der condicio-sine-qua-non-Formel: *Hilgendorf*, GA 1995, S. 515 ff.; *Jakobs*, AT, 7 / 8 ff.; *Puppe*, ZStW 99 (1987), S. 595; *Roxin*, AT, Bd. I, § 11, Rz. 11 ff. m.w.N.

5 *Jescheck / Weigend*, AT, § 28 II 4; *Wessels / Beulke*, AT, Rz. 157 ff. Zu den Modifizierungen der condicio-sine-qua-non-Formel z. B. bei hypothetischen Kausalverläufen vgl. etwa *Kühl*, AT, § 4, Rz. 11 ff. m.w.N.

Bedingung[6] zunehmend an Bedeutung in der Literatur[7]. Danach ist Kausalität zu bejahen, wenn das konkrete Verhalten aufgrund einer gesetzmäßigen Beziehung im konkreten Erfolg tatsächlich wirksam geworden ist[8]. Obwohl die Lehre von der gesetzmäßigen Bedingung damit von einer präziseren Fragestellung ausgeht, führt sie jedoch grundsätzlich nicht zu anderen Ergebnissen als die in bestimmten Fällen zu modifizierende condicio-Formel und versagt ebenso wie diese dort, wo eine gesetzmäßige Beziehung nicht aufgezeigt werden kann[9].

Aufgrund der ontologischen Unterschiede[10] zwischen Tun und Unterlassen wird im Gegensatz zu den Begehungsdelikten von der herrschenden Meinung im Bereich des Unterlassens eine Kausalität im Sinne eines realen Bewirkens des Erfolges abgelehnt und lediglich von einer normativen, hypothetischen oder Quasikausalität gesprochen[11]. Um die Quasikausalität eines Unterlassens annehmen zu können,

---

6 *Engisch*, Kausalität, S. 21, 25 f.

7 *Jakobs*, AT, 7 / 12; *Jescheck / Weigend*, AT, § 24 II 4; *Hilgendorf*, Strafrechtliche Produzentenhaftung, S. 114; ders., NStZ 1994, S. 561, 564 ff.; *Schlüchter*, JA 1984, S. 674; *Schulz*, in: Festschrift für Lackner, 1987, S. 39-51; *Wessels / Beulke*, AT, Rz. 159 m.w.N. Für eine kombinierte Anwendung mit der condicio-Formel: *Frisch*, Tatbestandsmäßiges Verhalten, S. 521 ff.

8 Schönke / Schröder / *Lenckner*, vor § 13, Rz. 73 m.w.N.

9 *Kühl*, AT, § 4, Rz. 8, 23 ff.; *Wessels / Beulke*, AT, Rz. 159.

10 Zu den ontologischen Gemeinsamkeiten von Tun und Unterlassen: *Freund*, Erfolgsdelikt, S. 15 ff. m.w.N.

11 *Arzt*, JA 1980, S. 553, 556; *Baumann / Weber / Mitsch*, AT, § 15, Rz. 23; *Ebert*, AT, S. 160; *Jescheck / Weigend*, AT, § 59 III 3; *Kühl*, AT, § 18, Rz. 35; *Lackner / Kühl*, vor § 13, Rz. 12; Schönke / Schröder / *Stree*, vor § 13, Rz. 61; *Wessels / Beulke*, AT, Rz. 711.

bedarf es nach Ansicht der Rechtsprechung[12] und der herrschenden Meinung in der Literatur[13] der Feststellung, daß die dem Unterlassenden mögliche Handlung den Eintritt des tatbestandlichen Erfolgs „mit an Sicherheit grenzender Wahrscheinlichkeit" abgewendet hätte. Wie bei den Begehungsdelikten wird auch im Bereich der Unterlassungsdelikte - allerdings in modifizierter Form - die condicio-Formel angewandt. Danach ist die Quasikausalität des Unterlassens für den eingetretenen tatbestandlichen Erfolg dann zu bejahen, wenn die rechtlich erwartete Handlung nicht hinzugedacht werden kann, ohne daß der Erfolgseintritt (mit an Sicherheit grenzender Wahrscheinlichkeit) entfiele[14]. Auch die Vertreter der Lehre von der gesetzmäßigen Bedingung operieren im Unterlassungsbereich mit der umgekehrten condicio-Formel[15].

Im Gegensatz dazu soll es nach der von *Roxin*[16] begründeten Risikoerhöhungslehre für die Zurechnung des tatbestandlichen Erfolges bereits ausreichen, daß die Vornahme der unterlassenen Handlung das Risiko des Erfolges (erheblich) vermin-

---

12 RGSt 15, S. 151, 153 f.; 75, S. 372, 374; BGHSt 6, S. 1, 2; 7, S. 211, 214; BGH, NStZ 1981, S. 218; NJW 1987, S. 2940; OLG Düsseldorf, StV 1993, S. 477, 478. Auch in der Lederspray-Entscheidung geht der BGH von der Quasikausalität des Unterlassens aus. Auf den ersten Blick scheint der Senat zwar echte Kausalität anzunehmen, wenn er feststellt, daß die häufig verwendete Formel, daß durch die gebotene Handlung der Schadenserfolg mit an Sicherheit grenzender Wahrscheinlichkeit vermieden worden wäre, nicht einen weniger engen Zusammenhang zwischen Ursache und Erfolg meine, sondern darin nur eine überkommende Beschreibung des für die richterliche Überzeugung erforderlichen Beweismaßes zu sehen sei. In den weiteren Ausführungen untersucht das Gericht jedoch ausdrücklich das Vorhandensein eines hypothetischen Ursachenzusammenhanges und damit die Quasikausalität i.S. der herrschenden Meinung. BGHSt 37, S. 106, 127 ff.

13 *Baumann / Weber / Mitsch*, AT, § 15, Rz. 23; *Blei*, AT, S. 316; *Jescheck / Weigend*, AT, § 59 III 3 u. 4; *Kühl*, AT, § 18, Rz. 36 ff.; *Lackner / Kühl*, vor § 13, Rz. 12; *Lampe*, ZStW 101 (1989), S. 3,13; Schönke / Schröder / *Stree*, vor § 13, Rz. 61; *Schünemann*, JA 1975, S. 647, 655; *Tröndle / Fischer*, StGB, vor § 13, Rz. 20; *Wessels / Beulke*, AT, Rz. 713.

14 BGHSt 6, S. 1; 37, S. 106, 126; BGH, JZ 1973, S. 173; NStZ 1985, S. 26; *Arzt*, JA 1980, S. 553, 556; *Jescheck / Weigend*, AT, § 59 III 3; *Schlüchter*, JuS 1976, S. 793; *Weißer*, Täterschaftsprobleme, S.107; *Wessels / Beulke*, AT, Rz. 711, 713.

15 *Beulke / Bachmann*, JuS 1992, S. 737, 744; *Kühl*, AT, § 18, Rz. 36, Fn. 75.

16 *Roxin*, ZStW 74 (1962), S. 411, 444; ders., in: Festschrift für Honig, 1970, S. 133.

dert hätte[17]. Die Anwendung der Risikoverringerungstheorie zur Feststellung des Ursachenzusammenhanges wird jedoch von der Rechtsprechung[18] und der überwiegenden Meinung in der Literatur[19] abgelehnt. Zu Recht wendet die herrschende Meinung gegen die Risikoerhöhungslehre ein, daß mit ihr der Grundsatz „in dubio pro reo" zu sehr eingeschränkt werde[20], und die Gefahr bestehe, daß Verletzungsdelikte contra legem in konkrete Gefährdungsdelikte umgedeutet werden[21]. Die Feststellung eines Kausalzusammenhanges setzt voraus, daß sich ein bestimmtes Verhalten im tatbestandlichen Erfolg auch realisiert hat. Mit dem alleinigen Rekurs auf die Schaffung eines erhöhten Risikos läßt sich jedoch nicht ermitteln, ob und inwieweit ein Verhalten nun tatsächlich eine notwendige Bedingung für den Erfolgseintritt war oder nicht. Es besteht vielmehr die Gefahr einer Annäherung an eine Gefährdungshaftung[22]. Hinzu kommt, daß durch die Unbestimmtheit des Risi-

---

17 Ebenso *Burgstaller*, Fahrlässigkeitsdelikt, S. 139 ff.; *Otto*, NJW 1980, S. 417; SK / *Rudolphi*, vor § 1, Rz. 65 ff.; *Stratenwerth*, in: Festschrift für Gallas, 1973, S. 227; für den Bereich der Begehungsdelikte auch *Jescheck / Weigend*, AT, § 55 II 2 b) aa) a.E.

18 BGH, NStZ 1987, S. 505; BGHSt 37, S.106, 127.

19 *Baumann / Weber / Mitsch*, AT, § 14, Rz. 100; *Dencker*, JuS 1980, S. 210, 212; *Freund*, Erfolgsdelikt, S. 130; *Frisch*, Tatbestandsmäßiges Verhalten, S. 537 ff.; *Jakobs*, AT, 7 / 98 ff.; *Arthur Kaufmann*, in: Festschrift für Jescheck, 1985, S. 272-283; *Krümpelmann*, GA 1984, S. 491; *Lackner / Kühl*, vor § 13, Rz. 14; *Schünemann*, JA 1975, S. 647, 654; ders., GA 1985, S. 341, 357; *Weißer*, Täterschaftsprobleme, S. 127; *Wessels / Beulke*, AT, Rz. 185 f. m.w.N. Zumindest für den Bereich des Unterlassens auch *Jescheck / Weigend*, AT, § 59 III 4 a. E.

20 *Erb*, Rechtmäßiges Alternativverhalten, S. 134; ders., JuS 1994, S. 449, 454; *Arthur Kaufmann*, in: Festschrift für Jescheck, 1985, S. 272, 281 ff.; *Hilgendorf*, Strafrechtliche Produzentenhaftung, S. 130; *Neudecker*, Verantwortlichkeit, S. 220 m.w.N.

21 OLG Stuttgart, NUR 1987, S. 282; *Baumann / Weber / Mitsch*, AT, § 14, Rz. 100; *Dencker*, JuS 1980, S. 210, 212; *Jakobs*, AT, 7 / 98 ff.; *Krümpelmann*, GA 1984, S. 491; *Puppe*, ZStW 95 (1983), S. 287 ff.; *Ransiek*, Unternehmensstrafrecht, S. 18; *Wessels / Beulke*, AT, Rz. 186.

22 *Prittwitz*, Strafrecht und Risiko, S. 323 ff., 335.

ko-Begriffes die Kausalitätsfrage mit der Schwierigkeit belastet wird, das „erlaubte Risiko" von dem „unerlaubten Risiko" abzugrenzen. Dadurch läuft aber das Kriterium der Risikoerhöhung Gefahr, lediglich als Leerformel sowohl für die Begründung als auch die Ablehnung des Ursachenzusammenhanges herangezogen zu werden[23]. Die Risikoerhöhungslehre ist deshalb abzulehnen.

II. Die Kausalitätsfeststellung unter Berücksichtigung der bisher für die Gremiumsmitglieder angenommenen Handlungsalternativen

1. Die Grenzen der Kausalitätsfeststellung bei Verwendung der condicio-Formel

Rechtsprechung und Literatur tun sich schwer, im Bereich von Kollektiventscheidungen die Kausalität zwischen dem Unterlassen der einzelnen Gremiumsmitglieder und dem Verletzungserfolg hinreichend sicher zu bestimmen. Ursache für die Schwierigkeiten bei der Feststellung der Quasikausalität ist die unzureichende Ermittlung und Bestimmung der individuell erforderlichen Rettungshandlung. Soweit nämlich der BGH in der Lederspray-Entscheidung[24] und die ihm insoweit folgende Literatur[25] die einzige Handlungsalternative der Gremiumsmitglieder darin sehen, alles ihnen Mögliche und Zumutbare zu tun, um einen Gesamtbeschluß zustande zu bringen, versagt die condicio-Formel: Geht man - in dubio pro reo - davon aus, daß der einzelne Geschäftsführer selbst dann, wenn er für einen Rückruf gestimmt hätte, (möglicherweise) überstimmt worden wäre, läßt sich ein entsprechender Ursachenzusammenhang nicht feststellen. Denkt man das jeweils

---

23 *Puppe*, GA 1994, S. 297, 318.

24 BGHSt 37, S. 106, 126.

25 *Beulke / Bachmann*, JuS 1992, S. 737, 742; *Bock*, Produktkriminalität, S. 77; *Hassemer*, Produktverantwortung, S. 61, 68 ff.; *Hilgendorf*, Strafrechtliche Produzentenhaftung, S. 125 ff.; *Kuhlen*, NStZ 1990, S. 566 ff.; *Meier*, NJW 1992, S. 3193, 3195; *Puppe*, JR 1992, S. 30 ff.; *Samson*, StV 1991, S. 182, 184; *Weißer*, Täterschaftsprobleme, S. 85 ff.

pflichtgemäße Verhalten des einzelnen Geschäftsführers, nämlich das Votum für die Durchführung einer Rückrufaktion sowie das Hinwirken auf ein gleiches Verhalten der übrigen Gremiumsmitglieder, hinzu, kann wegen des erforderlichen Mehrheitsbeschlusses gerade nicht festgestellt werden, daß ein Gesamtbeschluß über den erforderlichen Rückruf zustandegekommen wäre. Gleiches gilt für jede einzelne „Ja-Stimme", wenn der Beschluß gegen einen Rückruf mit einer größeren als der erforderlichen Mehrheit gefaßt worden ist[26]. Ersetzt man in diesem Fall die einzelne „Ja-Stimme" durch eine „Nein-Stimme", bliebe es dennoch bei dem Beschluß gegen einen Rückruf. In dieser Situation kommt deshalb allenfalls eine Strafbarkeit wegen Versuchs in Betracht. Wurde der Beschluß hingegen in geheimer Abstimmung gefaßt und läßt sich deshalb nicht ermitteln, wer wie abgestimmt hat, bleibt sogar nur ein Freispruch aller Geschäftsführer[27] übrig. Zu Recht wird dieses Ergebnis als unhaltbar empfunden[28]. Ebenso eindeutig ist es jedoch auch, daß allein die Teilnahme an der Kollektiventscheidung oder die Mitgliedschaft in dem Gremium für eine Zurechnung des tatbestandlichen Erfolges nicht ausreichend sein kann[29]. In diesem Fall wäre nämlich bereits das Eintreten in ein Kollektivorgan als strafrechtlich vorwerfbares Verhalten zu werten. Die Strafbarkeit des einzelnen Gremiumsmitgliedes setzt jedoch voraus, daß ihm ein individuell schuldhaftes Verhalten vorgeworfen werden kann, welches sich im tatbestandlichen Erfolg niedergeschlagen hat. Ein solches Verhalten läßt sich jedoch nicht bereits mit der Mitgliedschaft in einem Entscheidungsgremium oder der Teil-

---

26 *Schumann*, StV 1994, S. 106, 109 f.

27 *Deruyck*, ZStW 103 (1991), S. 705, 711; ebenso *Weißer*, Täterschaftsprobleme, S. 186.

28 BGHSt 37, S. 106, 132; *Hoyer*, GA 1996, S. 160, 172; *Neudecker*, Verantwortlichkeit, S. 216 ff., 257; *Salje*, BB 1993, S. 2299, 2302; *Weißer*, Täterschaftsprobleme, S. 86 m.w.N.

29 *Franke*, JZ 1982, S. 579, 582; *Franzheim*, Umweltstrafrecht, S. 126; *Schmidt-Salzer*, Produkthaftung, S. 185 f.; *Weißer*, Täterschaftsprobleme, S. 179 f. m.w.N. A. A. ist offenbar jedoch das OLG Stuttgart, NStZ 1981, S. 27 f., wenn es feststellt, daß in den Fällen von Kollektiventscheidungen das einzelne Mitglied zwar mitentscheiden wolle, sich jedoch gegebenenfalls einer Mehrheitsentscheidung unterwerfe und deshalb auch für diese Entscheidung einzustehen habe, unabhängig davon, ob es mit einer Ja- oder Nein-Stimme daran mitgewirkt hat.

nahme an einer Gremiumsentscheidung begründen. Die Zurechnung des tatbestandlichen Erfolges allein aufgrund der Mitgliedschaft oder der Teilnahme an der Abstimmung ist demnach mit dem Schuldprinzip nicht vereinbar[30]. Zur Lösung dieser Problematik werden deshalb in der Rechtsprechung und in der Literatur unterschiedliche Lösungsansätze vorgeschlagen.

2. Lösungsansätze

a) *Die Kausalitätsfeststellung durch die Annahme von Mittäterschaft*

In der Lederspray-Entscheidung[31] löst der BGH die Kausalitätsproblematik bei vorsätzlicher Deliktsverwirklichung über die Annahme von Mittäterschaft. Nach Ansicht des BGH liegen deren Voraussetzungen im Bereich unechter Unterlassungsdelikte dann vor, wenn mehrere Garanten, die eine ihnen gemeinsam obliegende Pflicht nur gemeinsam erfüllen können, gemeinschaftlich den Entschluß fassen, dies nicht zu tun. Der Mittäterschaftslösung haben sich auch Teile des Schrifttums angeschlossen[32]. Der maßgebliche Tatbeitrag und Tatentschluß der einzelnen Gremiumsmitglieder soll nach dieser Auffassung während der Entscheidungsfindung im Kollegium in einem Akt zusammenfallen[33]. Einige Vertreter der Mittäterschaftslösung wenden diese darüber hinaus auch auf den Fall der fahrlässigen

---

30 *Weißer*, Täterschaftsprobleme, S. 173 ff. m.w.N.

31 BGHSt 37, S. 106 129.

32 *Brammsen*, Jura 1991, S. 533, 537 f.; *Kuhlen*, NStZ 1990, S. 566, 569 f.; *Pfohl*, NJW 1994, S. 418, 420; *Schumann*, StV 1994, S. 106, 110; *Weißer*, Täterschaftsprobleme, S. 100.

33 *Weißer*, Täterschaftsprobleme, S. 100.

Deliktsverwirklichung an[34]. Nach Ansicht von *Weißer* sei dabei das Bewußtsein einer alle Gremiumsmitglieder treffenden Sorgfaltspflicht das Kriterium, welches die Verantwortung der einzelnen Gremiumsmitglieder als Mittäter begründe[35].

b) Die Kausalitätsfeststellung über die Rechtsfigur der kumulativen Kausalität oder der Doppelkausalität

Als weitere Lösungsmöglichkeit wird in der Literatur vorgeschlagen, die Quasikausalität bei Kollektiventscheidungen über eine Modifizierung der condicio-Formel zu begründen. Sowohl die Rechtsprechung[36] als auch die Literatur[37] erkennt an, daß es Ausnahmefälle gibt, in denen die condicio-Formel versagt und deshalb eine Erweiterung erforderlich ist. Im Bereich von Kollektiventscheidungen wird die Kausalitätsproblematik teilweise über die Rechtsfigur der kumulativen Kausalität gelöst[38]. Kumulative Kausalität liegt dann vor, wenn mehrere, unabhängig voneinander vorgenommene Handlungen den Erfolg erst durch ihr Zusammentreffen bewirken[39]. Auch der BGH hatte in der Lederspray-Entscheidung für die Fälle fahrlässiger Erfolgsverursachung kumulative Kausalität angenommen[40]. Eine andere

---

34 *Brammsen*, Jura 1991, S. 533, 537 f.; *Weißer*, Täterschaftsprobleme, S. 147, 151. Die Möglichkeit der fahrlässigen Mittäterschaft bejahen ebenso *Exner*, in: Festgabe für Frank, 1930, S. 569, 573; *Otto*, in: Festschrift für Spendel, 1992, S. 271, 282 f.; ders., Strafbarkeit von Unternehmen, S. 12 f.; *Schumann*, StV 1994, S. 106, 111. Vorsichtig zustimmend auch *Beulke / Bachmann*, JuS 1992, S. 737, 742 f.; ähnlich *Franke* für Entscheidungen im Redakteurskollektiv, JZ 1982, S. 579, 582.

35 *Weißer*, Täterschaftsprobleme, S. 147, 151.

36 BGHSt 2, S. 24; 37, S. 131; 39, S. 197.

37 *Baumann / Weber / Mitsch*, AT, § 14, Rz. 41; *Ebert / Kühl*, Jura 1979, S. 561, 568 ff.; *Rogall*, JZ 1993, S. 1065, 1066; Schönke / Schröder / *Lenckner*, vor § 13, Rz. 73, 80 ff. m.w.N.

38 *Bock*, Produktkriminalität, S. 79 f., 82.

39 *Baumann / Weber / Mitsch*, AT, § 14, Rz. 37; *Jakobs*, AT, 7 / 20; Schönke / Schröder / *Lenckner*, vor § 13, Rz. 83.

40 BGHSt 37, S. 106 130 f.

Auffassung schlägt vor, das Kausalitätsproblem über die Rechtsfigur der Doppelkausalität bzw. der alternativen Kausalität zu lösen[41]. Danach ist von mehreren Bedingungen, die zwar alternativ, aber nicht kumulativ hinweggedacht werden können, ohne daß der Erfolg entfiele, jede erfolgsursächlich[42].

c) *Die Kausalitätsfeststellung nach der Lehre von der gesetzmäßigen Bedingung*

Unter Berufung auf die Unzulänglichkeit der condicio-Formel schlägt eine weitere Meinung[43] vor, die Kausalitätsproblematik nach der Lehre von der gesetzmäßigen Bedingung zu lösen. Führe der Mehrheitsbeschluß dazu, den Rückruf zu unterlassen, lasse sich zwischen dem individuellen Abstimmungsverhalten der einzelnen Geschäftsführer, die für den Beschluß gestimmt haben, und dem Gesamtbeschluß eine gesetzmäßige Beziehung und damit ein Kausalzusammenhang feststellen[44]. Dies gelte sowohl für vorsätzlich als auch für fahrlässig verwirklichte Begehungs- und Unterlassungsdelikte. Zwischen dem Gesamtbeschluß und dem Abstimmungsverhalten der überstimmten Mitglieder bestehe hingegen kein gesetzmäßiger Zusammenhang, da deren Stimmabgabe mangels „Erfolgs-Wert" nicht im Abstimmungsergebnis kausal werden konnte[45].

---

41 *Kuhlen*, NStZ 1990, S. 566, 569; *Meier*, NJW 1992, S. 3193, 3197 ff.; *Salje*, BB 1993, S. 2297, 2302.

42 *Maurach / Zipf*, AT 1, § 18, Rz. 56; *Wessels / Beulke*, AT, Rz. 157.

43 *Beulke / Bachmann*, JuS 1992, S. 737, 744; *Hilgendorf*, NStZ 1994, S. 561, 563 ff.; ders., Jura 1995, S. 514 ff.; ders., GA 1995, S. 515, 525 ff.; *Neudecker*, Verantwortlichkeit, S. 258; Schönke / Schröder / *Lenckner*, vor § 13, Rz. 83 a; *Weißer*, Täterschaftsprobleme, S. 116; sowie die unter Fn. 7 genannten Autoren. Auch *Bock*, Produktkriminalität, S. 81 f., sieht neben der kumulativen Kausalität in der Lehre von der gesetzmäßigen Bedingung eine Lösungsmöglichkeit für die Kausalitätsproblematik.

44 *Hilgendorf*, NStZ 1994, S. 561, 565 f.

45 *Weißer*, Täterschaftsprobleme, S. 173.

d) *Die Kausalitätsfeststellung nach der Lehre von der hinreichenden Mindestbedingung*

Einen anderen Ansatz wählt *Puppe*[46]. Sie schlägt vor, das Problem der Kausalitätsfeststellung bei Gremiumsentscheidungen über die Annahme von „Mehrfachkausalität" zu lösen. Bei dieser seien mehrere, ganz oder teilweise verschiedene hinreichende Bedingungen des Erfolges gleichzeitig erfüllt. Es seien aber nicht nur solche Bedingungen anzuerkennen, die schlechthin für die Erfolgsherbeiführung notwendig sind. Als Einzelursache müsse ein Verhalten vielmehr bereits dann genügen, wenn es notwendiger Bestandteil einer von möglicherweise mehreren erfüllten, nach allgemeinen Regeln hinreichenden Erfolgsbedingungen ist.

e) *Die Kausalitätsfeststellung nach der „Verbreitung von Resignation"*

Ein weiterer Lösungsweg wird von *Samson*[47] vorgeschlagen. Nach seiner Ansicht soll sich die Begründung der Quasikausalität der einzelnen Gremiumsmitglieder danach richten, ob die einzelnen Geschäftsführer den Eindruck der Uneinsichtigkeit erweckt hätten. Wäre dies bei einer identifizierbaren Mehrheit der Fall, würde allein diese haften. Die anderen Gremiumsmitglieder, die mit Recht resignierten, wären hingegen für die Entscheidung nicht mehr kausal geworden. Habe jedoch jeder jedem anderen diesen Eindruck vermittelt, so habe jeder durch Aktivität zunächst den jeweils anderen und dann dadurch sich selbst rettungsunfähig gemacht. Dieses Ergebnis soll sowohl für die vorsätzliche als auch für die fahrlässige Tatbestandsverwirklichung gelten.

---

46 *Puppe*, JR 1992, S. 30, 32.

47 *Samson*, StV 1991, S. 182, 185.

3. Kritische Würdigung der Lösungsansätze

Die in der Rechtsprechung und in der Literatur entwickelten Lösungsansätze sind überwiegend nicht in der Lage, die Kausalitätsproblematik bei Gremiumsentscheidungen einer überzeugenden Lösung zuzuführen. Dies gilt insbesondere für den Vorschlag, die Quasikausalität über die Rechtsfigur der kumulativen Kausalität oder der Doppelkausalität zu lösen. Im Bereich des positiven Tuns liegt kumulative Kausalität in den Fällen vor, in denen erst zwei oder mehrere unabhängig voneinander vorgenommene Handlungen durch ihr Zusammenwirken den Erfolg herbeiführen[48]. Übertragen auf den Unterlassungsbereich und die hier interessierende Gremiumsentscheidung läge demnach kumulative Kausalität vor, wenn nur das Untätigbleiben sämtlicher Gremiumsmitglieder zum Eintritt des tatbestandlichen Erfolgs geführt hätte. In der Regel reicht jedoch bereits eine einfache oder qualifizierte Mehrheit aus, um einen Gesamtbeschluß und dadurch den Erfolg herbeizuführen. Die Kumulation aller Stimmen ist in diesem Fall für die Erfolgsverursachung also gerade nicht erforderlich[49]. Aber auch wenn eine einstimmige Beschlußfassung erfolgt ist, liegt kein Fall der kumulativen Kausalität vor. Die Stimmenabgabe der Gremiumsmitglieder erfolgt hier mit dem Ziel einer einheitlichen Mehrheitsentscheidung. Zwischen den Einzelstimmen besteht somit ein wesentlich engerer Zusammenhang als bei den voneinander unabhängigen Einzelbeiträgen in den Fällen der kumulativen Kausalität[50]. Soweit die Rechtsprechung und die Literatur die einzige Handlungsalternative der Gremiumsmitglieder in unbestimmten Bemühungspflichten zur Herbeiführung eines Gesamtbeschlusses sehen, läßt sich das Kausalitätsproblem auch nicht über die Figur der Doppelkausalität lösen, denn das Verhalten der einzelnen Gremiumsmitglieder für sich allein ist gerade nicht ausreichend, um den tatbestandlichen Erfolg herbeizuführen. Zur Verursachung des Verletzungserfolges bedarf es vielmehr einer durch einfache oder qualifizierte Mehrheit zustandegekommenen Gesamtentscheidung unter Mitwirkung

---

48 *Jescheck / Weigend*, AT, § 28 II 4; *Kühl*, AT, § 4, Rz. 21; *Neudecker*, Verantwortlichkeit, S. 222; *Weber*, BayVBl 1989, S. 166, 169.

49 *Beulke / Bachmann*, JuS 1992, S. 737, 743; *Weißer*, Täterschaftsprobleme, S. 110 f.

50 *Weißer*, Täterschaftsprobleme, S. 110.

aller Gremiumsmitglieder. Ein typischer Fall der Doppelkausalität bzw. der alternativen Kausalität liegt somit nicht vor[51]. Zu Recht wird deshalb von der überwiegenden Meinung in der Literatur sowohl die Rechtsfigur der kumulativen Kausalität als auch die der Doppelkausalität als untauglich für die Kausalitätsfeststellung bei Kollektiventscheidungen erachtet[52].

Auch gegen die Mittäterschaftslösung bestehen erhebliche Bedenken. Gegen sie wird vor allem von *Samson*[53] eingewandt, daß es an der Tatherrschaft der einzelnen Gremiumsmitglieder fehle. Gravierender sei jedoch, daß der BGH die Mittäterschaft allein auf den gemeinsamen Unterlassungsentschluß stütze, der dann die Kausalität ersetze. *Puppe*[54] hält deshalb die Annahme von Mittäterschaft für einen Zirkelschluß. Da Mittäterschaft bereits einen kausalen Beitrag jedes einzelnen Mittäters zum Erfolg voraussetze, könne nicht von der wechselseitigen Zurechenbarkeit der Tatbeiträge auf deren Kausalität für den Erfolg zurückgeschlossen werden[55]. Die Kritik von *Samson* und *Puppe* überzeugt jedoch nicht. Bei gleichberechtigten Geschäftsführern ist grundsätzlich von funktionaler Tatherrschaft auszugehen[56]. Bei einem gemeinsam gefaßten Beschluß ist deshalb die Annahme von Mittäterschaft durch arbeitsteiliges Zusammenwirken auf Grund eines gemeinsamen Tat-

---

51 *Beulke / Bachmann*, JuS 1992, S. 737, 743; *Weißer*, Täterschaftsprobleme, S. 110 f.

52 *Beulke / Bachmann*, JuS 1992, S. 737, 743; *Brammsen*, Jura 1991, S. 533, 537 f.; *Kuhlen*, NStZ 1990, S. 566, 569; *Neudecker*, Verantwortlichkeit, S. 223 f.; *Otto*, Die Strafbarkeit von Unternehmen, S. 11; *Puppe*, JR 1992, S. 30, 32; *Salje*, BB 1993, S. 2299, 2302; *Weißer*, Täterschaftsprobleme, S. 110 f.

53 *Samson*, StV 1991, S. 182, 184 f.

54 *Puppe*, JR 1992, S. 30, 32 f. Ebenso *Bock*, Produktkriminalität, S. 78; *Röh*, Die kausale Erklärung überbedingter Erfolge im Strafrecht, 1995, S. 46; *Suarez*, in: Schünemann, Bausteine des europäischen Wirtschaftsrechts, 1994, S. 49, 53 f.

55 *Puppe*, JR 1992, S. 30, 32 f; ebenso *Bock*, Produktkriminalität, S. 78; *Neudecker*, Verantwortlichkeit, S. 262; SK / *Samson*, § 25, Rz. 44 m.w.N.

56 *Beulke / Bachmann*, JuS 1992, S. 737, 743; *Bock*, Produktkriminalität, S. 78; *Weißer*, Täterschaftsprobleme, S. 102.

entschlusses sachgerecht[57]. Auch muß der einzelne Tatbeitrag für sich genommen nicht kausal für den Erfolg geworden sein, da es gerade eine der wesentlichen Funktionen der Mittäterschaft ist, in Fällen zweifelhafter Kausalität aller einzelnen Beiträge der Mittäter dem Richter das Auseinandergliedern dieser Einzelbeiträge zu ersparen[58]. Die Bedenken gegen die Mittäterschaftslösung ergeben sich aber aus einem anderen Grund. Mangels Tatentschluß versagt die Lösung über die Figur der Mittäterschaft in den Fällen, in denen ein Gremiumsbeschluß allein deshalb nicht zustande kommt, weil sich alle Geschäftsführer oder eine Mehrheit schlicht passiv verhalten[59] oder sich bei der maßgeblichen Abstimmung der Stimme enthalten[60]. Im Bereich der vorsätzlichen Deliktsverwirklichung kann die Kausalitätsproblematik somit nur in bestimmten Fallkonstellationen über die Konstruktion der Mittäterschaft gelöst werden. Hinzu kommt, daß die Mittäterschaftslösung bei Fahrlässigkeitsdelikten versagt. Für den Fahrlässigkeitsbereich ist die Mittäterschaftslösung deshalb mit der herrschenden Lehre im Schrifttum[61] abzulehnen. Maßgebliche Voraussetzung mittäterschaftlichen Verhaltens ist der gemeinsame Tatentschluß der Mittäter. Erst dieser rechtfertigt es, die Tatbeiträge eines anderen Mittäters zuzurechen und damit die Quasikausalität aller mittäterschaftlich handelnden

---

57 Zutreffend weisen jedoch *Beulke / Bachmann* darauf hin, daß man zu einem anderen Ergebnis gelangt, sieht man im gemeinsam gefaßten Beschluß bereits die Tatausführung, JuS 1992, S. 737, 743, Fn. 81 m.w.N.

58 *Beulke / Bachmann*, JuS 1992, S. 737, 743; *Herzberg*, Täterschaft und Teilnahme, S. 57, der in diesem Fall von „additiver" Mittäterschaft spricht; Hilgendorf, NStZ 1994, S. 561,563; *Joerden*, Strukturen des strafrechtlichen Verantwortlichkeitsbegriffs, S. 81, Fn. 201; *Ransiek*, Unternehmensstrafrecht, S. 61; *Schumann*, StV 1994, S. 106, 110; *Weißer*. Täterschaftsprobleme, S. 102.

59 *Hilgendorf*, NStZ 1994, S. 561, 563; Schönke / Schröder / *Lenckner*, vor § 13, Rz. 83 a.

60 *Weißer*, Täterschaftsprobleme, S. 211.

61 *Baumann / Weber / Mitsch*, AT, § 22, Rz. 74; *Bock*, Produktkriminalität, S. 79; *Tröndle*, StGB, § 25, Rz. 5 a; *Jescheck / Weigend*, AT, § 63 I 3 a); *Kuhlen*, NStZ 1990, S. 566, 570; *Lackner / Kühl*, § 25, Rz. 13; *Maurach / Gössel / Zipf*, AT 2, S. 252; *Neudecker*, Verantwortlichkeit, S. 261; *Ransiek*, Unternehmensstrafrecht, S. 67; Schönke / Schröder / *Cramer*, § 25, Rz. 101; *Spendel*, in: Festschrift für Lange, 1976, S. 147, 152; *Walder*, in: Festschrift für Spendel, 1992, S. 363 ff; A. A. *Otto*, AT, § 21 V, Rz.115; ders., in: Festschrift für Spendel, 1992, S. 271 ff.; *Roxin*, Täterschaft und Tatherrschaft, S. 535 ff.;*Weißer*, Täterschaftsprobleme, S. 146 ff. m.w.N.

Gremiumsmitglieder zu begründen[62]. Soweit von den Vertretern[63] der Mittäterschaft bei fahrlässiger Begehung vorgebracht wird, es sei für die Annahme von Mittäterschaft im Bereich der Fahrlässigkeit ausreichend, daß die (Mit-) Täter das Bewußtsein einer alle Beteiligten treffenden Sorgfaltspflicht haben, ist dies nicht überzeugend. Allein der Hinweis auf das Bewußtsein einer sämtliche (Mit-)Täter treffenden Sorgfaltspflicht führt nicht zwingend dazu, daß die einzelnen Betroffenen enger miteinander verbunden sind als Nebentäter und kann deshalb nicht hinreichend erklären, weshalb jedem einzelnen von ihnen die Tatbeiträge der anderen zuzurechnen sind. Auch bei einem entsprechenden Bewußtsein der Gremiumsmitglieder handelt es sich vielmehr allein um Nebentäterschaft.

Erheblichen Bedenken begegnet auch der Vorschlag *Samsons*, Quasikausalität anzunehmen, wenn das Verbreiten von Resignation den Rückruf vereitelt hätte. Abgesehen von den Beweisschwierigkeiten[64] läßt sich ein entsprechendes „resignationsverbreitendes" Verhalten nicht hinreichend präzise bestimmen. In der Sache führt die erhebliche Unbestimmtheit dieses Ansatzes vielmehr zur Anwendung der Risikoerhöhungslehre. Diese ist jedoch mit der wohl herrschenden Meinung abzulehnen, da sie den Grundsatz „in dubio pro reo" zu sehr einschränkt und die Gefahr besteht, daß Verletzungsdelikte contra legem in konkrete Gefährdungsdelikte umgedeutet werden[65].

Die Vorschläge, die Quasikausalität über die Lehre von der gesetzmäßigen Bedingung bzw. über die Annahme von Mehrfachkausalität zu begründen, sind nur teilweise überzeugend. Zuzugeben ist zwar, daß mit diesen Lösungsansätzen - auch unter Zugrundelegung der unbestimmten Ermittlung der Handlungsalternativen der Gremiumsmitglieder durch den BGH - in etlichen Fallkonstellationen eine angemessene und exakte Lösung des Problems erreicht werden kann. Beide Ansätze ver-

---

62 *Ransiek*, Unternehmenstrafrecht, S. 67; *Wessels / Beulke*, AT, Rz. 526 m.w.N.

63 *Otto*, AT, § 21 V 4, Rz. 115; *Weißer*, Täterschaftsprobleme, S. 147, 151.

64 *Bock*, Produktkriminalität, S. 81; *Hilgendorf*, Strafrechtliche Produzentenhaftung, S. 126 ff.

65 Siehe oben, Abschnitt C. I., S. 104 f.

sagen aber ebenfalls in den Fällen einer geheimen Abstimmung[66] oder einer Stimmenthaltung[67]. Im ersten Fall hat zwar eine Mehrheit den Beschluß zustandegebracht. Es läßt sich jedoch gerade nicht feststellen, welcher der einzelnen Geschäftsführer eine hinreichende Bedingung für den Erfolgseintritt gesetzt hat, oder zwischen wessen Votum und dem Gesamtbeschluß eine gesetzmäßige Beziehung besteht. Liegt auch nur eine Gegenstimme vor, bleibt es auch bei diesen Lösungsansätzen bei dem von *Deruyck*[68] festgestellten Ergebnis, daß alle Beteiligten nach dem Grundsatz in dubio pro reo freizusprechen sind. Im zweiten Fall nimmt zwar das betreffende Gremiumsmitglied an der Abstimmung teil, die Enthaltung des Gremiumsmitgliedes ist jedoch nicht Bestandteil der Stimmenmehrheit. Die Stimmenthaltung beinhaltet vielmehr die Verweigerung der Unterstützung für jedwede Entscheidungsalternative - also auch im Hinblick auf den pflichtwidrigen Beschluß - und ist damit neutral[69]. Die Stimmenthaltung schlägt sich deshalb nicht kausal im Abstimmungsergebnis nieder, so daß insoweit eine gesetzmäßige bzw. hinreichende Bedingung für das Zustandekommen des Gesamtbeschlusses nicht festzustellen ist[70].

Insgesamt läßt sich deshalb festhalten, daß die von der Rechtsprechung und der Literatur entwickelten Lösungsansätze nur in bestimmten Konstellationen eine präzise und vertretbare Feststellung der Quasikausalität ermöglichen. Darüber hinaus versagen sämtliche Lösungsansätze in den Fällen einer geheimen Abstimmung oder einer Stimmenthaltung. Dieses unbefriedigende Ergebnis ist im wesentlichen jedoch nicht auf die spezifischen Mängel der jeweiligen Lösungsansätze zurückzu-

---

66 Die Beschlußfassung bedarf grundsätzlich keiner bestimmten Form, *Baumbach / Hopt*, HGB, § 119, Rz. 27; *Hüffer*, AktG, § 77, Rz. 6; Münchener Kommentar / *Ulmer*, § 709, Rz. 65 f.; Scholz / *Schneider*, GmbHG, § 37, Rz. 22. Eine geheime Abstimmung kann aber in der Satzung, der Geschäftsordnung oder dem Gesellschaftsvertrag vereinbart werden.

67 *Franke*, JZ 1982, S. 579, 582; *Weißer*, Täterschaftsprobleme, S. 184 ff., 208 ff. A. A. *Bottke*, JZ 1981, S. 343, allerdings ohne Begründung.

68 *Deruyck*, ZStW 103 (1991), S. 705, 711. Ebenso *Weißer*, Täterschaftsprobleme, S. 186.

69 *Weißer*, Täterschaftsprobleme, S. 210.

70 *Weißer*, Täterschaftsprobleme, S. 209 f.

führen. Es beruht vielmehr maßgeblich auf der unzureichenden Ermittlung und Bestimmung der Handlungsalternativen der Gremiumsmitglieder durch den BGH und die ihm insoweit folgende Literatur.

III. Die Kausalitätsfeststellung unter Berücksichtigung der Handlungsalternative des § 744 II BGB analog

Im Bereich der Unterlassungsdelikte ist für die Ermittlung eines Kausalzusammenhanges zunächst die präzise Bestimmung der erforderlichen Rettungshandlung, die den tatbestandlichen Erfolg abgewendet hätte, entscheidend. Welche Handlung im Einzelfall erforderlich ist, ist demnach grundsätzlich vor der eigentlichen Kausalitätsprüfung zu ermitteln[71]. Bei einem mehrköpfigen Entscheidungsgremium sind dabei die gesellschaftsrechtlichen Handlungsmöglichkeiten der einzelnen Mitglieder zu berücksichtigen. Entgegen der Ansicht des BGH und der ihm insoweit folgenden Literatur handelt es sich bei der Entscheidung über die Veranlassung einer Warn- oder Rückrufaktion jedoch nicht um eine ausschließlich kollektiv zu treffende Entscheidung. Diese Annahme basiert auf einer unzureichenden Analyse der tatsächlichen gesellschaftsrechtlichen Handlungsalternativen der einzelnen Gremiumsmitglieder. Sowohl im Bereich der Personengesellschaften als auch bei den Kapitalgesellschaften ist es den einzelnen Mitgliedern des jeweiligen Geschäftsleitungsorgans vielmehr grundsätzlich möglich, auch in den Fällen der einstimmigen oder mehrheitlichen Gesamtbeschlußfassung selbständig und eigenverantwortlich zu handeln, § 744 II BGB analog[72]. Dabei entsprechen gerade die typischen Situationen der strafrechtlichen Produktverantwortung, nämlich die Entscheidung über die Veranlassung einer Warn- oder Rückrufaktion zur Verhinderung von produktbedingten Gesundheitsschädigungen der Verbraucher, den zivilrechtlichen Anforderungen an die analoge Anwendung des Rechtsgedankens aus § 744 II

71 *Hilgendorf*, Strafrechtliche Produzentenhaftung, S. 127; *Weißer*, Täterschaftsprobleme, S. 83.

72 Siehe oben, Abschnitt B. V. 3. c), S. 87 f.

BGB[73]. Soweit die Voraussetzungen des § 744 II BGB analog erfüllt sind, ist es deshalb jedem einzelnen Mitglied des Geschäftsführungsorgans möglich, auch gegen den Mehrheitsbeschluß des Gremiums[74] selbständig und unabhängig von den anderen Gremiumsmitgliedern eine Warn- oder Rückrufaktion zu veranlassen[75].

Ist das jedoch der Fall, läßt sich - unter der Voraussetzung, daß die Adressaten der Warn- oder der Rückrufaktion dieser auch gefolgt wären - die Quasikausalität zwischen dem Unterlassen der Veranlassung einer Warnaktion oder eines Rückrufs und dem konkreten Schadenserfolg bei jedem einzelnen Geschäftsleitungsmitglied ohne Schwierigkeit mit der umgekehrt angewandten condicio-Formel begründen: Die jedem Gremiumsmitglied mögliche Rettungshandlung kann nicht hinzugedacht werden, ohne daß der tatbestandsmäßige Erfolg mit an Sicherheit grenzender Wahrscheinlichkeit entfiele. Haben es demnach alle Mitglieder des Gremiums versäumt, eine Warn- oder Rückrufaktion zu veranlassen, war folglich das Unterlassen jedes einzelnen Gremiumsmitgliedes kausal für das Eintreten des tatbestandsmäßigen Erfolges. Haben ein oder mehrere Geschäftsleitungsmitglieder den Rückruf jedoch veranlaßt, verbleibt es für die restlichen Geschäftsführer unter Umständen beim Versuch. Zu diesem Ergebnis gelangt man insbesondere auch in den Fällen einer geheimen Abstimmung, schlicht passiven Verhaltens oder einer Stimmenthaltung. Gleiches gilt, wenn die Quasikausalität unter Verwendung der Theorie von der gesetzmäßigen Bedingung ermittelt wird. Da es nunmehr sämtlichen Gremiumsmitgliedern möglich ist, selbständig und eigenverantwortlich einen Rückruf zu veranlassen, besteht ein gesetzmäßiger Zusammenhang zwischen dem Unterlassen der einzelnen Geschäftsleitungsmitglieder und dem Erfolgseintritt. Befolgen die Händler oder Verbraucher die Warnung oder den Rückruf hingegen nicht, entfällt eine Strafbarkeit für diejenigen Gremiumsmitglieder, welche die Warn- oder Rückrufak-

---

73 Siehe oben, Abschnitt B. V. 3. d), S. 88 ff.

74 Das Notgeschäftsführungsrecht gemäß § 744 BGB ist zwingendes Recht, vgl. etwa Schlegelberger / *Martens*, HGB, § 116, Rz. 23 m.w.N.

75 Siehe oben, Abschnitt B. V. 4., S. 92 f.

tion veranlaßt haben. Durch das - neu hinzugetretene - eigenverantwortliche Handeln Dritter ist den Gremiumsmitgliedern der tatbestandliche Erfolg nicht objektiv zurechenbar[76]. Mangels objektiver Zurechnung des tatbestandlichen Erfolges sind die übrigen Mitglieder des Gremiums jedoch unter Umständen wegen Versuchs strafbar.

IV. Ergebnis des Abschnittes C.

Die unbestimmte Ermittlung der erforderlichen Rettungshandlung der einzelnen Mitglieder eines mehrköpfigen Entscheidungsgremiums durch die Rechtsprechung und die ihr insoweit folgende Literatur wirkt sich entscheidend auf die Feststellung der Quasikausalität bei Gremiumsentscheidungen aus. Durch die unzureichende Analyse der tatsächlichen gesellschaftsrechtlichen Handlungsalternativen der einzelnen Gremiumsmitglieder ist die Kausalitätsfeststellung nach der condicio-Formel nicht möglich. Auch die in der Rechtsprechung und der Literatur für diesen Fall entwickelten Lösungsansätze führen nur in bestimmten Konstellationen zu einer Lösung. In wesentlichen Fällen sind jedoch auch sie nicht in der Lage, die Quasikausalität hinreichend sicher zu bestimmen. Im Gegensatz dazu ermöglicht die Berücksichtigung der gesellschaftsrechtlichen Handlungsalternative des Notgeschäftsführungsrechtes gemäß § 744 II BGB analog eine präzise Feststellung der Quasikausalität. Wesentlich ist dabei, daß es zur Feststellung des Ursachenzusammenhangs nicht auf das konkrete Abstimmungsergebnis bzw. auf das individuelle Abstimmungsverhalten der einzelnen Gremiumsmitglieder im Rahmen einer Gesamtbeschlußfassung ankommt. Die vom BGH in der Lederspray-Entscheidung[77] aufgeworfene Problematik der Bestimmung der Quasikausalität bei Kollektiventscheidungen ist folglich nicht gegeben. Dadurch läßt sich auch in den Fällen eines schlicht passiven Verhaltens der Gremiumsmitglieder, einer geheimen Abstimmung oder einer Stimmenthaltung der Kausalzusammenhang zwischen dem individuellen Verhalten der einzelnen Mitglieder und dem tatbestandlichen Erfolg exakt

---

76 *Weißer*, Täterschaftsprobleme, S. 83 f.

77 BGHSt 37, S. 106, 129.

bestimmen. Bei der Entscheidung über die Veranlassung einer Warn- oder Rückrufaktion ermöglicht somit erst die Berücksichtigung des Notgeschäftsführungsrechtes gemäß § 744 II BGB analog, die Problematik der Kausalitätsfeststellung bei einem mehrköpfigen Entscheidungsgremium einer einfachen und umfassenden Lösung zuzuführen.

D. DIE GARANTENSTELLUNG DER GREMIUMSMITGLIEDER

I. Die funktionelle Zweiteilung der Garantenstellungen in der herrschenden Lehre

Im Gegensatz zu den Begehungsdelikten reicht bei den unechten Unterlassungsdelikten allein die Feststellung eines Kausalzusammenhanges zwischen dem Unterlassen der erforderlichen Rettungshandlung und einer Rechtsgutsverletzung nicht aus, um den tatbestandlichen Erfolg einem Handlungsfähigen zuzurechnen. Es bedarf vielmehr eines besonderen Rechtsgrundes in Form einer Garantenstellung, um den einzelnen rechtlich für die Nichtabwendung des tatbestandlichen Erfolges verantwortlich zu machen, § 13 I StGB. Während die Rechtsprechung noch formal auf den Entstehungsgrund der Einstandspflicht, wie Gesetz, Vertrag, Ingerenz sowie enge Lebensbeziehungen abstellt[1], bemüht sich die neuere Lehre[2] um eine Differenzierung nach materiellen Kriterien. Sie führt die Garantenstellungen dabei auf zwei Grundpositionen zurück. Dies sind zum einen Garantenverhältnisse aus besonderen Schutzpflichten für bestimmte Rechtsgüter (Beschützergarantenstellung). Schutzpflichten können sich insoweit aus besonderen Rechtssätzen, aus Verhältnissen enger natürlicher Verbundenheit, aus Lebens- und Gefahrengemeinschaften, aus freiwilliger Übernahme von Schutz- oder Beistandspflichten sowie aus einer Amtsträgerschaft ergeben[3]. Zum anderen ergibt sich eine Garantenstellung aus der Verantwortlichkeit für bestimmte Gefahrenquellen (Überwachergarantenstellung). Entsprechende Sicherungspflichten können dabei aus der Pflicht

1 RGSt 63, S. 392; 64, S. 276; 74, S. 309; BGHSt 2, S. 150, 153; 11, S. 355; 19, S. 167, 168; 37, S. 106, 119; LG Frankfurt a. M., ZUR 1994, S. 33, 34.

2 *Androulakis*, Unterlassungsdelikte, S. 205 ff.; *Jescheck / Weigend*, AT, § 59 IV 2; *Armin Kaufmann*, Unterlassungsdelikte, S. 283 ff.; *Wessels / Beulke*, AT, Rz. 716 ff. m.w.N.

3 Schönke / Schröder / *Stree*, § 13, Rz. 17 ff.; *Wessels / Beulke*, AT, Rz. 718 m.w.N. Zur Garantenstellung aus Amtsträgerschaft, BGH, JR 1995, S. 165 ff., mit Anm. *Rudolphi*, S. 167 f.; *Sangenstedt*, Garantenstellung und Garantenpflicht von Amtsträgern, S. 449 ff. m.w.N.

zur Beaufsichtigung Dritter, aus vorangegangenem, pflichtwidrigem Gefährdungsverhalten (Ingerenz) und der (zivilrechtlichen) Verkehrssicherungspflicht für bestimmte Gefahrenquellen resultieren[4]. Für die strafrechtliche Produktverantwortung ist die zweite Gruppe von Garantenverhältnissen wesentlich. Welche Garantenstellung aber für die einzelnen Mitglieder des Entscheidungsgremiums in Betracht zu ziehen ist, gilt es im folgenden zu untersuchen. Dabei soll zunächst die bisher in der Rechtsprechung vorgenommene Begründung einer Garantenstellung im Bereich der strafrechtlichen Produktverantwortlichkeit auf ihre Tauglichkeit hin überprüft werden.

II. Die Feststellung der Garantenstellung durch die Rechtsprechung im Bereich der Produktverantwortung

1. „Bienenstich"

Im Bienenstich-Fall[5] geht der BGH ohne nähere Begründung von dem Vorliegen einer Garantenstellung aus. *Gorn*[6] und *Peters*[7] weisen jedoch zutreffend darauf hin, daß sich nach dem Sachverhalt eine Garantenstellung der beiden Angeklagten allenfalls aus vorangegangenem gefährlichem Tun (Ingerenz) ableiten läßt.

---

4 *Freund*, Erfolgsdelikt, S. 159 ff.; *Jescheck / Weigend*, AT, § 59 IV 2 f.; *Wessels / Beulke*, AT, Rz. 722 ff. m.w.N.

5 BGH, ZLR 1988, S. 512 ff.

6 *Gorn*, ZLR 1988, S. 515 , 517.

7 *Peters*, ZLR 1988, S. 518, 520.

2. „Lederspray“

Im Lederspray-Verfahren stellt der BGH[8] zunächst fest, daß einiges dafür spreche, mit der Vorinstanz eine Garantenstellung aus den zivilrechtlichen Verkehrssicherungspflichten abzuleiten. Andererseits gibt das Gericht zu bedenken, daß die schadensersatzorientierten Haftungsprinzipien des Zivilrechts nicht unbesehen zur Bestimmung strafrechtlicher Verantwortlichkeit benutzt werden dürften[9]. Im Ergebnis läßt der BGH die Entscheidung jedoch offen, da jedenfalls eine Garantenstellung aus vorangegangenem, pflichtwidrigem Gefährdungsverhalten (Ingerenz) gegeben sei. Nach Ansicht des Gerichts lag das gefährliche Vorverhalten der angeklagten Geschäftsführer in dem Vertrieb der Ledersprays, weil diese bei bestimmungsgemäßem Gebrauch gesundheitliche Schäden bei den Benutzern zu verursachen drohten[10]. Die objektive Pflichtwidrigkeit des gefahrbegründenden Vorverhaltens folge bereits daraus, daß es die Rechtsordnung grundsätzlich verbiete, Gefahren zu schaffen, aus denen sich, greife niemand in den Lauf der Ereignisse ein, im weiteren Fortgang körperliche Schäden für Dritte entwickeln würden[11]. Die rechtliche Grundlage hierfür sieht der Senat in dem generellen Schutz der körperlichen Unversehrtheit gemäß Art. 2 II S. 1 GG. Einer besonderen Gesetzesnorm, die ein solches Verhalten mit Sanktionen belege, bedürfe es insoweit nicht. Darüber hinaus ergibt sich nach Ansicht des Gerichts die objektive Pflichtwidrigkeit aus dem Verstoß gegen §§ 30 Nr. 2 i.V.m. 5 I Nr. 7 a und b, 7 I LMBG[12]. Das Gericht verneinte ebenfalls den Fall eines sogenannten „Ausreißers“, der unter dem Gesichtspunkt

---

8 BGHSt 37, S. 106, 114 f., 117 ff.

9 BGHSt 37, S. 106, 115. Das LG Mainz, Urteil vom 16.01. 1989, 8 Js 3708 / W 5 KLs, abgedruckt in: Schmidt-Salzer, ES, Nr. IV, 3.22 (S. 27 f.), hatte sich zur Ableitung der Garantenstellung auf die zivilrechtliche Produktbeobachtungspflicht berufen.

10 BGHSt 37, S. 106, 117. Die Gefährlichkeit der Produkte selbst ergab sich für das Gericht aus den Erwägungen, die bei der Prüfung des Ursachenzusammenhangs zwischen Spraybenutzung und Schadenseintritt angestellt wurden.

11 BGHSt 37, S. 106, 117.

12 BGHSt 37, S. 106, 117 f.

des „erlaubten Risikos" die objektive Pflichtwidrigkeit entfallen läßt[13]. Auch komme es, so der Senat, auf die persönliche Vorwerfbarkeit nicht an. Ausreichend sei insoweit vielmehr die rechtliche Mißbilligung des Gefährdungserfolges[14].

3. „Holzschutzmittel"

Im Holzschutzmittel-Verfahren[15] ergab sich nach Ansicht des LG Frankfurt a. M. die Garantenstellung der Angeklagten ebenfalls aus vorangegangenem, rechtswidrigen Gefährdungsverhalten (Ingerenz). Das gefahrbegründende Vorverhalten der beiden angeklagten Geschäftsführer sah das Gericht darin, daß sie Holzschutzmittel zur Innenraumverwendung anboten, die auch bei bestimmungsgemäßem Gebrauch Gesundheitsschäden bei besonders disponierten Anwendern verursachten[16]. Dieses Vorverhalten war nach Ansicht des Gerichts auch pflichtwidrig, da die Geschäftsführer fahrlässig ihnen bekannte und zur Verfügung stehende Erkenntnisse aus dem Fall F. und einem dort erstatteten Gutachten nicht nutzten, um weitere Schadensfolgen zu vermeiden. Ebenso wie in der Lederspray-Entscheidung verneint das Gericht eine Einschränkung der Pflichtwidrigkeit unter dem Gesichtspunkt der Sozialadäquanz. Nur in dem engen Rahmen eines „Ausreißers" könne die strafrechtliche Produkthaftung durch ein „erlaubtes Risiko" eingeschränkt werden mit der Folge, daß der Schadensfall noch keine Abhilfemaßnahmen auslöse[17]. Nach Ansicht des Gerichts handelte es sich jedoch bereits objektiv nicht um den Fall

---

13 BGHSt 37, S. 106, 118. Zum Gesichtspunkt des erlaubten Risikos, Schönke / Schröder / *Lenckner*, vor § 32, Rz. 94 m.w.N.

14 BGHSt 37, S. 106, 119.

15 LG Frankfurt a. M., ZUR 1994, S. 33 f.; *Schulz*, ZUR 1994, S. 26 ff. Der BGH, NStZ 1995, S. 590 ff., hat in seiner Revisionsentscheidung das Urteil des LG Frankfurt a. M. aufgrund des fehlenden Kausalzusammenhanges zwischen der Produktbenutzung und den Gesundheitsschäden aufgehoben. Auf die Frage der Garantenstellung ist der BGH nicht eingegangen. Insoweit kann deshalb von einer Billigung der diesbezüglichen Ausführungen des LG Frankfurt a. M. ausgegangen werden.

16 LG Frankfurt a. M., ZUR 1994, S. 33, 34.

17 LG Frankfurt a. M., ZUR 1994, S. 33, 35.

eines sogenannten „Ausreißers“. Die Holzschutzmittel seien vielmehr über Jahre hinaus vertrieben und verstrichen worden, und die Schadensfälle erstreckten sich deckungsgleich über denselben Vertriebszeitraum. Dies sei für die Geschäftsführer auch erkennbar gewesen[18].

III. Die Kritik der Literatur

Die Ableitung der Garantenstellung aus dem Institut der Ingerenz, und hier insbesondere die entsprechenden Ausführungen des BGH in der Lederspray-Entscheidung, sind auf heftige Kritik in der Literatur[19] gestoßen. Anknüpfungspunkt der Kritik ist dabei vor allem die Feststellung der objektiven Pflichtwidrigkeit des Vorverhaltens und hier speziell die Ausführungen des BGH zur Erkennbarkeit dessen Gefährlichkeit. Die Behauptung des BGH, daß die objektive Pflichtwidrigkeit ex post bereits aus der rechtlichen Mißbilligung des Gefährdungserfolges abzuleiten sei, ohne daß es auf die persönliche Vorwerfbarkeit ankommen soll, wird in der Literatur einhellig abgelehnt[20]. Dem BGH wird insbesondere entgegengehalten, daß von der herrschenden Meinung in der Ingerenz-Diskussion mit dem Erfordernis pflichtwidrigen Vorverhaltens eine ex ante mißbilligte Risikoschaffung gefordert werde[21]. Dies ergebe sich ohne weiteres aus der heute im Strafrecht dominierenden Lehre, nach der Verhaltensunrecht nur ex ante bestimmbar ist[22]. Bei einer so verstandenen

---

18 LG Frankfurt a. M., a.a.O.

19 *Hassemer*, Produktverantwortung, S. 51 ff.; *Hilgendorf*, Strafrechtliche Produzentenhaftung, S. 137 ff.; *Neudecker*, Verantwortlichkeit, S. 104; *Weißer*, Täterschaftsprobleme, S. 38 m.w.N.

20 *Brammsen*, GA 1993, S. 97 ff., 107 ff.; ders., Jura 1991, S. 534; *Beulke / Bachmann*, JuS 1992, S. 737, 739; *Jakobs*, AT, 29 / 42, Fn. 93 a; *Kühl*, AT, § 18, Rz. 103; *Meier*, NJW 1992, S. 3193, 3196; *Neudecker*, Verantwortlichkeit, S. 102; *Puppe*, JR 1992, S. 30; *Samson*, StV 1991, S. 182, 184; *Weißer*, Täterschaftsprobleme, S. 35 ff.

21 *Kuhlen*, NStZ 1990, S. 566, 568. Ebenso *Ranft*, JZ 1987, S. 859, 864; *Samson*, StV 1991, S. 182, 184.

22 *Kuhlen*, NStZ 1990, S. 566, 568, verweist hierzu insbesondere auf *Frisch*, Tatbestandsmäßiges Verhalten, S. 34 ff. m.w.N. Wie Kuhlen: *Hassemer*, Produktverantwortung, S. 56.

Pflichtwidrigkeit sei ein Verhalten nur dann objektiv pflichtwidrig, wenn es mit einer im Handlungszeitpunkt (objektiv) erkennbaren, rechtlich mißbilligten Risikoverschaffung verbunden sei[23]. Soweit der BGH jedoch die objektive Pflichtwidrigkeit auch für den Zeitraum bejahe, in dem die Gefährlichkeit der Sprays gerade nicht erkennbar gewesen sei, weiche der Senat in der Sache von dem als notwendig erachteten Kriterium der Pflichtwidrigkeit des Vorverhaltens zur Begründung einer Ingerenz-Garantenstellung ab[24]. Die Konsequenz dieses Verzichts sei die Reduzierung der Ingerenz-Garantenstellung auf das schlichte Erfordernis der Risikoerhöhung sowie der Verlust nahezu jeder Garantie von Erwartungssicherheit bei den Betroffenen[25].

Darüber hinaus lasse sich die Pflichtwidrigkeit des Vorverhaltens auch nicht durch die Berufung auf ein allgemeines Schädigungsverbot begründen. Ein solches Schädigungsverbot sei in den geltenden Rechtssystemen des Zivil- und Strafrechts gerade nicht in verbindlicher Form umgesetzt worden. Dies sei vielmehr nur in Sondergesetzen der Fall, so daß die Allgemeingültigkeit eines generellen Gefährdungsverbots grundsätzlich nicht feststellbar sei[26]. Auch die verfassungsrechtliche Begründung der Pflichtwidrigkeit verfange nicht. Die Grundrechte statuierten vielmehr Abwehrrechte gegen staatliche Organe und erhielten ihre unmittelbare Bedeutung im privaten Rechtsverkehr erst und ausschließlich über den Gesetzesvorbehalt[27].

---

23 *Bock*, Produktkriminalität, S. 133; *Kuhlen*, NStZ 1990, S. 566, 568; *Neudecker*, Verantwortlichkeit, S. 102; *Weißer*, Täterschaftsprobleme, S. 37.

24 *Hilgendorf*, Strafrechtliche Produzentenhaftung, S. 138 ff. m.w.N.

25 *Hassemer*, Produktverantwortung, S. 58. Ebenso *Brammsen*, GA 1993, S. 97, 109, 111; Puppe, JR 1992, S. 30.

26 *Brammsen*, GA 1993, S. 97, 107.

27 *Brammsen*, a.a.O.

IV. Stellungnahme

Die Ingerenz ist als Grundlage einer Garantenstellung von der herrschenden Meinung anerkannt[28]. Die Rechtsprechung[29] und die überwiegende Literatur[30] sehen in der Garantenstellung aus Ingerenz eine Ausprägung des „neminem-laede“ Gedankens, also des grundsätzlichen Verbots, andere zu schädigen. Danach ist derjenige, der durch sein Handeln oder Unterlassen eine Gefahr für den Eintritt des tatbestandlichen Erfolges geschaffen hat, verpflichtet, diesen abzuwenden. Weitgehende Einigkeit besteht darüber, daß die bloße Verursachung einer Gefahr zur Begründung einer Garantenstellung nicht ausreicht, da dies zu einer unangemessenen Ausweitung strafrechtlicher Haftung führen würde[31]. Dem ist zuzustimmen. Die gegenteilige Auffassung[32], welche für die Begründung einer Garantenstellung aus Ingerenz schon allein ein gefahrverursachendes Vorverhalten ausreichen lassen will, ist nicht überzeugend. Die wertfreie Kausalität zwischen einem Verhalten und einem bestimmten Gefährdungserfolg kann für sich allein noch nicht begründen, warum den Betroffenen eine besondere Verantwortung in Form einer Garantenstellung trifft[33]. Es gibt vielmehr auch eine Fülle von tolerierten Risiken, deren Nichtab-

---

28 RGSt 46, S. 334, 343; 74, S. 283, 286; BGHSt 4, S. 20, 21 f.; 26, S. 35, 37; *Baumann / Weber / Mitsch*, AT, § 15, Rz. 65 ff.; *Jakobs*, AT, 29 / 38; *Jescheck / Weigend*, AT, § 59 IV 4. a); *Kühl*, AT, Rz. 91 ff.; Schönke / Schröder / *Stree*, § 13, Rz. 32 ff.; *Tröndle / Fischer*, StGB, § 13, Rz. 11 m.w.N. A. A. *Brammsen*, Garantenpflichten, S. 392 ff., 402 ff., 423 ff.; *Lampe*, ZStW 72 (1960), S. 93, 105 f.; *Pfleiderer*, Die Garantenstellung aus vorangegangenem Tun, S. 95, 158 f., 162, die eine Garantenstellung aus Ingerenz schon konstruktiv nicht für möglich halten.

29 BGHSt 4, S. 20, 22; 26, S. 35, 37.

30 AKStGB / *Seelmann*, § 13, Rz. 49; *Hilgendorf*, Strafrechtliche Produzentenhaftung, S. 135; *Jescheck / Weigend*, AT, § 59 IV 2 f.; *Kühl*, AT, § 18, Rz. 91; *Maurach / Gössel / Zipf*, AT 2, § 46, Rz. 95 ff.; *Welp*, Vorangegangenes Tun S. 177 ff.

31 *Dencker*, in: Festschrift für W. Stree und J. Wessels, 1993, S. 159, 163; *Jescheck / Weigend*, AT, § 59 IV 4 a); *Neudecker*, Verantwortlichkeit, S. 101; *Rengier*, JuS 1989, S. 802, 807; Schönke / Schröder / *Stree*, § 13, Rz. 35; *Seelmann*, GA 1989, S. 241, 253; SK / *Rudolphi*, § 13, Rz. 39; *Weißer*, Täterschaftsprobleme, S. 43 m.w.N.

32 *Arzt*, JA 1980, S. 712, 714; *Kaufmann / Hassemer*, JuS 1964, S. 151, 153; *Maiwald*, JuS 1981, S. 473, 483; *Welp*, Vorangegangenes Tun, S. 209 ff.

33 *Freund*, Erfolgsdelikt, S. 164 ff.; SK / *Rudolphi*, § 13, Rz. 40.

wendung rechtlich gerade nicht mißbilligt ist[34]. Eine lediglich auf der kausalen Verursachung eines Gefährdungserfolges basierende Ingerenz-Garantenstellung führt deshalb dazu, daß der Unterlassende bereits für jedes alltägliche riskante Vorverhalten einzustehen hat. Dies bewirkt jedoch eine unangemessene Ausuferung der Haftung[35] und widerspricht damit der gesetzlichen Ausgestaltung der unechten Unterlassungsdelikte in Form von echten Sonderdelikten, wie sie in § 13 I StGB Ausdruck gefunden hat. Eine entsprechende Reduzierung der Garantenstellung aus Ingerenz auf das Erfordernis der kausalen Gefahrverursachung ist deshalb abzulehnen. Der Ingerenzgedanke bedarf vielmehr einer Einschränkung. Neben dem Erfordernis der Herbeiführung einer nahen (adäquaten) Gefahr des Schadenseintritts[36] sowie eines besonderen Pflichtwidrigkeitszusammenhangs zwischen Normverletzung und Erfolg[37] wird deshalb von der wohl herrschenden Meinung[38] ein objektiv pflichtwidriges, wenn auch nicht schuldhaftes Vorverhalten zur Begründung einer Garantenstellung aus Ingerenz verlangt.

Unter diesen Voraussetzungen verdient die Kritik der Literatur Zustimmung. Zwar geht auch der BGH in der Lederspray-Entscheidung von der Pflichtwidrigkeit als notwendiges Kriterium zur Einschränkung des Vorverhaltens aus. Die Ausführungen des BGH sind jedoch nicht geeignet, die Pflichtwidrigkeit des Vorverhaltens zu

---

34 *v. Bar*, Verkehrspflichten, S. 155; *Freund*, Erfolgsdelikt, S. 164.

35 BGHSt 25, S. 218, 220; *Herzberg*, JZ 1986, S. 986, 988; *Jakobs*, AT, 29 / 42, Fn. 93 a; *Neudecker*, Verantwortlichkeit, S. 101; *Ranft*, JZ 1987, S. 859, 865; *Weißer*, Täterschaftsprobleme, S. 42.

36 *Granderath*, Rechtspflicht, S. 156 ff.; *Stratenwerth*, AT, Rz. 1005 f.; *Welp*, Vorangegangenes Tun, S. 201 ff.

37 BGH, NStZ 1987, S. 171; Schönke / Schröder / *Stree*, § 13, Rz. 35; ders., in: Festschrift für Klug, Bd. II, 1983, S. 395, 399 ff. m.w.N.

38 BGHSt 23, S. 327; 25, S. 218; BGH, NJW 1987, S. 850; OLG Stuttgart, NJW 1981, S. 2369; LG Frankfurt a. M., ZUR 1994, S. 33 f.; *Baumann / Weber / Mitsch*, AT, § 15, Rz. 67 ff.; *Blei*, AT, S. 323; *Jescheck / Weigend*, AT, § 59 IV 4 a); *Kohlrausch / Lange*, StGB, vor § 1, Anm. II. 3 d; *Schmidhäuser*, AT, S. 673 f.; Schönke / Schröder / *Stree*, § 13, Rz. 35; ders., in: Festschrift für Klug, 1983, S. 395, 400; SK / *Rudolphi*, § 13, Rz. 39; *Stoffers*, JuS 1993, S. 837, 842; differenzierend *Wessels / Beulke*, AT, Rz. 725 ff. *Herzberg*, Unterlassung, S. 294; *Jakobs*, AT, 29 / 39, halten eine Einschränkung des Ingerenzgedankens nur auf pflichtwidriges Vorverhalten für zu eng.

begründen. Die Behauptung des BGH, die Pflichtwidrigkeit des Vorverhaltens ergebe sich bereits aus dem grundsätzlichen Verbot der Rechtsordnung, andere zu schädigen, überzeugt nicht. Da jede Gefahrverursachung notwendigerweise dem Verbot widerspricht, andere zu schädigen, ist dieses allgemeine Gebot der Rechtsordnung bereits in der Gefahrschaffung durch das Vorverhalten enthalten[39]. Der BGH wiederholt demnach mit dem Hinweis auf ein allgemeines Schädigungsverbot lediglich das für die Begründung einer Ingerenz-Garantenstellung ebenfalls erforderliche Kriterium der Gefahrschaffung[40]. Eine Begründung für die Pflichtwidrigkeit des Vorverhaltens liefert der BGH mit dem Hinweis auf ein allgemeines Schädigungsverbot der Rechtsordnung jedoch nicht.

Auch die weiteren Ausführungen des BGH sind nicht geeignet, die Pflichtwidrigkeit des Vorverhaltens zu begründen. Um ein Verhalten als rechts- bzw. als pflichtwidrig qualifizieren zu können, muß dieses Verhalten gegen eine Rechtspflicht verstoßen[41]. Diese schreibt dem einzelnen Rechtssubjekt vor, wie es sich in einer bestimmten Tatsituation zu verhalten hat. Inhalt und Grenzen dieser Pflicht ergeben sich dabei aus dem jeweiligen Zweck der Norm, bestimmte Rechtsgüter vor Beeinträchtigungen zu schützen[42]. Die Rechts- oder Pflichtwidrigkeit eines Verhaltens läßt sich demnach grundsätzlich als die Abweichung des tatsächlichen von dem rechtlich gesollten Verhalten beschreiben[43]. Die Verletzung einer Rechtspflicht kommt aber nur dann in Betracht, wenn der jeweilige Adressat in der entsprechenden Tatsituation den Kausalverlauf einer Handlung durch vorherige Kenntnis oder durch die tatsächliche Erkennbarkeit realer, objektiv ermittelbarer Faktoren[44] vorausberechnen und dadurch die Vermeidung der Rechtsgutsverletzung

---

39 *Weißer*, Täterschaftsprobleme, S. 36.

40 *Weißer*, a.a.O.

41 *Hilgendorf*, Strafrechtliche Produzentenhaftung, S. 139; *Münzberg*, Verhalten und Erfolg, S. 140.

42 *Münzberg*, Verhalten und Erfolg, S. 141 f.; *Rudolphi*, in: Schünemann, Grundfragen des modernen Strafrechtssystems, 1984, S. 69, 75.

43 Schönke / Schröder / *Lenckner*, vor § 13, Rz. 51 m.w.N.

44 *Brammsen*, Garantenpflichten, S. 85 und 101 f.

beeinflussen bzw. steuern konnte[45]. Dies setzt jedoch zwingend voraus, daß die Gefährlichkeit einer Handlung objektiv erkennbar ist. Soweit dies nicht möglich ist, kann dem jeweiligen Normadressaten eine Mißachtung einer Verhaltensanforderung - und damit die Pflichtwidrigkeit der Herbeiführung eines Gefährdungserfolges - nicht vorgeworfen werden. Zutreffend stellt deshalb *Brammsen* zu den diesbezüglichen Ausführungen des BGH fest, daß objektive Vorhersehbarkeit und objektive Sorgfaltswidrigkeit bei allen strafrechtlich relevanten Verhaltensweisen konstitutive Mindestvoraussetzungen des Pflichtwidrigkeitsurteils sind[46]. Es ist demnach richtig, wenn die ganz herrschende Meinung in der Literatur im Rahmen der Bestimmung einer Ingerenz-Garantenstellung die alleinige Herbeiführung eines bestimmten, wertwidrigen Erfolges nicht ausreichen läßt, um die vorausgegangene Gefährdungshandlung als rechts- bzw. pflichtwidrig zu qualifizieren[47]. Die Feststellung des Gefährdungserfolges ist mithin zwar notwendiges, aber nicht ausreichendes Kriterium für das Pflichtwidrigkeitsurteil. Soweit das Gericht in der Lederspray-Entscheidung dennoch allein die rechtliche Mißbilligung des Gefährdungserfolges[48] zur Begründung der Pflichtwidrigkeit ausreichen läßt, rückt der BGH folglich in der Sache von dem Ingerenz-Erfordernis eines pflichtwidrigen Vorverhaltens ab[49]. Der BGH reduziert dadurch die Garantenstellung aus Ingerenz auf die bloße Erfolgsverursachung. Die Ermittlung der Pflichtwidrigkeit des Vorverhaltens und damit die Begründung einer Garantenstellung aus Ingerenz durch den BGH ist deshalb abzulehnen.

---

45 *Brammsen*, Garantenpflichten, S. 101 f.; *Freund*, Erfolgsdelikt, S. 60 f.; *Münzberg*, Verhalten und Erfolg, S. 191 ff.; Schönke / Schröder / *Cramer*, § 15, Rz. 125; *Stratenwerth*, in: Festschrift für Welzel, 1974, S. 303.

46 *Brammsen*, Garantenpflichten, S. 426; ders., GA 1993, S. 97, 109.

47 *Beulke / Bachmann*, JuS 1992, S. 737, 739; *Bock*, Produktkriminalität, S. 131; *Fünfsinn*, Der Aufbau des fahrlässigen Verletzungsdeliktes, S. 94; *Kuhlen*, NStZ 1990, S. 566, 568; *Meier*, NJW 1992, S. 3193, 3196; *Neudecker*, Verantwortlichkeit, S. 102; *Weißer*, Täterschaftsprobleme, S. 37.

48 BGHSt 37, S. 106, 119.

49 *Dencker*, in: Festschrift für W. Stree und J. Wessels, 1993, S. 159, 165; *Deutscher / Körner*, wistra 1996, S. 292, 299; *Dreher*, ZGR 1992, S. 22, 47.

Mangels Feststellbarkeit eines pflichtwidrigen Vorverhaltens bliebe für den BGH und die ihm insoweit folgende Literatur zur Begründung einer Garantenstellung aus Ingerenz nur der Ausweg, in den hier zu betrachtenden Situationen ausnahmsweise von dem Erfordernis der Pflichtwidrigkeit abzusehen. Auch die wohl herrschende Meinung läßt Ausnahmen von dem Erfordernis der Pflichtwidrigkeit zu. Neben Fällen des aggressiven Notstandes[50] soll dies vor allem für Konstellationen gelten, in denen jemand in zunächst gerechtfertigter Weise „Dauerzustände" bzw. „Dauergefahren" herbeigeführt hat und der Rechtfertigungsgrund hierfür später wegfällt[51]. Genannt werden hierzu z. B. Fälle, in denen die zunächst rechtmäßige Kündigung des Vermieters aufgrund Eigenbedarfs unwirksam wird, weil dieser später die Wohnung nicht im Rahmen des Eigenbedarfs nutzt[52]. Gleiches soll für die von einer Behörde rechtmäßig erteilte Genehmigung gelten, wenn die diese rechtfertigenden Voraussetzungen später wegfallen und der nunmehr geschaffene Zustand rechtswidrig wird[53]. Ist das richtig, dann dürfte nach dieser Ansicht für den zunächst rechtmäßigen bzw. sozialadäquaten Vertrieb von Produkten, der später durch die erst dann objektiv erkennbare Gefährlichkeit der Produkte rechtswidrig wird, nichts anderes gelten. Auch hier ließe sich hinsichtlich der sich noch im Umlauf befindlichen Produkte von einem Zustand sprechen, der seit dem erstmaligen Vertrieb noch andauert und deshalb noch in den Verantwortungsbereich des Herstellers oder Vertreibers fällt. Sobald die ursprüngliche Rechtfertigung wegfiele, wäre dieser dann zur Abwendung des Gefährdungserfolges verpflichtet. Zwar scheint dieses Ergebnis auf den ersten Blick für eine Garantenstellung aus Ingerenz im Bereich der Produktverantwortung zu sprechen. Bei genauerer Betrachtung ergeben sich jedoch Bedenken. Derjenige, der in gerechtfertigter Weise eine Gefahrenlage für fremde Rechtsgüter herbeigeführt hat, hat stets auch einen Dauerzustand geschaffen[54]. Die Grün-

---

50 *Kühl*, AT, § 18, Rz. 96; *Wessels / Beulke*, AT, Rz. 726.

51 *Baumann / Weber / Mitsch*, AT, § 15, Rz. 69; *Blei*, AT, S. 324; *Kühl*, AT, § 18, Rz. 97 ff.; *Rengier*, JuS 1989, S. 802, 807; Schönke / Schröder / *Stree*, § 13, Rz. 36; *Seier*, NJW 1988, S. 1624; SK / *Rudolphi*, § 13, Rz. 40 a.

52 *Hillenkamp*, JR 1988, S. 301, 303; *Rengier*, JuS 1989, S. 802, 807; *Seier*, NJW 1988, S. 1624.

53 *Horn*, NJW 1981, S. 1, 6; *Meinberg*, NJW 1986, S. 2220, 2224 m.w.N.

54 *Herzberg*, JZ 1986, S. 986, 987.

de, diesen Zustand bestehen zu lassen, werden jedoch regelmäßig früher oder später entfallen. „Dauerzustände" oder „Dauergefahren" stellen deshalb keine Ausnahme sondern vielmehr den Regelfall dar[55]. Soweit demnach die Vertreter des Pflichtwidrigkeitserfordernisses dieser Ausnahme folgen, höhlen sie ihren eigenen Ausgangspunkt aus[56]. Die Zulassung einer Ausnahme vom Pflichtwidrigkeitserfordernis bei „Dauerzuständen" führt damit letztlich zu einem gänzlichen Verzicht auf das einschränkende Kriterium der Pflichtwidrigkeit und damit zur Reduzierung der Ingerenz-Garantenstellung auf die reine Gefahrschaffung. Die Zulassung einer Ausnahme vom Pflichtwidrigkeitserfordernis im Bereich der Produktverantwortung ist deshalb abzulehnen.

Festzustellen ist vielmehr, daß das Kriterium der Pflichtwidrigkeit einen wesentlichen Schwachpunkt der Ingerenzlösung im Bereich der Produktverantwortlichkeit darstellt. Aufgrund des Erfordernisses der Pflichtwidrigkeit wird es nur selten möglich sein, eine Ingerenz-Garantenstellung der Gremiumsmitglieder zu begründen. In der Praxis stellt sich nämlich die Gefahr erst allmählich „in kleinen Schritten" heraus[57]. In der Regel werden deshalb die Geschäftsführer bei Produktions- und Vertriebsbeginn von der Ungefährlichkeit der Produkte ausgegangen sein, da eine schädigende Wirkung zu diesem Zeitpunkt (noch) nicht erkennbar oder diagnostizierbar war. Für den Zeitraum bis zu dem Punkt, an dem die Gefährlichkeit objektiv erkennbar wird, kann den Geschäftsführern folglich kein pflichtwidriges Verhalten vorgeworfen werden. Die Feststellung einer Garantenstellung aus Ingerenz ist insoweit nicht möglich. Dies wäre nur dann der Fall, wenn sich andere Kriterien zur näheren Bestimmung und Eingrenzung der vorangegangenen Gefährdungshandlung fruchtbar machen lassen würden.

---

55 *Herzberg*, a.a.O.; *Neudecker*, Verantwortlichkeit, S. 99.

56 *Neudecker*, a.a.O.

57 *Hassemer*, Produktverantwortung, S. 52.

V. Der Ersatz des Pflichtwidrigkeitskriteriums bei der Garantenstellung aus Ingerenz durch das Kriterium des gesteigert riskanten Verhaltens

Ein anderes Kriterium zur näheren Bestimmung des gefährlichen Vorverhaltens wird in der neueren Lehre vorgeschlagen. Garant aus Ingerenz soll danach derjenige sein, dessen Vorverhalten im Hinblick auf die drohende Rechtsgutsverletzung gegenüber dem alltäglichen, von jedermann vollzogenen Handeln „gesteigert riskant" ist[58]. Ein solches gesteigertes Risiko soll etwa bei der Produktion von gefährlichen Stoffen wie Gift, Explosionsmittel oder strahlendem Material vorliegen[59]. Weitere Indizien für ein entsprechend riskantes Verhalten können nach dieser Ansicht das Vorliegen einer zivilrechtlichen Gefährdungshaftung oder einer zivilrechtlichen Verkehrssicherungspflicht sein[60]. Für die Produktion und das Inverkehrbringen von Produkten bedeutet dies, daß die jeweiligen Hersteller und Vertreiber im Gegensatz zu unbeteiligten Dritten ein Sonderrisiko in Anspruch nehmen und deshalb eine hervorgehobene Verantwortung gegenüber diesen haben[61]. Die Inanspruchnahme eines gegenüber der Allgemeinheit gesteigert riskanten Verhaltens findet nach dieser Ansicht ihren Ausdruck sowohl in der Gefährdungshaftung gemäß § 1 ProdHaftG als auch in der zivilrechtlichen Produktbeobachtungspflicht.

Die Vorteile dieses Begründungsansatzes sind offensichtlich. Die Gefahr der Haftungsausuferung besteht bei einer so verstandenen herstellerspezifischen Ingerenz-Garantenstellung nicht. Auch liefert dieser Ansatz mit dem Anknüpfen an die Inanspruchnahme eines „gesteigert riskanten Vorverhaltens" ein materielles Kriterium,

---

58 AKStGB / *Seelmann*, § 13, Rz.17; *Beulke / Bachmann*, JuS 1992, S. 737, 740; *Bock*, Produktkriminalität, S. 137; *Deutscher / Körner*, wistra 1996, S. 292, 301; *Eidam*, Unternehmen und Strafe, S. 133; *Freund*, Erfolgsdelikt, S. 199 ff., 217 ff.; ders., JuS 1990, S. 213; *Jakobs*, AT, 29 / 42; *Kühl*, AT, § 18, Rz. 103; *Kuhlen*, NStZ 1990, S. 567, 568; *Meier*, NJW 1992, S. 3193, 3196; *Ranft*, JZ 1987, S. 859, 864.

59 *Jakobs*, AT, 29 / 42.

60 *Beulke / Bachmann*, JuS 1992, S. 737, 740; *Jakobs*, a.a.O.

61 *Freund*, Erfolgsdelikt, S. 217 ff. m.w.N.

welches geeignet ist, die spezifische Sonderverantwortung des Täters inhaltlich zu begründen. Selbst wenn die Geschäftsführer im Zeitpunkt des Inverkehrbringens die Gefährlichkeit ihrer Produkte nicht erkennen konnten, sind sie dennoch verpflichtet, die drohende Verletzung von Rechtsgütern, deren Entstehung und Entwicklung sie auf Grund ihres Wissensvorsprungs gegenüber den Verbrauchern besser beurteilen und steuern können, zu verhindern. Dies ist die selbstverständliche Kehrseite der Inanspruchnahme eines Sonderrisikos[62].

Dennoch begegnet auch dieser Ansatz Bedenken. Auch das Kriterium der Inanspruchnahme eines „gesteigert riskanten" Vorverhaltens ermöglicht im Einzelfall keine klare Bestimmung und Eingrenzung der vorangegangenen Handlung. Wann genau ein bestimmtes Vorverhalten die Grenze des allgemein und üblicherweise erlaubten Risikos übersteigt, läßt sich nicht exakt bestimmen[63]. Das Kriterium des „gesteigert riskanten" Vorverhaltens bleibt deshalb letztlich ohne genaue Kontur[64]. Insoweit überzeugt auch der allgemeine Hinweis auf die im Zivilrecht für das Inverkehrbringen von Produkten bestehende Gefährdungshaftung nicht. Richtig ist zwar, daß diese für die Hersteller und Vertreiber von fehlerhaften Publikumsprodukten grundsätzlich eingreift, § 1 I ProdHaftG, und insoweit Indiz für ein erhöhtes Risiko sein kann. Diese Gefährdungshaftung entfällt jedoch gemäß § 1 II Nr. 5 ProdHaftG u. a. bereits dann, wenn die Gefährlichkeit und damit der Fehler des Produktes im Zeitpunkt des Inverkehrbringens objektiv nicht erkennbar war[65]. Selbst wenn dann später - etwa durch die Weiterentwicklung von Wissenschaft und Technik - die Gefährlichkeit der Produkte erkennbar wird, führt dies nicht zu einer Haftung des Herstellers[66]. In den hier zu untersuchenden Fällen fehlt es aber in der Regel gerade an der Erkennbarkeit der Gefährlichkeit der Produkte im Zeitpunkt des

---

62 *Freund*, Erfolgsdelikt, S. 219.

63 *Dreher*, ZGR 1992, S. 22, 47; *Meier*, NJW 1992, S. 3193, 3196; *Neudecker*, Verantwortlichkeit, S. 101; *Weißer*, Täterschaftsprobleme, S. 49 ff. Kritisch ebenfalls *Hassemer*, Produktverantwortung, S. 53 ff.

64 *Weißer*, Täterschaftsprobleme, S. 49.

65 Palandt / *Thomas*, § 1 ProdHaftG, Rz. 21.

66 Palandt / *Thomas*, a.a.O.

Inverkehrbringens. Der allgemeine Hinweis auf eine zivilrechtliche Gefährdungshaftung gemäß § 1 ProdHaftG kann folglich kein „gesteigert riskantes" Verhalten indizieren. Weiterhin weist *Dreher* zutreffend darauf hin, daß die Einstufung der Güterproduktion und des Gütervertriebs als besonders riskante Tätigkeiten allein auf einer bloßen Annahme beruht, nicht jedoch auf einer vergleichenden Parallelwertung zu anderen Handlungen und ihren Folgen bei massenhaftem Auftreten[67]. Lediglich der Hinweis auf die zivilrechtlichen Verkehrssicherungspflichten[68] könnte hier als Indiz für ein „gesteigert riskantes" Verhalten herangezogen werden. Allein ein risikoreiches Verhalten zwingt zu ständiger Wachsamkeit, und zwar unabhängig davon, ob die Gefährlichkeit zu einem früheren Zeitpunkt erkennbar war oder nicht.

Nach den vorstehenden Ausführungen ist demnach zumindest fraglich, ob das Kriterium eines „gesteigert riskanten" Verhaltens im Vergleich zum Kriterium der Pflichtwidrigkeit tatsächlich besser geeignet ist, die vorangegangene Gefährdungshandlung hinreichend sicher zu bestimmen und einzugrenzen. Ergeben sich deshalb bereits aufgrund dieses Befundes Zweifel an der generellen Tauglichkeit der Garantenstellung aus Ingerenz im Bereich der Produktverantwortlichkeit, so stellt sich die Frage, ob und inwieweit noch weitere Gesichtspunkte einer Ableitung der Garantenstellung aus dem Gedanken der Ingerenz entgegenstehen.

---

67 *Dreher*, ZGR 1992, S. 22, 48.

68 Vgl. hierzu etwa *Sack*, BB, 1985, S. 813, 815 ff.; *Foerste*, in: Produkthaftungshandbuch, § 24, Rz. 253 m.w.N.

VI. Die Garantenstellung aus Ingerenz im Hinblick auf personelle Veränderungen innerhalb des Gremiums

Die Entwicklung von produktbedingten Schadensfällen erstreckt sich häufig über einen langen Zeitraum[69]. Zwischen dem Zeitpunkt des erstmaligen Vertriebs und dem Zeitpunkt der Entscheidung über einen Rückruf des Produktes ist deshalb grundsätzlich eine Veränderung der Geschäftsleitung in Betracht zu ziehen. Für die hier vorliegende Untersuchung ist es deshalb erforderlich, die Folgen eines Wechsels innerhalb des Geschäftsleitungsgremiums für die Bestimmung der konkreten Garantenposition zu berücksichtigen. Der BGH führt in diesem Zusammenhang in der Lederspray-Entscheidung aus, daß derjenige, der in den Betrieb eintritt, regelmäßig durch Übernahme der Aufgaben in die Garantenstellung seines Vorgängers einrücke[70]. Die aus fortbestehender Garantenstellung folgende Handlungspflicht des Ausgeschiedenen solle sich hingegen auf das beschränken, was er als nunmehr Betriebsfremder noch zur Schadensabwendung beitragen kann.

Mit diesem allgemeinen Hinweis des BGH läßt sich jedoch die Garantenstellung eines neu in das Geschäftsleitungsgremium aufgenommenen Mitgliedes nicht begründen. Richtig ist zwar, daß das nachfolgende Geschäftsführungsmitglied mit Wirksamkeit seiner Bestellung den Verantwortungsbereich seines Vorgängers übernimmt und in dessen gesellschaftsrechtliche Rechts- und Pflichtenposition einrückt[71]. Dies kann jedoch nicht für die strafrechtliche Garantenposition aus Ingerenz seitens des Vorgängers angenommen werden. Substrat und damit Anknüpfungspunkt einer Garantenstellung aus Ingerenz ist ausschließlich das eigene, konkret-individuelle Verhalten des Verpflichteten. Die sachlichen Voraussetzungen

---

69 In der Holzschutzmittel-Entscheidung traten erste Schadensmeldungen bereits seit den frühen siebziger Jahren auf. Den für eine Unterlassungsverantwortlichkeit maßgebenden Zeitpunkt nahm das Gericht für den 01. 01. 1978 an, *Schulz*, ZUR 1994, S. 26 f.

70 BGHSt 37, S. 106, 120.

71 *Baumbach / Hopt*, HGB, § 114, Rz. 9 ff.; Baumbach / Hueck / *Zöllner*, GmbHG, § 35, Rz. 7 ff.; *Hüffer*, AktG, § 84, Rz. 8 ff.

für eine Garantenposition liegen demnach allein in seiner Person[72]. Der Nachfolger eines Ingerenten kann deshalb nicht selbst Ingerent durch die Handlungen seines Vorgängers werden[73]. Läßt man hingegen bereits die Handlungen eines ausgeschiedenen Geschäftsführers für die Begründung einer Ingerenz-Garantenstellung des nachrückenden Geschäftsführers ausreichen, wird die Garantenstellung aus Ingerenz allein auf das Innehaben der Geschäftsführerposition reduziert[74]. Zu Recht weist *Brammsen* deshalb darauf hin, daß in diesem Fall ein nachfolgender Geschäftsführer auch noch jene bevorstehenden Rechtsgutsbeeinträchtigungen abzuwenden hätte, die allein aus dem vorsätzlich rechtswidrigen Tun seines Vorgängers resultieren[75]. Damit würde er aber praktisch zum Einstandspflichtigen seines eigenverantwortlich deliktisch handelnden Vorgängers werden. Dies entspricht jedoch gerade nicht der sachlichen Rechtfertigung einer Garantenstellung aus Ingerenz. Das Hineinwachsen in eine Ingerenz-Garantenstellung lediglich durch Übernahme der gesellschaftsrechtlichen Pflichtenposition ist mithin nicht möglich[76]. Die Annahme des BGH, daß der nachfolgende Geschäftsführer in die Garantenposition aus Ingerenz seines Vorgängers durch Übernahme von dessen Verantwortungs- und Organisationsbereich hineinwächst, zeigt vielmehr, daß es in der Sache gar nicht um vorangegangenes individuelles Täterverhalten geht. Im Vordergrund steht vielmehr die Überwachung

---

72 *Geisler*, NJW 1982, S. 11, 15; *Otto*, Jura 1991, S. 315.

73 *Brammsen*, GA 1993, S. 97, 111; *Schünemann*, Unternehmenskriminalität, S. 99 ff.; ders., wistra 1986, S. 235, 244; *Tröndle*, in: Gedächtnisschrift für Karlheinz Mayer, 1991, S. 605, 621 f.

74 Für eine entsprechende Bindung der Ingerenz-Garantenstellung an die Geschäftsführerposition offenbar jedoch *Horn*, NJW 1981, S. 1, 6; *Rudolphi*, in: Festschrift für Dünnebier, 1982, S. 561, 578; *Schall*, NJW 1990, S. 1263, 1269; *Weber*, Strafrechtliche Verantwortung von Bürgermeistern und leitenden Beamten im Umweltrecht, 1988, S. 51 f.

75 *Brammsen*, GA 1993, S. 97, 111.

76 *Brammsen*, GA 1993, S. 97, 111; *Ransiek*, ZGR 1992, S. 203, 216.

und Abwehr von Gefahrenquellen, die aus dem Unternehmen als Einheit hervorgehen und deshalb in den Verantwortungsbereich der Gesamtgeschäftsleitung fallen[77]. Im Bereich von mehrköpfigen Entscheidungsgremien ist deshalb die Ableitung der Garantenstellung aus dem Institut der Ingerenz abzulehnen.

VII. Zwischenergebnis

Als erstes Fazit der vorstehenden Ausführungen ergibt sich demnach, daß im Bereich der strafrechtlichen Produktverantwortung der Versuch einer Ableitung von Garantenverhältnissen aus dem Institut der Ingerenz zu unbefriedigenden Ergebnissen führt. Das Kriterium der Pflichtwidrigkeit ist im Bereich der Produktverantwortung zur Eingrenzung des Vorverhaltens unbrauchbar. Allein die kausale Erfolgsverursachung durch den Pflichtigen ist jedoch nicht ausreichend, um eine Ingerenz-Garantenstellung zu begründen. Die hierdurch verursachte Gefahr einer nicht absehbaren Haftungserweiterung führt deshalb bei Teilen der Literatur zu der Forderung nach einer speziellen gesetzlichen Regelung der Produktrückruffrage[78]. Durch den Rückgriff auf die zivilrechtlichen Verkehrssicherungspflichten erscheint das Kriterium des „gesteigert riskanten" Verhaltens zwar geeignet, das Vorverhalten näher zu bestimmen und einzugrenzen. Die Garantenstellung aus Ingerenz versagt jedoch in den Fällen personeller Veränderungen innerhalb des Gremiums. Eine entsprechende Garantenposition läßt sich nämlich nur dann begründen, wenn sie an das konkret-individuelle Vorverhalten des Unterlassenden anknüpft. Eine Übertragung der strafrechtlichen Pflichtenstellung bei innerbetrieblichen personellen Veränderungen läßt sich deshalb mit einer Ingerenz-Garantenstellung nicht vereinbaren. Insgesamt erweist sich deshalb die Begründung einer Garantenposition aus dem Institut der Ingerenz für die Mitglieder mehrköpfiger Entscheidungsremien als unbrauchbar. Scheitert somit die Annahme einer Garantenposition aus Ingerenz maß-

---

77 *Ransiek*, ZGR 1992, S. 203, 216; ders., Unternehmensstrafrecht, S. 40.

78 *Samson*, StV 1991, S. 182, 184; *Schmid*, SchwZStr 105 (1988), S. 156, 167 f.

geblich an dem Erfordernis eines - wie auch immer einzugrenzenden Vorverhaltens -, so bedarf es einer Ableitung der Garantenstellung, die unabhängig von dem Vorliegen einer vorangegangenen Gefährdungshandlung ist. Ob dies möglich ist, gilt es im folgenden zu untersuchen.

VIII. Weitere Lösungsansätze in der Literatur

1. Garantenstellung aus der Herrschaft über den Grund des Erfolges

Schünemann betrachtet die Herrschaft über den Grund des Erfolges als materielles Kriterium zur Begründung einer Garantenposition[79]. Die eine Garantenposition begründende Herrschaft über Sachen setze dabei - ähnlich wie beim Gewahrsamsbegriff in § 242 StGB - einen dem Garanten vorbehaltenen räumlichen Einflußbereich voraus, in dem sich der gefährliche Gegenstand befinde. Maßgebliche Folge dieser gewahrsamsbezogenen Garantenposition sei demnach die Fixierung auf den Zeitpunkt des Herrschaftsverlustes, der mit dem Verlassen des sachlich-räumlichen Herrschaftsbereiches eintrete[80]. Für die Fälle von Warn- und Rückrufaktionen hat dies weitreichende Konsequenzen. Die verantwortlichen Geschäftsführer sind nämlich, soweit sie die im Verkehr erforderliche Sorgfalt bis zum Zeitpunkt des Herrschaftsverlustes über das Produkt eingehalten haben, selbst dann nicht zum nachträglichen Einschreiten verpflichtet, wenn sich später die Gefährlichkeit des vertriebenen Produktes herausstellt[81]. Eine von der ganz herrschenden Meinung[82]

---

79 *Schünemann*, Grund und Grenzen, S. 231 ff.; ders., Unternehmenskriminalität, S. 84 ff.; ders., wistra 1982, S. 41, 44.

80 *Schünemann*, wistra 1982, S. 41, 44.

81 *Schünemann*, a.a.O.

82 BGHSt 37, S. 106, 119; LG Frankfurt a. Main, ZUR 1994, S. 33 ff.; *Bock*, Produktkriminalität, S. 141 ff.; *Frisch*, Tatbestandsmäßiges Verhalten, S. 201 f.; *Goll*, in: Produkthaftungshandbuch, § 45, Rz. 12 ff.; *Meier*, NJW 1992, S. 3193, 3196; *Neudecker*, Verantwortlichkeit, S. 120 ff.; *Ransiek*, ZGR 1992, S. 203, 213 ff.; ders., Unternehmensstrafrecht, S. 33 ff.; *Schmidt-Salzer*, Produkthaftung, Bd. I, Rz. 1.160; *Schumann*, Handlungsunrecht, S. 116 ff.

geforderte Pflicht zur Warnung oder zum Rückruf besteht folglich nicht. Auch eine Kompensation dieses Defizits durch die Ingerenzlösung lehnt *Schünemann* ab, da zum einen die vorangegangene Handlung mangels Kenntnis der Gefährlichkeit in der Regel nicht pflichtwidrig sei und zum anderen das Kriterium der Ingerenz der arbeitsteiligen Organisation in Unternehmen nicht gerecht werden könne[83].

Hinsichtlich der Unbrauchbarkeit der Ingerenzlösung im Bereich der strafrechtlichen Produktverantwortung ist *Schünemann* im Ergebnis zwar zuzustimmen. Die Begrenzung einer Garantenstellung der Mitglieder von leitenden Unternehmensorganen auf die tatsächliche und unmittelbare Sachherrschaft über die sich im Unternehmen befindlichen Produkte ist jedoch abzulehnen[84]. In der zivilrechtlichen Rechtsprechung[85] und Literatur[86] zu der Veranlassung und Durchführung[87] von Warn- und Rückrufaktionen ist zu Recht einhellig anerkannt, daß den Mitgliedern der Geschäftsleitung in der Praxis, gerade auch noch nach dem Verlassen des Betriebsgeländes, eine erhebliche Verfügungsmacht und Einwirkungsmöglichkeit auf die Produkte erhalten bleibt. Dies ergibt sich regelmäßig daraus, daß allein die Unternehmen durch ihre Kenntnisse über das Produkt, die Vertriebsorganisation sowie der Anzahl und Art der Schadensmeldungen in der Lage sind, die Gefährlichkeit, den Schadensumfang sowie die erforderlichen Rettungsmaßnahmen zu taxieren[88]. Von

---

83 *Schünemann*, wistra 1982, S. 41, 45.

84 Der Ansatz von Schünemann ist in der Literatur auf vielfältige Kritik gestoßen. Für die hier vorliegende Untersuchung ist jedoch eine umfassende Diskussion dieser Kritik nicht erforderlich. Verwiesen sei deshalb etwa auf *Brammsen*, Garantenpflichten, S. 69 ff.; *Freund*, Erfolgsdelikt, S. 139 ff.; *Herzberg*, Unterlassung, S. 192 ff.; *Maiwald*, JuS 1981, S. 473, 480 ff. m.w.N.

85 BGH, NJW 1987, S. 1009; BGH, ZIP 1992, S. 458, 459; OLG München, VersR 1992, S. 1135 f.; OLG Frankfurt a. M., DB 1991, S. 14, 15 f.

86 *Löwe*, DAR 1978, S. 288, 293; *Pieper*, BB 1991, S. 985, 987 ff.; *Schwenzer*, JZ 1987, S. 1059 ff.

87 Zu der praktischen Durchführung derselben vgl. etwa „F.A.Z." vom 05. 02. 1993, S. 23; als Mittel in der Autoindustrie vgl. „Handelsblatt" vom 07. 06. 1991, S. 7.

88 BGHSt 37, S. 106, 120; *Beulke / Bachmann*, JuS 1992, S. 737, 740; *Brammsen*, GA 1993, S. 97, 113; *Goll*, in: Produkthaftungshandbuch, § 45, Rz. 13; *Hilgendorf*, Strafrechtliche Produzentenhaftung, S. 144; *Neudecker*, Verantwortlichkeit, S. 109.

einem völligen Verlust der Herrschaft kann demnach nicht gesprochen werden. Vielmehr vermittelt das „Know-how" über den Produktions- und Vertriebsablauf sowie über die Gefährlichkeit der Produkte den Geschäftsführern eine spezifische „Wissens-Sachherrschaft"[89] über die bereits in den Verkehr gelangten Produkte. Warum gerade für die Begründung einer auf dem Herrschaftsgedanken beruhenden Garantenstellung das Kriterium der faktischen Einwirkungsmöglichkeit gänzlich unberücksichtigt bleiben soll, ist hingegen nicht nachvollziehbar[90]. Folgt man *Schünemann*, verbleibt für die hier zu untersuchenden Fälle einer Warn- oder Rückrufaktion lediglich der Rückgriff auf § 323 c StGB[91]. Der alleinige Rekurs auf eine gewahrsamsgleiche Herrschaft über die Produkte entspricht jedoch weder der tatsächlichen Beherrschung der Produkte durch die den Geschäftsführern realiter gegebenen Einflußmöglichkeiten noch ihrer umfassenden Verantwortung für deren Ungefährlichkeit. Dem Ansatz *Schünemanns* kann deshalb nicht gefolgt werden.

2. Die Garantenstellung aus der zivilrechtlichen Produktbeobachtungspflicht

a) Die Garantenstellung aus den zivilrechtlichen Verkehrssicherungspflichten in Rechtsprechung und Literatur

Die Herleitung einer Garantenposition aus den im Rahmen des § 823 I BGB entwickelten zivilrechtlichen Verkehrssicherungspflichten ist in der Rechtsprechung[92]

---

89 *Bottke / Mayer*, ZfBR 1991, S. 233, 238; ebenso *Beulke / Bachmann*, JuS 1992, S. 737, 740; *Neudecker*, Verantwortlichkeit, S. 107; *Weißer*, Täterschaftsprobleme, S. 59 f.

90 *Hilgendorf*, Strafrechtliche Produzentenhaftung, S. 144.

91 *Weißer*, Täterschaftsprobleme, S. 59.

92 BGHSt 19, S. 286, 288; BGH, NJW 1975, S. 108, 109; NJW 1988, S. 2267; OLG Karlsruhe, NJW 1977, S. 1930, 1931; OLG Stuttgart, NJW 1984, S. 2897; LG Mainz, abgedruckt in: Schmidt-Salzer, ES, Nr. IV. 3.22. Weitere Nachweise bei AKStGB / *Seelmann*, § 13, Rz. 22 ff.

und Literatur[93] grundsätzlich anerkannt, zumal das Zivilrecht diese Rechtsfigur ursprünglich aus dem Strafrecht übernommen hat[94]. Die Grundlage einer entsprechenden Verantwortlichkeit liegt darin, daß Außenstehende auf Gefahrenquellen in fremden Herrschafts- und Verantwortungsbereichen nicht einwirken dürfen und können. Infolgedessen müssen sie sich darauf verlassen, daß der jeweilige Inhaber der Verfügungsgewalt innerhalb seines Herrschafts- und Verantwortungsbereiches die daraus herrührenden Gefahrenquellen absichert[95]. Überwiegend wird jedoch der abzusichernde Herrschaftsbereich auf die räumliche Nähe zu einer Sache[96] begrenzt oder doch zumindest anlagenbezogen[97] verstanden. Aufgrund der sich dadurch ergebenden Nähe zu der Garantenstellung aus Sachherrschaft[98] wird deshalb die Garantenstellung aus einer zivilrechtlichen Verkehrssicherungspflicht häufig nicht deutlich genug von jener unterschieden[99].

---

93 AKStGB / *Seelmann*, § 13, Rz. 45; Arzt, JA 1980, S. 647, 648, 652; *Brinkmann*, in: Brendel, Produkthaftung, Bd. 3, S. 72; *Hassemer*, JuS 1991, S. 253, 254; *Hilgendorf*, Strafrechtliche Produzentenhaftung, S. 140 ff.; *Hettich*, Produkthaftung, S. 181 f.; *Jakobs*, AT, 29 / 42; *Jescheck / Weigend*, AT, § 59 IV 4; *Kuhlen*, NStZ 1990, S. 566, 567; *Pfleiderer*, Die Garantenstellung aus vorangegangenem Tun, S. 133; *Salje*, BB 1993, S. 2297, 2299; *Schmidhäuser*, AT, 16 / 59; *Wessels / Beulke*, AT, Rz. 723.

94 *v. Bar*, Verkehrspflichten, S. 11 ff.

95 *Wessels / Beulke*, AT, Rz. 723 m.w.N.

96 BGHSt 19, S. 286, 288 (Garantenstellung durch Kontrollpflichten der Bauleitung bei einem Hausbau); BGH, NJW 1975, S. 108, 109; BGH, NJW 1982, S. 1235 f.; OLG Bremen, NJW 1957, S. 72 (Überwachungsgarantenstellung des Tierhalters); BayOblG, VRS 60, S. 180 (Garantenstellung kraft Sachherrschaft über quergestellten Lastzug); Deutscher / Körner, wistra 1996, S. 292, 300; *Jescheck / Weigend*, § 59 IV 4 b); *Landscheidt*, Garantenpflichten, S. 83 ff.; SK / *Rudolphi*, § 13, Rz. 27 ff. m.w.N.

97 BGH, NJW 1971, S. 10, 13 (Absicherung einer Skipiste); BGH, MDR 1978, S. 504 f. (Brückenbau); OLG Stuttgart, VersR 1961, S. 1026 (Sicherung einer Sprungturmanlage); AKStGB / *Seelmann*, § 13, Rz. 20 ff.; *Brammsen*, Garantenpflichten, S. 259 f.

98 *Schumann*, Handlungsunrecht, S. 118, Fn. 195.

99 Nicht hinreichend trennen die Garantenstellungen z. B. *Jakobs*, AT, 29 / 42; *Kühl*, AT, § 18, Rz. 120; *Salje*, BB 1993, S. 2297, 2299; *Schmitz*, NJW 1993, S. 1167 f.; *Schünemann*, ZStW 96 (1984), S. 287, 309; *Wessels / Beulke*, AT, Rz. 723.

Allgemein bezeichnet die zivilrechtliche Verkehrssicherungspflicht die Pflicht, alle möglichen und zumutbaren Maßnahmen und Vorkehrungen zur Abwendung von Gefahren zu treffen, die Dritten durch die Eröffnung eines Verkehrs auf einem Grundstück, aus der Teilnahme am Verkehr oder aus der anderweitigen Schaffung einer Gefahrenquelle drohen[100]. Eine Vielzahl von Verkehrssicherungspflichten ist deshalb seit langem als fester Bestandteil der zivilrechtlichen Deliktshaftung anerkannt[101]. Die Grundlage für die Statuierung von Verkehrssicherungspflichten ergibt sich dabei aus dem Schutz berechtigten Vertrauens, aus der Berücksichtigung des Gefahrerhöhungs-, des Gefahrbeherrschungs- sowie des Interessenprinzips[102]. In dem Bereich der Produktverantwortlichkeit hat die Entwicklung von Verkehrssicherungspflichten dazu geführt, daß den Hersteller von Produkten eine Fülle unterschiedlicher Pflichten trifft. Dies sind zunächst Organisations-[103], Kontroll-[104] und Instruktionspflichten[105] im Hinblick auf die Produktion und das Inverkehrbringen der Produkte[106]. Die Verkehrssicherungspflicht des Produzenten endet jedoch nicht mit dem Inverkehrbringen des Produkts, sondern sie setzt sich als Pflicht zur Beobachtung desselben fort[107]. Der Hersteller muß deshalb systematisch die Bewährung seiner Produkte in der Praxis überprüfen und Anhaltspunkten für Gefahrenquellen

---

100 *v. Bar*, JuS 1988, S. 169; ders., Verkehrspflichten, S. 43 ff.; Palandt / *Thomas*, § 823, Rz. 58 m.w.N.

101 Münchener Kommentar / *Mertens*, § 823, Rz. 182 ff.; Palandt / *Thomas*, § 823, Rz. 64-139

102 *v. Bar*, JuS 1988, S. 169, 170; ders., Verkehrspflichten, S. 112 ff.; *Fahrenhorst*, JuS 1994, S. 288, 291; *Horn*, JuS 1995, S. 377, 379 f.; *Kunz*, BB 1994, S. 450, 451.

103 BGH, VersR 1989, S. 375.

104 BGH, MDR 1995, S. 1124 f.

105 *v. Westphalen*, ZIP 1992, S. 18, 19 ff. m.w.N.

106 BGHZ 104, S. 323; BGH, NJW 1987, S. 1009; *Fahrenhorst*, JuS 1994, S. 288 ff.; *Foerste*, in: Produkthaftungshandbuch, Bd. I, § 25, Rz. 170 ff.; *Fuchs*, JZ 1993, S. 533 ff.; Palandt / *Thomas*, § 823, Rz. 201 ff.

107 BGH, BB 1981, S. 1048, 1049; *Kunz*, BB 1994, S. 450, 451; *Schwenzer*, JZ 1987, S. 1059; *Ulmer*, ZHR 152 (1988), S. 564, 571.

eigenverantwortlich nachgehen, um Gefahren zu erkennen[108]. Dabei ist er gehalten, laufend den Fortgang der Entwicklung von Wissenschaft und Technik auf dem einschlägigen Gebiet zu verfolgen[109]. Wenn und soweit der Produzent erkennt, daß seine fehlerhaften Produkte geeignet sind, Leib, Leben, Gesundheit oder Eigentum Dritter zu gefährden, verdichtet sich die Produktbeobachtungspflicht zu einer Warn- oder Rückrufpflicht im Hinblick auf die entsprechenden Produkte[110]. Im Bereich der strafrechtlichen Produktverantwortlichkeit hatte deshalb bereits das LG Mainz als Vorinstanz im Lederspray-Verfahren eine Garantenstellung der Geschäftsführer aus den zivilrechtlichen Verkehrssicherungspflichten des Herstellers und hier insbesondere aus der zivilrechtlichen Produktbeobachtungspflicht abgeleitet[111]. Diesem Ansatz sind Teile der Literatur[112] gefolgt.

b) Die Bedenken gegen die Ableitung einer Garantenstellung aus den zivilrechtlichen Verkehrssicherungspflichten

Gegen eine Ableitung der Garantenstellung aus den zivilrechtlichen Verkehrssicherungspflichten werden jedoch etliche Einwände erhoben. Ein gewichtiges Argu-

---

108 BGH, NJW 1981, S. 1603 f.; BGH, NJW 1981, S. 2250, 2251; *Fahrenhorst*, JuS 1994, S. 288, 290; *Foerste*, in: Produkthaftungshandbuch, Bd. I, § 24, Rz. 253; *Kassebohm / Malorny*, BB 1994, S. 1364, 1366; *Sack*, BB 1985, S. 813; *Schwenzer*, JZ 1987, S. 1059; *v. Westphalen*, ZIP 1992, S. 18, 22.

109 BGH, NJW 1981, S. 1606, 1607 f.

110 *v. Bar*, Verkehrspflichten, S. 52; *Löwe*, DAR 1978, S. 288 ff.; *Kunz*, BB 1994, S. 450, 451; *Pieper*, BB 1991, S. 985, 987 ff.; Palandt / *Thomas*, § 823, Rz. 209; *v. Westphalen*, ZIP 1992, S. 532, 534.

111 LG Mainz, abgedruckt in: Schmidt-Salzer, ES, Nr. IV. 3.22 (S. 28, 31).

112 *Eidam*, Unternehmen und Strafe, S. 305; *Goll*, in: Produkthaftungshandbuch, § 45, Rz. 14; *Hilgendorf*, Strafrechtliche Produzentenhaftung, S. 141; *Hirte*, JZ 1992, S. 257; *Kassebohm / Malorny*, BB 1994, S. 1361, 1365; *Schünemann*, Grund und Grenzen, S. 283, 285, 287, 314 ff. Im Ergebnis ähnlich *Ransiek*, ZGR 1992, S. 202, 216, mit dem Hinweis auf die Verantwortlichkeit der Geschäftsleitung auf Grund ihrer Aufsichts-, Kontroll- und Organisationspflichten im Hinblick auf die Unternehmenstätigkeit. Teilweise zustimmend auch *Hassemer*, JuS 1991, S. 253, 254; *Kuhlen*, NStZ 1990, S. 566, 567. *Weißer*, Täterschaftsprobleme, S. 62 f., will den zivilrechtlichen Verkehrssicherungspflichten lediglich eine Indizwirkung für eine Garantenstellung zugestehen.

ment in diesem Zusammenhang ist der Hinweis darauf, daß die zivilrechtlichen Verkehrssicherungspflichten inzwischen durch die Fortentwicklung der Rechtsprechung unüberschaubar geworden sind und sich dadurch von allgemeinen Verkehrssicherungspflichten zu sogenannten Verkehrspflichten entwickelt haben[113]. Dadurch sei im Zivilrecht das legislatorische Konzept der deliktischen Haftung gemäß § 823 I BGB verdrängt und die Grenze zu einer Gefährdungshaftung verwischt worden[114]. Eine entsprechende Begründung der Garantenstellung lasse sich deshalb nicht mit dem an der individuellen Handlungsverantwortung orientierten Strafrecht vereinbaren[115].

Weiterhin wird vorgebracht, daß die Entwicklung der zivilrechtlichen Verkehrssicherungspflichten häufig von strafrechtsfremden Erwägungen, etwa der Versicherbarkeit eines Risikos, der Bereitstellung eines zahlungskräftigen Gegners und der Abwälzbarkeit des Risikos vom Hersteller auf den Verbraucher mittels einer Preiskalkulation getragen sei[116]. Die zivilrechtlichen Verkehrssicherungspflichten dienten deshalb primär dem Schadensausgleich, was jedoch mit der strafrechtlichen Bestimmung von Verhaltensnormen nicht vereinbar sei[117]. Auch der BGH äußert sich in der Lederspray-Entscheidung in dieser Hinsicht zur Frage der Orientierung an den zivilrechtlichen Verkehrssicherungspflichten. Zwar spreche manches dafür, daß dieselben Pflichten, die für die zivilrechtliche Produkthaftung maßgebend seien, auch die Grundlage strafrechtlicher Verantwortlichkeit bilden, zumal die Verpflichtung zum Ersatz produktfehlerbedingter Schäden als ein Fall deliktischer Haftung (§ 823 ff. BGB) begriffen werde[118]. Dennoch scheint dem BGH eine

---

113 *v. Bar*, Verkehrspflichten, S. 51 ff., 318 f.; ders., JuS 1988, S. 169 ff.

114 *Beulke / Bachmann*, JuS 1992, S. 737, 740; *Frisch*, Tatbestandsmäßiges Verhalten, S. 211, Fn. 214; *Neudecker*, Verantwortlichkeit, S. 114.

115 *Seelmann*, GA 1989, S. 241, 246.

116 *Neudecker*, Verantwortlichkeit, S. 118.

117 *Heine*, Verantwortlichkeit von Unternehmen, S. 114; *Neudecker*, Verantwortlichkeit, S.118; Schönke / Schröder / *Cramer*, § 15, Rz. 223; *Schumann*, Handlungsunrecht, S. 117; *Seelmann*, GA 1989, S. 241, 246 f.; *Vogel*, GA 1990, S. 241, 258.

118 BGHSt 37, S. 106, 115.

restriktive Handhabung der Ableitung einer Garantenstellung aus den zivilrechtlichen Verkehrssicherungspflichten geboten, da der Senat gleichfalls feststellt, daß die schadensersatzorientierten Haftungsprinzipien nicht „unbesehen“[119] zur Bestimmung strafrechtlicher Verantwortlichkeit benutzt werden dürften.

Weitere Bedenken ergeben sich nach Auffassung von *Neudecker* aus der praktischen Bestimmung der Verkehrssicherungspflichten. Zwar bestehe Konsens darüber, daß die Rückrufverpflichtung des Herstellers eine mögliche Rechtsfolge sei. Es sei jedoch nicht hinreichend geklärt, unter welchen Voraussetzungen, etwa ab welcher Anzahl bekannt gewordener Schadensfälle, ein Hersteller sein Produkt zurückzurufen habe. Die jeweilige Verkehrssicherungspflicht werde vielmehr im Einzelfall im Rahmen einer Interessenabwägung begründet[120]. Doch auch wenn man die Identität der deliktischen und strafrechtlichen Pflichten annehme, ließe sich daraus noch keine Garantenstellung ableiten. Zum einen würden die Verkehrssicherungspflichten zwar die Zuständigkeit des Herstellers für den eingetretenen Erfolg voraussetzen. Einen Beweis dafür lieferten sie hingegen nicht[121]. Zum anderen folge aus der bloßen Existenz von Verkehrssicherungspflichten noch nicht zwingend, daß ein Verstoß gegen diese Pflichten das Unterlassen „begehungsgleich“ mit dem positiven Tun werden lasse. Allein aus der Mißachtung von Rechtspflichten könne nämlich noch nicht auf die Strafbarkeit wegen unechten Unterlassens geschlossen werden[122].

Einen weiteren Einwand erhebt *Bock*. Aus dem Analogieverbot im Strafrecht ergebe sich, daß bei der Norminterpretation des § 13 StGB außerstrafrechtliche Kriterien nur ergänzend herangezogen werden könnten[123]. Soweit dies aber geschehe,

---

119 BGHSt 37, S. 106, 115. Ebenso *Beulke / Bachmann*, JuS 1992, S. 737, 740; Schönke / Schröder / *Cramer*, § 15, Rz. 223; *Seelmann*, GA 1989, S. 241, 250 ff.

120 *Neudecker*, Verantwortlichkeit, S. 115 ff.

121 *Neudecker*, Verantwortlichkeit, S. 119. Ebenso *Frisch*, Tatbestandsmäßiges Verhalten, S. 202, Fn. 176.

122 *Neudecker*, Verantwortlichkeit, S. 119 f.

123 *Bock*, Produktkriminalität, S. 118

müßten diese mit strafrechtlichen Grundsätzen harmonieren. Es sei deshalb zu berücksichtigen, daß als Grundvoraussetzung einer Garantenstellung ein bestimmtes gefährliches Vorverhalten des Unterlassenden angesehen werde[124]. Erst dies rechtfertige das Vertrauen des Opfers auf eine erfolgsabwendende Handlung seitens des Unterlassenden. Im Zivilrecht bestünde jedoch keine Notwendigkeit, an ein gefährliches Vorverhalten einer bestimmten Person anzuknüpfen. Für die Haftung genüge es vielmehr festzustellen, daß an irgendeiner Stelle des Betriebes Verkehrssicherungspflichten verletzt wurden und dies zur Schädigung der Verbraucher geführt hat. Die zivilrechtlichen Verkehrssicherungspflichten würden somit spezifisch strafrechtlichen Kriterien zur Begründung einer Garantenstellung nicht gerecht. Die Ableitung einer Garantenstellung aus den zivilrechtlichen Verkehrssicherungspflichten verstoße deshalb gegen das Analogieverbot[125].

c) Stellungnahme

Führt man sich die Defizite einer Ingerenz-Garantenstellung im Bereich der Produktverantwortlichkeit vor Augen, so liegt es nahe, die Garantenstellung der Gremiumsmitglieder aus den zivilrechtlichen Verkehrssicherungspflichten abzuleiten. Die Vorteile einer entsprechenden Vorgehensweise sind offensichtlich. Das Problem, die Pflichtwidrigkeit oder das „gesteigerte" Risiko des Vorverhaltens hinreichend sicher zu bestimmen und einzugrenzen, wenn im Zeitpunkt des Inverkehrbringens die Gefährlichkeit der Produkte nicht erkennbar war, stellt sich nicht. Auch lassen sich mit einer entsprechenden Garantenposition personelle Veränderungen innerhalb des Geschäftsleitungsgremiums angemessen berücksichtigen. Soweit nämlich die Garantenstellung aus der Verantwortlichkeit für bestimmte Gefahrenquellen abgeleitet wird, kann diese übertragen werden, weil das nachfolgende Geschäftsleitungsmitglied den ihm nunmehr obliegenden Verantwortungsbereich seines Vorgängers übernimmt[126]. Aber auch der Hinweis auf die grundsätzlichen

---

124 *Bock*, Produktkriminalität, S. 123.

125 *Bock*, Produktkriminalität, S. 124.

126 *Brammsen*, GA 1993, S. 97, 111 ff.

dogmatischen Unterschiede zwischen dem Zivil- und dem Strafrecht trifft zu. Auf den ersten Blick scheinen deshalb die gegen eine Garantenstellung aus den zivilrechtlichen Verkehrssicherungspflichten erhobenen Einwände zu überzeugen. Bei genauerer Betrachtung greifen sie jedoch nicht durch.

Richtig ist zwar, daß die Entwicklung der allgemeinen Verkehrssicherungspflichten im Zivilrecht grundsätzlich zu einer Annäherung an eine Gefährdungshaftung geführt hat. Die damit verbundene Reduzierung der Haftung auf eine verschuldensunabhängige Einstandspflicht[127] bei kausal verursachten Rechtsgutsverletzungen ist mit dem strafrechtlichen Prinzip der individuellen Vorwerfbarkeit nicht vereinbar[128]. Die daraus gezogene Schlußfolgerung, daß die Ableitung einer Garantenstellung aus den zivilrechtlichen Verkehrssicherungspflichten gänzlich auszuschließen oder allenfalls nur in einem räumlich begrenzten Herrschaftsbereich zulässig ist, vermag aber nicht zu überzeugen. Diese Überlegung greift bereits deshalb nicht, weil der Gefahr der Übertragung von Elementen einer Gefährdungshaftung in das an der individuellen Handlungsverantwortung orientierte Strafrechtssystem dadurch begegnet wird, daß die äußerste Grenze einer entsprechenden Garantenposition die individuelle, tatsächliche oder faktische Einwirkungsmöglichkeit des Verpflichteten auf die Sache ist. Unter dieser Voraussetzung besteht die Gefahr der Ausuferung der Haftung durch Übernahme von „Gefährdungshaftungselementen" gerade nicht. Weiterhin ist hier zu bedenken, daß die zivilrechtliche Annäherung an eine Gefährdungshaftung maßgeblich durch die Einführung der Beweislastumkehr bedingt ist[129]. Im Strafrecht ist hingegen wegen des „in dubio pro reo"- Grundsatzes ein Vollbeweis der materiellen Strafbarkeitsvoraussetzungen notwendig[130].

---

127 Palandt / *Thomas*, vor § 1 ProdHaftG, Rz. 1 ff. m.w.N.

128 *Freund*, Erfolgsdelikt, S. 216; *Seelmann*, GA 1989, S. 241, 250 ff.

129 *v. Bar*, Verkehrspflichten, S. 104 f.; *Kuhlen*, Produkthaftung, S. 92, der allerdings dennoch die Gefahr einer Übernahme von Elementen einer Gefährdungshaftung sieht. Zur Entwicklung der Beweislastumkehr im Bereich der zivilrechtlichen Produkthaftung: *Baumgärtel*, JA 1984, S. 660 ff.; *Brüggemeier*, ZHR 152 (1988), S. 511, 519 ff.

130 *Firgau*, in: HWiStR, S. 1; *Schmidt-Salzer*, NJW 1994, S. 1305, 1310.

Eine Beweislastumkehr ist mithin unzulässig[131]. Fällt jedoch das haftungsverschärfende prozeßrechtliche Kriterium der Beweislastumkehr weg, ist die Gefahr der Übernahme von Elementen einer Gefährdungshaftung in das Strafrecht wesentlich geringer, als es zunächst den Anschein hat. Dies gilt um so mehr, wenn man darüber hinaus berücksichtigt, daß die Ableitung einer Garantenstellung aus den Verkehrssicherungspflichten nicht bereits über die Strafbarkeit des Betreffenden entscheidet, sondern zunächst nur Anknüpfungspunkt ist, um überhaupt zu einer Strafbarkeitsprüfung zu gelangen. Das Strafrecht wird vielmehr auf eigenständigen Wertungsebenen, wie der individuellen Garantenpflicht, der Rechtswidrigkeit und insbesondere der Schuld, dem Prinzip der individuellen Handlungsverantwortung und Vorwerfbarkeit gerecht[132]. Dem an der individuellen Handlungsverantwortung orientierten Strafrecht steht es demnach grundsätzlich nicht entgegen, wenn auf der objektiven Ebene der Garantenstellung zivilrechtliche Kriterien herangezogen werden, um eine entsprechende Garantenposition zu begründen.

Auch der Hinweis auf die Schadensersatzorientierung des Zivilrechts spricht nur bedingt gegen eine Ableitung der Garantenstellung aus den Verkehrssicherungspflichten. Richtig ist zwar, daß die Entwicklung und Ausweitung der allgemeinen Verkehrssicherungspflichten zu Verkehrspflichten u. a. dazu dient, eine angemessene und praktikable Verteilung von wirtschaftlichen Risiken zu gewährleisten. Dieser Zielsetzung einer angemessenen Verteilung des Produktrisikos steht das an der individuellen Schuld orientierte Strafrecht grundsätzlich entgegen[133]. Unter diesem Gesichtspunkt ist deshalb ein Heranziehen der Verkehrssicherungspflichten sicherlich nicht möglich. Doch auch dieser Befund führt nicht zwingend dazu, gänzlich von einem Heranziehen der Verkehrssicherungspflichten zur Begründung einer Garantenstellung abzusehen. Neben dem Aspekt der wirtschaftlich angemessenen Verteilung des Produktrisikos bleibt der inhaltliche Kern der Verkehrssicherungspflichten, der Schutz vor Rechtsgutsverletzungen durch die Festlegung von

---

131 *Bottke / Mayer*, ZfBR 1991, S. 233, 234; *Eidam*, Unternehmen und Strafe, S. 299.

132 Ähnlich *Hilgendorf*, Strafrechtliche Produzentenhaftung, S. 151 f., 161 f., zur Bestimmung der objektiven Sorgfaltspflicht.

133 *Schumann*, Handlungsunrecht, S. 117 f.; *Seelmann*, GA 1989, S. 241, 246 f.; Vogel, GA 1990, S. 241, 258.

sozialen Standards[134], weiter bestehen[135]. Sofern die in Betracht zu nehmenden Verkehrssicherungspflichten also nicht ausschließlich oder überwiegend auf den Schadensausgleich abzielen, sondern vielmehr vorwiegend dem Rechtsgüterschutz durch die Abwägung von Gütererhaltungsinteressen einerseits und Freiheitsentfaltungsinteressen andererseits dienen, können sie auch als Grundlage strafrechtlicher Haftung herangezogen werden[136]. Gerade dies ist jedoch bei der Produktbeobachtungspflicht der Fall. Die fortdauernde (zivilrechtliche) Verantwortung des Herstellers für die bereits in den Verkehr gelangten Produkte, die sich im Gefährdungsfall zu Warn- und Rückrufpflichten verdichtet, dient primär der Abwehr von drohenden Rechtsgüterverletzungen durch die gefährlichen Produkte[137]. Insoweit ist die Zweckbestimmung der Produktbeobachtungspflicht des Warenherstellers letztlich nicht anders einzuordnen als etwa die Verkehrssicherungspflicht des Hauseigentümers, Passanten vor herabfallenden Dachziegeln zu schützen, oder als die Verkehrssicherungspflicht des Anlagenbesitzers, Vorkehrungen zur Abwendung von Gefahren zu treffen, die Dritten durch den Betrieb dieser Anlage drohen. Sinn und Zweck dieser Verkehrssicherungspflichten liegen vielmehr in beiden Fällen in der Überwachung von Gefahrenquellen, die in den Verantwortungsbereich des Betreffenden fallen. Sowohl die Produktbeobachtungspflicht als auch die Verkehrssicherungspflicht des Hauseigentümers bzw. des Anlagenbesitzers dienen dazu, potentiell Betroffenen die notwendige Gefahrenvorsorge in einem bestimmten Umfang abzunehmen. Erst dadurch wird diesen ein berechtigtes Vertrauen ermöglicht und beiden „Parteien“ ein größerer Freiheitsentfaltungsspielraum geschaffen[138]. Da sowohl der Anlagenbesitzer als auch der Produzent von dem berechtigten Vertrauen der Betroffenen profitieren, stellen in beiden Fällen die jeweiligen Verkehrssicherungspflich-

---

134 Kritisch zu der Übernahme von sozialen Standards, *Seelmann*, GA 1989, S. 241, 247 ff.

135 *v. Bar*, JuS 1988, S. 169, 170.

136 *Freund*, Erfolgsdelikt, S. 168, 216 ff.; ähnlich *Frisch*, Tatbestandsmäßiges Verhalten, S. 203.

137 *Kunz*, BB 1994, S. 450 f.; *Schwenzer*, JZ 1987, S. 1059 f.

138 *Freund*, Erfolgsdelikt, S. 219.

ten die notwendige Kehrseite der eigenen Ausübung von Freiheit dar[139]. Zu Recht weist deshalb auch *Goll* darauf hin, daß durch die von der Rechtsprechung im Rahmen der zivilrechtlichen Produktbeobachtungspflicht entwickelten Grundsätze dem Hersteller so umfangreiche Sicherungsmaßnahmen zur Gefahrenabwendung obliegen, daß die jeden Hersteller uneingeschränkt treffende zivilrechtliche Produktbeobachtungspflicht nichts anderes sei als die Ausprägung einer Garantenpflicht für die mit dem Inverkehrbringen seines Produktes möglicherweise eröffneten Gefahrenquellen[140].

In der Sache wird diese differenzierende (strafrechtliche) Betrachtung der zivilrechtlichen Verkehrssicherungspflichten dadurch bestätigt, daß in der Rechtsprechung und herrschenden Meinung in der Literatur die zivilrechtlichen Verkehrssicherungspflichten selbstverständlich und in weitem Umfang zur näheren Bestimmung von objektiven Tatbestandselementen herangezogen werden[141]. Dies gilt zum einen für den Fahrlässigkeitsbereich bei der Ermittlung der objektiven Sorgfaltspflichtverletzung[142]. Zum anderen geschieht dies zur näheren Bestimmung der vorangegangenen Gefährdungshandlung im Rahmen der Ingerenz-Garantenstellung[143] sowie zur selbständigen Begründung einer Garantenstellung in einem räumlich abgegrenzten Herrschaftsbereich[144]. Warum jedoch die Begründung einer Garantenstellung aus den zivilrechtlichen Verkehrssicherungspflichten allein auf einen räumlich abge-

---

139 *Freund*, Erfolgsdelikt, S. 219; *Hilgendorf*, Strafrechtliche Produzentenhaftung, S. 141.

140 *Goll*, in: Produkthaftungshandbuch, § 45, Rz. 14.

141 BGH, NJW 1975, S. 108, 109; NJW 1982, S. 1235; OLG Karlsruhe, NJW 1977, S. 1930, 1931; OLG Stuttgart, NJW 1984, S. 2897; LG Mainz, abgedruckt in: Schmidt-Salzer, ES, Nr. IV. 3.22.; AKStGB / *Seelmann*, § 13, Rz. 45 ff.; *Brinkmann*, in: Brendl, Produkthaftung, Bd. 3, S. 72; *Freund*, Erfolgsdelikt, S. 166, 216 ff.; *Frisch*, Tatbestandsmäßiges Verhalten, S. 203 ff.; *Hilgendorf*, Strafrechtliche Produzentenhaftung, S. 141.

142 OLG Karlsruhe, NJW 1981, S. 1054; *Goll*, in: Produkthaftungshandbuch, § 45, Rz. 36 ff.; *Hilgendorf*, Strafrechtliche Produzentenhaftung, S. 147 ff.; *Schmidt-Salzer*, Produkthaftung, Bd. I, Rz. 1.365 ff.; *Scholl*, NJW 1981, S. 2737.

143 *Jakobs*, AT, 29 / 42; *Beulke / Bachmann*, JuS 1992, S. 737, 740.

144 *Jescheck / Weigend*, AT, § 59 IV 4 b) m.w.N.

grenzten Herrschaftsbereich beschränkt bleiben soll, ist angesichts der faktischen Einwirkungs- und Beherrschungsmöglichkeiten der Herstellerunternehmen auf die bereits vertriebenen Produkte nicht nachvollziehbar. Diesen verbleiben gerade auch noch nach dem Vertrieb aufgrund ihres Wissens über die Produkte, der Kenntnis über deren Verbreitung mittels der benutzten Vertriebswege sowie über deren mögliches Gefährdungspotential erhebliche Einwirkungsmöglichkeiten auf die Produkte[145]. Durch diese kontinuierliche „Nähe“ zu den bereits vertriebenen Produkten sind die Herstellerunternehmen deshalb regelmäßig in der aussichtsreichsten Position, um eine Warn- oder Rückrufaktion durchzuführen[146]. Soweit die in Betracht zu nehmenden Verkehrssicherungspflichten geeignet sind, einen angemessenen Ausgleich zwischen Gütererhaltungsinteressen und Freiheitsentfaltungsinteressen vorzunehmen, sind sie deshalb - gerade auch unter Berücksichtigung des Herrschaftsgedankens - nicht nur in einem räumlich abgegrenzten, sondern darüber hinaus auch in einem faktischen Herrschaftsbereich zur Begründung einer Garantenposition heranzuziehen.

Aus den vorstehenden Ausführungen wird somit deutlich, daß die Heranziehung der zivilrechtlichen Produktbeobachtungspflicht zur Begründung einer Garantenstellung lediglich die Fortführung der seit langem in der Rechtsprechung und Literatur anerkannten Entwicklung ist, Verkehrssicherungspflichten auch zur näheren Bestimmung objektiver Tatbestandsmerkmale im Strafrecht heranzuziehen. Dem BGH ist deshalb zwar darin zuzustimmen, daß die Übernahme der zivilrechtlichen Verkehrssicherungspflichten nicht „unbesehen“ geschehen kann. Der allgemeine Hinweis des BGH und der ihm insoweit folgenden Literatur auf die Schadensersatzorientiertheit des Zivilrechts greift jedoch zu kurz und vermag deshalb nicht zu überzeugen.

Es stellt sich deshalb weiterhin die Frage, ob und inwieweit die von *Neudecker* vorgebrachten Einwände einer aus der zivilrechtlichen Produktbeobachtungspflicht abgeleiten Garantenstellung entgegenstehen. *Neudecker* führt zunächst an, daß

---

145 *Ransiek*, Unternehmensstrafrecht, S. 39 m.w.N.

146 *Bottke / Mayer*, ZfBR 1991, S. 233, 238; *Hilgendorf*, Strafrechtliche Produzentenhaftung, S. 144.

nicht hinreichend geklärt sei, unter welchen Voraussetzungen, etwa ab welcher Anzahl bekannt gewordener Schadensfälle, ein Hersteller sein Produkt zurückzurufen habe. Die Verkehrssicherungspflicht werde vielmehr im Einzelfall durch eine reine Interessenabwägung begründet[147]. Dieser Einwand greift aber in mehrfacher Hinsicht nicht durch. Zuzustimmen ist *Neudecker* zwar zunächst im Hinblick auf die Bestimmung der Verkehrssicherungspflichten. Diese finden ihre Grundlage im Schutz berechtigter Vertrauenserwartungen sowie in der Berücksichtigung des Gefahrerhöhungs-, des Gefahrbeherrschungs- und des Interessenprinzips. Die Verkehrssicherungspflichten sind damit regelmäßig das Ergebnis einer Interessenabwägung[148]. Dies gilt jedoch grundsätzlich auch für die Begründung der konkreten Sonderverantwortlichkeit im Bereich von Überwachungsgarantenpositionen. Auch hier findet eine Interessenabwägung zwischen Freiheitsentfaltungsinteressen einerseits und Gütererhaltungsinteressen andererseits statt[149]. Führt man sich dabei z. B. die von der herrschenden Meinung[150] vorgenommenen Ausnahmen vom Pflichtwidrigkeitserfordernis im Bereich der Ingerenz-Garantenstellung bei Notwehrsituationen, Dauergefahren oder in den Fällen des aggressiven Notstandes vor Augen, so wird deutlich, daß auch diese Abwägung selbstverständlich einzelfallbezogen ist. Die Abwägung im Einzelfall ist demnach weniger problematisch, als es zunächst den Anschein hat, und steht deshalb einer Garantenstellung aus den zivilrechtlichen Verkehrssicherungspflichten nicht zwingend entgegen. Maßgeblich ist vielmehr die Frage, ob die ins Auge zu fassende Verkehrssicherungspflicht geeignet ist, eine angemessene Lösung des Konfliktes zwischen Freiheitsentfaltungsinteressen und Gütererhaltungsinteressen herbeizuführen.

Gegen den von *Neudecker* erhobenen Einwand spricht aber noch ein weiterer Gesichtspunkt. Anerkanntermaßen ist der Hauseigentümer Garant, weil ihn eine

---

147 *Neudecker*, Verantwortlichkeit, S. 115 ff.

148 *v. Bar*, JuS 1988, S. 169, 170.

149 *Freund*, Erfolgsdelikt, S. 157, 163 ff.

150 *Baumann / Weber / Mitsch*, AT, § 15, Rz. 69; *Kühl*, AT, § 18, Rz. 95 ff.; Schönke / Schröder / *Stree*, § 13, Rz. 35a f.; *Wessels / Beulke*, AT, Rz. 726 f.

Verkehrssicherungspflicht in Form der Streupflicht trifft[151]. Ebenso hat dieser eine Garantenstellung, weil ihm z. B. die Verkehrssicherungspflicht für die Gewährleistung hinreichender Beleuchtung im Hausflur zukommt[152]. Davon zu trennen ist jedoch die Feststellung eines sorgfaltswidrigen Verhaltens. Erst dann, wenn dem Hauseigentümer eine Verletzung dieser Verkehrssicherungspflichten durch Unterlassen vorgeworfen werden kann, führt dies zur Anwendung des § 229 StGB. Gleiches gilt für den Produzenten. Diesem obliegt es, auch nach dem Inverkehrbringen den Markt im Hinblick auf noch nicht erkannte schädliche Eigenschaften des Produkts zu beobachten. Darüber hinaus muß er sich über deren sonstige, eine Gefahrenlage schaffende Verwendungsfolgen informieren[153]. Die Produktbeobachtungspflicht und damit eine Garantenstellung trifft den Produzenten demnach bereits vor möglicherweise nachträglich erkennbar werdenden Gefährdungen im Zusammenhang mit seinen vertriebenen Produkten. Die davon zu trennende Frage hingegen, wann, etwa ab welcher Anzahl bekannt gewordener Schadensmeldungen, die Rückrufverpflichtung eintritt, ist also keine Frage der Garantenstellung, sondern ein Problem der Feststellung des Vorsatz- und insbesondere des Fahrlässigkeitsvorwurfes, bei dem zu klären ist, ob und wann für den Hersteller der tatbestandliche Erfolg erkennbar und vorhersehbar war. Die Feststellung einer Verletzung der Produktbeobachtungspflicht wird somit erst für die Ermittlung der objektiven Sorgfaltswidrigkeit des Herstellers im Rahmen des Fahrlässigkeitsvorwurfes maßgeblich. Im Bereich der fahrlässigen Tatbestandsverwirklichung beinhaltet die Sorgfaltswidrigkeit des Untätigen dabei gleichzeitig die Verletzung der Garantenpflicht[154]. Davon zu trennen ist jedoch die Feststellung der Garantenstellung[155]. Mit dem Einwand, daß die Voraussetzungen für den Eintritt der Rückrufverpflichtung vom Einzelfall abhängen, vermengt *Neudecker* demnach die Begründung einer

151 OLG Celle, NJW 1961, S. 1939; *Jescheck / Weigend*, AT, § 59 IV 4 b).

152 RGSt 14, S. 362, 363; *Jescheck / Weigend*, AT, § 59 IV 4 b); *Schmidhäuser*, AT, 12 / 34.

153 BGHZ 80, S. 199; *Dietrich*, Produktbeobachtungspflicht, S. 27 ff.; *Rolland*, Produkthaftungsrecht, Teil II, Rz. 45 ff. m.w.N.

154 *Fünfsinn*, Der Aufbau des fahrlässigen Verletzungsdeliktes, S. 100 f.

155 *Baumann / Weber / Mitsch*, AT, § 15, Rz. 45; *Fünfsinn*, Der Aufbau des fahrlässigen Verletzungsdeliktes, S. 96 ff. m.w.N.

Garantenstellung aus der zivilrechtlichen Produktbeobachtungspflicht mit der davon zu trennenden Ermittlung der Sorgfaltswidrigkeit sowie der Feststellung der Verletzung der Garantenpflicht. Die von *Neudecker* angesprochene Schwierigkeit, genau zu ermitteln, wann die Rückrufverpflichtung eintritt, ist somit zwar durchaus gegeben. Sie betrifft jedoch allein die Feststellung des Fahrlässigkeitsvorwurfes und nicht die Begründung der Garantenstellung.

Auch die weiteren Einwände *Neudeckers*, daß die Verkehrssicherungspflichten keinen Beweis für die Zuständigkeit des Herstellers für den eingetretenen Erfolg darstellen würden und nicht von der Mißachtung von Rechtspflichten auf die Strafbarkeit wegen Unterlassens geschlossen werden könne, überzeugen nicht. Durch die Produktion und den Vertrieb von Publikumsprodukten nimmt der jeweilige Hersteller individuelle Freiheiten und insbesondere das Vertrauen der Verbraucher für sich in Anspruch[156]. Um dem Schutz der Verbraucher und deren Vertrauenserwartung Rechnung zu tragen, kann und wird dies allerdings nur unter dem Vorbehalt gestattet, daß gleichzeitig hinreichend Vorsorge zur Abwehr von möglicherweise nachträglich eintretenden Produktgefahren getroffen wird[157]. Dieser Vorbehalt findet gerade auch in den zivilrechtlichen Verkehrssicherungspflichten seinen Ausdruck, soweit diese inhaltlich der Abwehr von Gefahren für Rechtsgüter dienen. Im Bereich der zivilrechtlichen Produkthaftung bezweckt dabei insbesondere die Produktbeobachtungspflicht den Schutz der Verbraucher und ihrer Rechtsgüter[158]. Insoweit sind die zivilrechtlichen Verkehrssicherungspflichten die notwendige Kehrseite[159] der Ausübung von Freiheit und der Inanspruchnahme von Vertrauen durch die Produktion und den Vertrieb von Produkten. Sie können deshalb durchaus als Beweis für die Zuständigkeit des Herstellers zur Abwendung des tatbestandlichen Erfolges herangezogen werden. Wesentlich für die Ableitung einer Garanten-

---

156 *Schumann*, Handlungsunrecht, S. 119.

157 *Freund*, Erfolgsdelikt, S. 217, am Beispiel der Verantwortlichkeit des Herstellers für Arzneimittelgefahren; im Ergebnis ebenso *Schumann*, Handlungsunrecht, S. 119.

158 *Kunz*, BB 1994, S. 450 m.w.N.

159 *Freund*, Erfolgsdelikt, S. 219.

position aus der Produktbeobachtungspflicht ist dabei jedoch gerade nicht allein deren Existenz oder ein Verstoß gegen dieselbe. Ebenso wie für Garantenstellungen aus bestimmten normierten Schutzpflichten, etwa §§ 1353, 1626, 1705 BGB[160], ist für die Ableitung einer entsprechenden Garantenstellung vielmehr deren Zweck und Inhalt maßgeblich. Gerade die zivilrechtliche Produktbeobachtungspflicht zielt aber darauf ab, drohende Rechtsgüterverletzungen durch gefährliche Produkte zu verhindern. Im Bereich der Überwachergarantenstellungen kann sie deshalb auch als Grundlage strafrechtlicher Verantwortung herangezogen werden.

Auch der von *Bock* erhobene Einwand, daß die zivilrechtlichen Verkehrssicherungspflichten nicht an ein Vorverhalten einer bestimmten Person anknüpfen würden und deshalb eine Heranziehung dieser außerstrafrechtlichen Regelungen gegen das Analogieverbot verstoße, ist nicht überzeugend. Zuzugeben ist zwar, daß nicht jede Verkehrssicherungspflicht an ein Vorverhalten einer bestimmten Person anknüpft. Dies trifft jedoch gerade für die Produktbeobachtungspflicht nicht zu. Durch die Verpflichtung des Herstellers, systematisch seine bereits produzierten und vertriebenen Produkte auf mögliche Gefahrenquellen zu überprüfen, knüpft die Produktbeobachtungspflicht ausschließlich an die Produktion und den Vertrieb der Produkte durch den Hersteller an. Nur so ist es möglich, dem berechtigten Vertrauen der Verbraucher auf rechtzeitige Gefahrabwendungsmaßnahmen seitens des Produzenten gerecht zu werden. Maßgebliche Grundlage der Produktbeobachtungspflicht ist demnach das Vorverhalten einer bestimmten Person, nämlich das des Herstellers. Gleiches gilt für den Fall, daß es sich bei dem Produzenten um ein Unternehmen handelt. Die Entscheidung über die Produktion und den Vertrieb treffen in diesem Fall die Mitglieder der Geschäftsleitung. Diesen obliegt deshalb auch die Wahrung der Produktbeobachtungspflicht. Das maßgebliche Vorverhalten, an das die Produktbeobachtungspflicht anknüpft, liegt somit - ebenso wie bei der Ableitung einer Garantenstellung aus Ingerenz - in der Entscheidung der verantwortli-

---

160 Siehe oben, Abschnitt D. I., S. 121.

chen Geschäftsleitungsmitglieder, die Produktion und den Vertrieb zu veranlassen bzw. fortzuführen. Die zivilrechtliche Produktbeobachtungspflicht berücksichtigt somit gerade das spezifisch strafrechtliche Kriterium des Vorverhaltens einer bestimmten Person. Ein Verstoß gegen das Analogieverbot ist deshalb nicht gegeben.

Insgesamt ergibt sich demnach aus den vorstehenden Ausführungen, daß die in der Literatur und Rechtsprechung vorgebrachten Bedenken gegen eine Ableitung der Garantenstellung aus den zivilrechtlichen Verkehrssicherungspflichten für die in den Verantwortungsbereich des Betreffenden fallenden Gefahrenquellen nicht durchgreifen. Vielmehr entspricht gerade die Begründung einer Garantenstellung aus der zivilrechtlichen Produktbeobachtungspflicht des Produzenten der berechtigten Verhaltenserwartung der Verkehrsteilnehmer, daß derjenige, der eine Gefahrenquelle eröffnet und von ihr profitiert, grundsätzlich auch für deren Absicherung und Beseitigung einzustehen hat. Inhalt und Grenzen dieser Sonderstellung ergeben sich dabei aus den strafrechtsspezifischen Kriterien der tatsächlichen und faktischen Einflußmöglichkeiten auf die Gefahrenquelle. Die Begründung der Garantenstellung aus der zivilrechtlichen Produktbeobachtungspflicht verdient deshalb Zustimmung.

d) Die Begründung der Garantenstellung und der Garantenpflicht für die einzelnen Mitglieder des Gremiums

aa) Die individuelle Garantenstellung

Die bisherigen Ausführungen zur Begründung einer Garantenstellung betrafen allgemein den Hersteller der vertriebenen Produkte. Ist dieser jedoch eine juristische Person, ist zu ermitteln, wen innerhalb des Unternehmens eine entsprechende Sonderverantwortlichkeit trifft[161]. Soweit mit der hier vertretenen Auffassung im Bereich der Produktverantwortlichkeit eine Garantenposition aus der zivilrechtlichen Produktbeobachtungspflicht abgeleitet werden kann, stellt sich damit die Fra-

161 *Ransiek*, Unternehmensstrafrecht, S. 38 f.

ge, wem die Wahrung dieser Pflicht innerhalb des Unternehmens obliegt. Für die Erfüllung der unternehmensbezogenen Verkehrssicherungspflichten haben die verfassungsmäßigen Organe der Unternehmen einzustehen, also der Vorstand oder die Geschäftsführung[162]. Handelt es sich bei diesen Organen um mehrköpfige Gremien, obliegen diese Pflichten grundsätzlich jedem einzelnen Mitglied der jeweiligen Geschäftsleitung[163]. Allerdings ist es der Gesamtgeschäftsleitung möglich, die sich ursprünglich bei ihr konzentrierende Aufgabe der Wahrung von unternehmensbezogenen Verkehrssicherungspflichten auf einzelne Personen zu delegieren. Innerhalb eines mehrköpfigen Gremiums geschieht dies in der Regel durch die Schaffung verschiedener Ressorts[164]. Die Wahrung von Verkehrssicherungspflichten richtet sich dann primär nach dem jeweils übernommenen Aufgabenbereich, so daß insoweit eine Garantenstellung nur für bestimmte Geschäftsleitungsmitglieder diejenigen, in deren Aufgabenbereich die Produktbeobachtungspflicht fällt - festgestellt werden könnte. Im Falle der Entscheidung über eine Warn- oder Rückrufaktionen im Hinblick auf gesundheitsschädliche Produkte ist eine entsprechende Verantwortungsaufteilung innerhalb des Führungsgremiums jedoch gerade nicht möglich[165]. Vielmehr ist in einer entsprechenden Ausnahme- und Krisensituation auf Grund der geschäftspolitischen Bedeutung dieser Entscheidung das Unternehmen als Ganzes betroffen. Eine Problemlösung kann somit nur ressortübergreifend gefunden werden[166]. Auch im Falle einer vorhandenen Ressortaufteilung fällt diese Entscheidung deshalb in den Bereich der zwingenden Gesamtverantwortung des Ge-

---

162 *Baumbach / Hopt*, HGB, § 114, Rz. 10 ff.; Baumbach / Hueck / *Zöllner*, GmbHG, § 37, Rz. 2; § 43, Rz. 1 ff.; *Foerste*, in: Produkthaftungshandbuch, § 25, Rz. 177 ff.; *Hüffer*, AktG, § 77, Rz. 3 ff.; § 93, Rz. 13; *Schmidt-Salzer*, Produkthaftung, Rz. 1.146.

163 *Foerste*, in: Produkthaftungshandbuch, § 25, Rz. 184 ff. m.w.N.

164 *Foerste*, in: Produkthaftungshandbuch, § 25, Rz. 185 ff.; *Neudecker*, Verantwortlichkeit, S. 33 ff.; *Schmidt-Salzer*, Produkthaftung, Rz. 1.163 ff.

165 Ausführlich hierzu oben, Abschnitt B. IV. 1. b), S. 40 ff.

166 BGHSt 37, S. 106, 124; *Geßler / Hefermehl*, AktG, § 77, Rz. 20; *Heisse*, Geschäftsführerhaftung, S. 82 f.; *Lutter / Hommelhoff*, GmbHG, § 37, Rz. 31, 35; *Schmidt-Salzer*, NJW 1996, S. 1, 5.

schäftsleitungsgremiums und ist allein von diesem zu entscheiden[167]. Die Wahrung der Produktbeobachtungspflicht obliegt in dieser Situation mithin sämtlichen Gremiumsmitgliedern. Ist das jedoch der Fall, läßt sich für die hier zu untersuchenden Fälle der Veranlassung einer Warn- oder einer Rückrufaktion zur Verhinderung von produktbedingten Gesundheitsschädigungen für jedes Mitglied einer mehrköpfigen Geschäftsleitung eine Garantenstellung aus der zivilrechtlichen Produktbeobachtungspflicht ableiten.

bb) Die individuelle Garantenpflicht

Sind demnach die Mitglieder des entscheidungsberechtigten Kollegialorgans Inhaber einer Garantenstellung, so ergibt sich daraus für jedes Gremiumsmitglied die Garantenpflicht, die erforderlichen Maßnahmen zur Abwendung des drohenden Erfolges zu treffen. Als entsprechende Maßnahme kommt in den hier zu untersuchenden Situationen regelmäßig nur die Veranlassung einer Warn- oder Rückrufaktion in Betracht. Die gesellschaftsrechtliche Einbindung der einzelnen Gremiumsmitglieder in ein Kollektivorgan steht dabei einer entsprechenden Bestimmung der erforderlichen Rettungshandlung für das einzelne Mitglied nicht entgegen. Vielmehr besteht, wie in Abschnitt B. ausführlich dargelegt wurde, unter Berücksichtigung des Rechtsgedankens der Notgeschäftsführung gemäß § 744 II BGB für jedes der Gremiumsmitglieder die gesellschaftsrechtliche Möglichkeit, entsprechende Maßnahmen selbständig und eigenverantwortlich vorzunehmen. Unter diesen Voraussetzungen hat demnach jedes einzelne Mitglied des mehrköpfigen Gremiums die Garantenpflicht, eine entsprechende Warn- oder Rückrufaktion selbständig zu veranlassen. Diesem Ergebnis steht insbesondere auch nicht entgegen, daß die gesellschaftsrechtliche Handlungsmöglichkeit der Notgeschäftsführung gemäß § 744 II BGB allein im Interesse der Gesellschaft liegt. Ebensowenig wie für die Feststel-

---

167 *Dreher*, ZGR 1992, S. 22, 61; *Ebenroth / Willburger*, BB 1991, S. 1941, 1942; *Foerste*, in: Produkthaftungshandbuch, § 25, Rz.194 ff.; *Hüffer*, AktG, § 77, Rz. 18; Münchener Kommentar / *Ulmer*, § 709, Rz. 11; *Lutter / Hommelhoff*, GmbHG, § 37, Rz. 31 ff.; *Schmidt-Salzer*, Produkthaftung, Rz. 1.176 ff.; ders., NJW 1988, S. 1937, 1941.

lung der Zumutbarkeit der erforderlichen Rettungshandlung[168] kommt es für die strafrechtliche Beurteilung der Garantenpflicht darauf an, weshalb für den Unterlassenden die Möglichkeit zur Abwendung des drohenden Erfolges besteht. Neben dem Vorliegen einer Garantenstellung ist für die Feststellung der Garantenpflicht zur Abwendung des tatbestandlichen Erfolges vielmehr nur erforderlich, daß eine entsprechende Handlungsalternative besteht. Aus der tatsächlichen Möglichkeit zur Erfolgsverhinderung folgt deshalb gleichzeitig auch die strafrechtliche Pflicht, den Erfolg zu verhindern. Da die Voraussetzungen der analogen Anwendung des § 744 II BGB hier vorliegen, trifft deshalb jedes einzelne Gremiumsmitglied die Garantenpflicht, selbständig auch gegen eine Mehrheit des Gremiums eine Warn- oder Rückrufaktion zur Verhinderung von Gesundheitsschäden der Verbraucher zu veranlassen.

IX. Ergebnis des Abschnittes D.

Im Bereich der strafrechtlichen Produktverantwortlichkeit führt die Garantenstellung aus Ingerenz bei einem mehrköpfigen Gremium zu unbefriedigenden Ergebnissen. Neben der Schwierigkeit, das gefährliche Vorverhalten hinreichend sicher einzugrenzen, versagt die Ingerenz-Garantenstellung in den Fällen personeller Veränderungen innerhalb des Gremiums. Sie ist deshalb abzulehnen. Auch eine Garantenstellung aus der Herrschaft über den Grund des Erfolges ist abzulehnen. Die mit dieser Garantenstellung verbundene, gewahrsamsfixierte Sicht läßt in den hier relevanten Fällen der Produktverantwortlichkeit allenfalls Raum für eine Verantwortlichkeit gemäß § 323 c StGB. Sie wird dadurch der umfassenden Verantwortung der Geschäftsleitungsmitglieder nicht gerecht. Allein die Ableitung einer Garantenstellung aus der zivilrechtlichen Produktbeobachtungspflicht führt im Rahmen der strafrechtlichen Produktverantwortung zu befriedigenden Ergebnissen. Die in diesem Zusammenhang von der Rechtsprechung und der Literatur vorgebrachten Bedenken greifen nicht durch. Vielmehr ist die den Produzenten treffende zivilrechtliche Produktbeobachtungspflicht letztlich nichts anderes als die Ausprägung einer

---

168 Siehe oben, Abschnitt B. VI. 2., S. 95 f.

Garantenstellung für die mit dem Inverkehrbringen des Produktes möglicherweise eröffneten Gefahrenquellen. Eine Garantenstellung des Herstellers aus der zivilrechtlichen Produktbeobachtungspflicht entspricht mithin der berechtigten Vertrauens- und Erwartungshaltung der Verbraucher, daß derjenige, in dessen Verantwortungs- und Herrschaftsbereich bestimmte Gefahrenquellen fallen, für deren Absicherung zu sorgen hat.

E. DER INDIVIDUELLE VORSATZVORWURF

I. Die Bestimmung des Vorsatzes bei den Unterlassungsdelikten

Wegen der strukturellen Unterschiede[1] zwischen den Begehungs- und Unterlassungsdelikten können die zu den Begehungsdelikten entwickelten Grundsätze zur Feststellung vorsätzlichen Verhaltens nicht unmittelbar auf die Unterlassungsdelikte übertragen werden[2]. Es ist nämlich zu berücksichtigen, daß es im Bereich der Unterlassungsdelikte an einem vom Verwirklichungswillen getragenen positiven Tun fehlt. Die herrschende Meinung sieht deshalb vorsätzliches Unterlassen in der Entscheidung zwischen Untätigbleiben und möglichem Tun[3]. Auch beim Unterlassungsdelikt muß sich der Vorsatz auf alle objektiven Tatumstände beziehen. Der Unterlassende muß sich deshalb sowohl seiner Garantenstellung sowie der drohenden Tatbestandsverwirklichung als auch der Tatsache bewußt sein, daß ihm die Abwendung des drohenden Erfolges mit dem ihm zur Verfügung stehenden Mitteln möglich ist[4]. Erforderlich ist demnach, daß der Unterlassende wenigstens am Rande die tatbestandliche Situation erfaßt und sich der ihm möglichen Rettungshandlungen bewußt ist[5]. Die bloße Erkennbarkeit der Rettungsmöglichkeit genügt je-

---

1 *Jakobs*, AT, 28 / 1 ff.; *Jescheck / Weigend*, AT, § 58 II 1 ff.

2 *Jescheck / Weigend*, AT, § 59 VI; *Wessels / Beulke*, AT, Rz. 732.

3 BGHSt 19, S. 295, 299; *Jescheck / Weigend*, AT, § 59 VI 2 a); *Kühl*, AT, § 18, Rz. 125; SK / *Rudolphi*, vor § 13, Rz. 19 f.; *Stratenwerth*, AT, Rz. 1043; *Wessels / Beulke*, AT, Rz. 732. A. A. *Armin Kaufmann*, Unterlassungsdelikte, S. 66, der die Möglichkeit eines Unterlassungsvorsatzes ablehnt.

4 BGH, GA 1968, S. 336; BGH, MDR 1984, S. 759; *Grünwald*, in: Festschrift für H. *Mayer*, 1966, S. 281, 294 f.; *Jescheck / Weigend*, AT, § 59 VI 2 b); *Kühl*, AT, § 18, Rz. 126; Schönke / Schröder / *Cramer*, § 15, Rz. 94; *Wessels / Beulke*, AT, Rz. 732.

5 BGH, GA 1968, S. 336; *Grünwald*, in: Festschrift für H. Mayer, 1966, S. 281, 294 f; *Jescheck / Weigend*, AT, § 59 VI 2 b); *Kühl*, AT, § 18, Rz. 126; *Maurach / Gössel / Zipf*, AT 2, § 46, Rz. 113; *Schaffstein*, in: Göttinger Festschrift für das OLG Celle, 1961, S. 175, 201, Fn. 67.

doch nicht, da es in diesem Fall an einer tatsächlichen Entscheidung für den Unrechtserfolg mangelt[6]. Aus dem gleichen Grund ist auch die Vorstellung, daß generell eine Rettungsmöglichkeit gegeben sein könnte, nicht ausreichend[7].

II. Der individuelle Vorsatzvorwurf im Fall des Unterlassens einer Warn- oder Rückrufaktion

1. Die Erfassung der tatbestandsmäßigen Situation

Im Rahmen der strafrechtlichen Produktverantwortlichkeit ist für die Annahme vorsätzlichen Verhaltens zunächst die Kenntnis der gesundheitsschädigenden Wirkung der bereits vertriebenen Produkte erforderlich. Wann eine entsprechende Kenntnis bei den einzelnen Gremiumsmitgliedern anzunehmen ist, richtet sich nach der Lage des Einzelfalles. Abgesehen von einer entsprechenden Aufklärung, z. B. durch ein auf technische Details spezialisiertes Gremiumsmitglied oder durch eine Sondersitzung, welche die bekanntgewordenen Schadensfälle zum Thema hat, kommt dabei dem jeweiligen Informationsstand des einzelnen Gremiumsmitgliedes hinsichtlich der Anzahl und Häufigkeit bekanntgewordener Schadensfälle maßgebliche Bedeutung zu. Dabei ist es jedoch nicht erforderlich, daß die exakten Wirkungszusammenhänge zwischen der Benutzung des Produktes und den eingetretenen Gesundheitsschädigungen bekannt sind[8]. Ausreichend ist insoweit vielmehr das Bewußtsein, daß im Zusammenhang mit der Verwendung der vertriebenen Produkte Gesundheitsschädigungen eintreten[9].

---

6 *Kühl*, AT, Rz. 126; Schönke / Schröder / *Cramer*, § 15, Rz. 94; SK / *Rudolphi*, vor § 13, Rz. 23.

7 *Jescheck / Weigend*, AT, § 59 VI 2 b), Fn. 85; Schönke / Schröder / *Cramer*, § 15, Rz. 94. A. A. SK / *Rudolphi*, vor § 13, Rz. 23, allerdings ohne Begründung.

8 BGHSt 37, S. 106, 112 f.

9 LG Mainz, Urteil vom 16.01.1989, 8 Js 3708/ 84 W 5 KLs, abgedruckt in: Schmidt-Salzer, ES, Nr. IV. 3.22 (S. 36 f.).

Zur Annahme vorsätzlichen Verhaltens ist jedoch weiterhin das Bewußtsein erforderlich, daß allein eine Warn- oder Rückrufaktion den tatbestandlichen Erfolg verhindern wird. Ein entsprechendes generelles Bewußtsein wird zwar regelmäßig gegeben sein, wenn durch die Anzahl und den Umfang der bekanntgewordenen Schadensfälle sowie deren Häufigkeit die gesundheitsgefährdende Wirkung der Produkte deutlich wird und angesichts der bereits vertriebenen, sich noch im Verkehr befindlichen Produkte der Eintritt weiterer Schädigungen sicher zu erwarten ist[10]. Darüber hinaus müssen sich jedoch die betroffenen Gremiumsmitglieder der Rettungsmöglichkeiten und Handlungsalternativen, die ihnen konkret zur Abwendung des tatbestandlichen Erfolges zur Verfügung stehen, bewußt sein[11]. Andernfalls wird sich ein vorsätzliches Verhalten nicht feststellen lassen. Es fehlt dann nämlich die in § 16 I StGB vorausgesetzte Kenntnis aller Tatumstände. Erforderlich ist also zum einen das Bewußtsein der Möglichkeit, die Geschäftsleitung mit dem Problem zu befassen und auf einen entsprechenden Beschluß der Gesamtgeschäftsführung hinzuwirken. Nach der hier vertretenen Auffassung besteht aber darüber hinaus für die Mitglieder des Gremiums die Handlungsmöglichkeit der Notgeschäftsführung gemäß § 744 II BGB analog, wenn es zu keiner oder einer gegenteiligen Beschlußfassung des Gesamtgremiums kommt. Für den Fall, daß der Erfolgseintritt nur mittels dieser Handlungsalternative verhindert werden kann, müßte demnach den Gremiumsmitgliedern auch diese Handlungsalternative bewußt sein. Die analoge Anwendung des § 744 II BGB auf die Fälle der Entscheidung über die Veranlassung einer Warn- oder Rückrufaktion wurde jedoch erst in der vorliegenden Untersuchung entwickelt. In diesen Fällen wird sich ein entsprechendes Bewußtsein und damit ein vorsätzliches Unterlassen der gebotenen Warn- oder Rückrufaktion seitens der einzelnen Gremiumsmitglieder deshalb vorerst nur ausnahmsweise feststellen lassen. Insoweit wird die Annahme vorsätzlichen Verhaltens der einzelnen Gremiumsmitglieder folglich nur in engen Grenzen in Betracht kommen.

---

10 BGH, ZLR 1988, S. 513, 515; LG Mainz, 16.01. 1989, 8 Js 3708/ 84 W 5 KLs, abgedruckt in: Schmidt-Salzer, ES, Nr. IV. 3.22 (S. 36 f).

11 BGH, GA 1968, S. 336; *Grünwald*, in: Festschrift für H. Mayer, 1966, S. 281, 294 f.; *Jescheck / Weigend*, AT, § 59 VI 2 b); *Kühl*, AT, § 18, Rz. 126; *Maurach / Gössel / Zipf*, AT 2, § 46, Rz. 113; *Schaffstein*, in: Göttinger Festschrift für das OLG Celle, 1961, S. 175, 201, Fn. 67; Schönke / Schröder / *Cramer*, § 15, Rz. 94.

2. Absicht oder direkter Vorsatz der Gremiumsmitglieder

Nach herrschender Ansicht[12] setzt Absicht einen zielgerichteten Erfolgswillen seitens des Täters voraus, d. h. es muß dem Täter gerade auf den Erfolgseintritt ankommen. Direkter Vorsatz ist nach der herrschenden Auffassung[13] zu bejahen, wenn der Täter weiß oder als sicher voraussieht, daß sein Handeln zur Tatbestandsverwirklichung führt. Den Mitgliedern der Geschäftsführung wird es jedoch in der Regel nicht darauf ankommen, die Verbraucher zu schädigen. Auch werden die Gremiumsmitglieder häufig - etwa, weil nach dem derzeitigen Stand der Wissenschaft und Technik die Gefährlichkeit der Produkte nicht erkennbar bzw. nachweisbar ist - nicht wissen oder es als sicher voraussehen, daß es zu Gesundheitsschädigungen der Verbraucher kommen wird, falls sie es unterlassen, eine Warn- oder Rückrufaktion zu veranlassen. In den Fällen des Unterlassens einer Warn- oder Rückrufaktion wird deshalb eine Absicht oder ein direkter Vorsatz der verantwortlichen Geschäftsleitungsmitglieder nur selten gegeben sein. Soweit ein vorsätzliches Verhalten der Gremiumsmitglieder in Betracht kommt, wird sich dieses vielmehr überwiegend nur in der Form des Eventualvorsatzes feststellen lassen.

---

12 BGHSt 9, S. 147; 18, S. 151; *Jescheck / Weigend*, AT, § 29 III 1.; *Kühl*, AT, § 5, Rz. 33 ff.; SK / *Rudolphi*, § 16, Rz. 36; Schönke / Schröder / *Cramer*, § 15, Rz. 65; *Wessels / Beulke*, AT, Rz. 211 m.w.N.

13 BGHSt 21, S. 283; *Kühl*, AT, § 5, Rz. 38 ff.; Schönke / Schröder / *Cramer*, § 15, Rz. 68; *Tröndle / Fischer*, StGB, § 15, Rz. 7; *Wessels / Beulke*, AT, Rz. 213 m.w.N.

3. Die Feststellung des Eventualvorsatzes

a) Die Ermittlung des dolus eventualis in Rechtsprechung und Literatur

Nach Ansicht der Rechtsprechung [14] und der herrschenden Meinung in der Literatur [15] ist neben einem intellektuellem noch ein voluntatives Element notwendige Voraussetzung für den Eventualvorsatz. Nur die über das Wissen des Täters hinausgehende psychologische Beziehung des Wollens rechtfertigt nach dieser Auffassung die unterschiedlichen Strafdrohungen zwischen Vorsatz- und Fahrlässigkeitstaten [16]. Dem ist zuzustimmen. Die gegenteiligen Auffassungen [17], welche die Abgrenzung von dolus eventualis und bewußter Fahrlässigkeit allein im Bereich des Wissens - unter Ablehnung eines Willensmoments - vornehmen, überzeugen nicht. Allein das Wissen um eine mögliche Tatbestandsverwirklichung oder die Annahme, daß die Rechtsgutsverletzung wahrscheinlich eintritt, sagen noch nichts über die innere Einstellung des Täters gegenüber dem tatbestandlichen Erfolg aus [18]. Auch im Bereich der bewußten Fahrlässigkeit rechnet der Täter mit der Möglichkeit, daß sein Verhalten den Erfolgseintritt bewirkt. Allerdings vertraut er auf das Ausbleiben des Erfolgs. Im Gegensatz dazu trifft der Vorsatztäter eine bewußte Entschei-

---

14 RGSt 76, S. 115; BGHSt 7, S. 363; 21, S. 283; BGH, NStZ 1982, S. 506.

15 *Baumann / Weber / Mitsch*, AT, § 20, Rz. 54; *Brammsen*, JZ 1989, S. 71, 78 f.; *Hassemer*, in: Gedächtnisschrift für A. Kaufmann, 1989, S. 289, 297; *Kühl*, AT, § 5, Rz. 11; *Küpper*, ZStW 100 (1988) S. 758, 764; *Otto*, Jura 1996, S. 468 ff.; *Schroth*, JuS 1992, S. 1, 7; *Spendel*, in: Festschrift für Lackner, 1987, S. 167, 171, 181 f.; *Tröndle / Fischer*, StGB, § 15, Rz. 2; *Wessels / Beulke*, AT, Rz. 224 m.w.N.

16 *Baumann / Weber / Mitsch*, AT, § 20, Rz. 54; *Schroth*, JuS 1992, S. 1, 6.

17 *Jakobs*, AT, 8 / 21 ff.; *Morkel*, NStZ 1981, S. 176, 179; *Schmidhäuser*, JuS 1987, S. 373, 374 f., nehmen dolus eventualis schon dann an, wenn der Täter die konkrete Möglichkeit der Rechtsgutsverletzung erkannt und dennoch gehandelt hat. Nach *H. Mayer*, AT, S. 121, ist Eventualvorsatz gegeben, wenn der Täter die Rechtsgutsverletzung für wahrscheinlich gehalten hat. *Frisch*, Vorsatz und Risiko, S. 26 ff., 482 ff.; *Philipps*, ZStW 85 (1973), S. 27, 38; *Schünemann*, JR 1989, S. 89, 94, verlangen für die Annahme von Eventualvorsatz das Wissen um ein tatbestandlich relevantes, nach objektivrechtlichen Maßstäben intolerables Risiko bzw. eine sozial unerträgliche Gefahrsetzung.

18 *Brammsen*, JZ 1989, S. 71, 79; *Otto*, Jura 1996, S. 468, 471 m.w.N.

dung für sein Verhalten samt der daraus resultierenden Folgen trotz Kenntnis der Tatumstände und Voraussicht der Folgen. Der Vorsatztäter entscheidet sich damit aktiv gegen das geschützte Rechtsgut und eignet sich dadurch das Tatunrecht an[19]. Erst das Willenselement dokumentiert die unrechtserhöhende Mißachtung der bewußten Rechtsgutsbeeinträchtigung und hebt damit den Vorsatztäter als intensiveren Rechtsgutsverletzer vom Fahrlässigkeitstäter ab. Das Vorliegen des Wissenselementes ist somit zwar notwendiges, aber nicht hinreichendes Kriterium zur Feststellung des Eventualvorsatzes[20]. Es ist vielmehr zusätzlich erforderlich, die bewußte Entscheidung gegen das verletzte Rechtsgut und damit ein voluntatives Element festzustellen.

Die herrschende Auffassung in der Literatur[21] fordert insoweit, daß der Täter sich um des von ihm erstrebten Zieles willen mit dem Risiko der Tatbestandsverwirklichung abgefunden bzw. den Erfolg hingenommen hat. Ähnliches verlangt die Rechtsprechung[22], nach der dolus eventualis gegeben ist, wenn der Täter den tatbestandlichen Erfolg „billigend in Kauf genommen" hat. Ein Billigen im Rechtssinn ist dabei nach Ansicht des BGH auch dann zu bejahen, wenn der tatbestandliche Erfolg dem Täter zwar höchst unerwünscht war, dieser sich jedoch um des von ihm erstrebten Zieles willen mit dem Erfolgseintritt abgefunden hat[23]. Nach Auffassung der Rechtsprechung liegt zwar die Annahme einer Billigung im Rechtssinn nahe, wenn der Täter sein Vorhaben trotz äußerster Gefährlichkeit durchführt, ohne auf das Ausbleiben des Erfolges vertrauen zu können, und er es dem Zufall überläßt, ob sich die erkannte Gefahr verwirklicht oder nicht[24]. Die Feststellung, daß

---

19 *Schroth*, JuS 1992, S. 1, 6 f.

20 *Jescheck / Weigend*, AT, § 29 III 3 a) m.w.N.

21 *Blei*, AT, S. 115; *Bockelmann / Volk*, AT, S. 83; *Brammsen*, JZ 1989, S. 81 f.; *Honig*, GA 1973, S. 257 ff.; *Jescheck / Weigend*, AT, § 29 III 3 a); *Kühl*, AT, § 5, Rz. 85 f.; *Küpper*, ZStW 100 (1988), S. 758, 766; *Lackner / Kühl*, § 15, Rz. 24; Schönke / Schröder / *Cramer*, § 15, Rz. 83 f.; *Wessels / Beulke*, AT, Rz. 224.

22 RGSt 72, S. 36, 44; 77, S. 228, 229; BGHSt 7, S. 363, 369; 21, S. 283, 285; BGH, NJW 1968, S. 660, 662; BGH, NStZ 1987, S. 362.

23 BGHSt 7, S. 363, 369.

24 BGH, JZ 1981, S. 35; BGH, NStZ 1984, S. 19.

der Täter den tatbestandlichen Erfolg billigend in Kauf genommen hat, kann jedoch nicht allein durch eine Schlußfolgerung vom Wissenselement auf das Willenselement getroffen werden[25]. Geboten ist vielmehr eine Gesamtschau aller objektiven und subjektiven Tatumstände, wobei je nach der Eigenart des Falles unterschiedliche Wertungsgesichtspunkte im Vordergrund stehen können[26]. Neben der vom Täter erkannten objektiven Größe und Nähe der Gefahr ist deshalb auch die Ermittlung der den Täter zu einer bewußten Entscheidung gegen das Rechtsgut motivierenden Handlungsziele oder Gemütsbewegungen erforderlich[27].

b) Die Ermittlung des dolus eventualis bei den Gremiumsmitgliedern

Die Feststellung eines voluntativen Elements bzw. einer bewußten Entscheidung der Gremiumsmitglieder gegen die Rechtsgüter der Verbraucher ist in dem hier interessierenden Zusammenhang jedoch problematisch. Die verantwortlichen Geschäftsleitungsmitglieder werden sich regelmäßig darauf berufen, daß sie zwar von der Gefährlichkeit der Produkte gewußt, aber dennoch darauf vertraut haben, daß der Erfolg ausbleiben werde. Die Schwierigkeit, im Rahmen der strafrechtlichen Produktverantwortlichkeit die Billigung des tatbestandlichen Erfolges seitens der verantwortlichen Geschäftsleitungsmitglieder festzustellen, zeigt sich insbesondere auch an der geringen Anzahl der Verurteilungen wegen vorsätzlichen Unterlassens. Dies geschah bisher nur in der Bienenstich-[28] und in der Lederspray-Entscheidung[29].

---

25 BGHSt 36, S. 1 ff.; BGH, NStZ 1984, S. 19; NStZ 1987, S. 362; NStZ 1988, S. 175; BGH, StV 1994, S. 640; *Schwarz*, JR 1993, S. 31, 32, Anm. zum Urteil des BGH vom 7.11.1991 - 4 StR 451 / 91.

26 BGHSt 36, S. 1; 38, S. 345, 350; BGH, NStZ 1988, S. 175;

27 *Schwarz*, JR 1993, S. 31, 32, Anm. zum Urteil des BGH vom 7.11.1991 - 4 StR 451 / 91.

28 BGH, ZLR 1988, S. 513, 515.

29 BGHSt 37, S. 106, 111, 114.

Im Bienenstich-Fall führt der BGH zur Begründung des Vorsatzvorwurfes aus, daß sich die Angeklagten der sehr naheliegenden Wahrscheinlichkeit weiterer Erkrankungen bewußt waren und es dennoch unterließen, eine Warn- oder Rückrufaktion im Hinblick auf die bereits vertriebenen Produkte durchzuführen. Dies geschah nach Ansicht des Gerichtes ersichtlich deshalb, weil sie diese Erkrankungen nicht für gefährlich hielten und sich von der Vorstellung leiten ließen, daß man im Einzelfall den von einer solchen Erkrankung infolge des Genusses des Bienenstiches betroffenen Kunden durch die Zuwendung eines Präsents werde besänftigen können. Dies zeige, daß sie mit weiteren Erkrankungen rechneten und sie billigend in Kauf nahmen.

In der Lederspray-Entscheidung hat der BGH die Annahme einer gefährlichen Körperverletzung durch Unterlassen durch das LG Mainz lediglich mit dem knappen Hinweis auf den umfassenden Kenntnisstand der Geschäftsführer ab dem Zeitpunkt der Sondersitzung vom 12. 05.1981 bestätigt[30]. Insoweit ist jedoch davon auszugehen, daß der BGH die weiteren Ausführungen des LG Mainz in diesem Zusammenhang billigt. Das LG Mainz hat die Annahme eines bedingten Vorsatzes auf mehrere Gesichtspunkte gestützt. Das Gericht sah es als erwiesen an, daß die Geschäftsführer ab der Sondersitzung vom 12. 05.1981 Kenntnis von der Produktgefährlichkeit hatten und konkret mit der Möglichkeit eines Eintritts weiterer erheblicher Gesundheitsschädigungen rechneten. Den Geschäftsführern sei ebenfalls bewußt gewesen, daß dieser Gefahr nur mit einer umfassenden Rückrufaktion begegnet werden konnte. Derartige Maßnahmen wären jedoch mit erheblichen finanziellen und betriebswirtschaftlichen Auswirkungen für das Unternehmen verbunden gewesen. Gleichzeitig hätten einem in die Millionen gehenden Umsatz von Lederspray-Artikeln zahlenmäßig relativ wenige Schadensfälle gegenüber gestanden. Deren Regulierung hätte bisher kein Aufsehen erregt und keine größeren Kosten

30 BGHSt 37, S. 106, 111, 132.

verursacht. Das Gericht stellte deshalb weiterhin fest, daß sich die Geschäftsführer insbesondere unter Abwägung dieser Gesichtspunkte gegen eine Warn- und Rückrufaktion entschieden hatten und somit die künftig noch möglichen Schadensfälle billigend in Kauf nahmen[31].

An Hand der Ausführungen des BGH und des LG Mainz wird deutlich, daß die Kenntnis von der erheblichen Produktgefährlichkeit und das Bewußtsein von der Wahrscheinlichkeit des Eintritts weiterer Schadensfälle zwar wesentliche Indizien sind, welche die Annahme einer Billigung des tatbestandlichen Erfolges seitens der verantwortlichen Geschäftsleitungsmitglieder nahelegen. Dies gilt insbesondere für die Fälle, in denen lebensgefährliche Gesundheitsschädigungen drohen. Die Ausführungen der Gerichte zeigen jedoch gleichfalls, daß dies allein nicht ausreichend ist, um die Annahme bedingten Vorsatzes zu rechtfertigen. Erforderlich ist vielmehr zusätzlich die sorgfältige Ermittlung und Begründung eines die Gleichgültigkeit der Verantwortlichen gegenüber der Rechtsgutsverletzung zum Ausdruck bringenden Verhaltens. In dem hier interessierenden Zusammenhang ist folglich die Feststellung der Handlungsziele oder Beweggründe, welche die Gremiumsmitglieder zu ihrer Entscheidung motivieren, maßgeblich. Wesentliche Bedeutung kommt damit z. B. der Frage zu, ob und inwieweit eine Abwägung zwischen unternehmerischen Belangen und den zu erwartenden Schadensfällen stattgefunden hat. Erst die konkrete Feststellung, daß die verantwortlichen Geschäftsführer eine gebotene Warn- bzw. Rückrufaktion, etwa im Hinblick auf die damit verbundenen Kosten oder Verluste von Marktanteilen, bewußt unterlassen haben, rechtfertigt die Annahme der Billigung des tatbestandlichen Erfolges. Nur insoweit ist die Feststellung gerechtfertigt, daß sich die verantwortlichen Gremiumsmitglieder um des von ihnen erstrebten Zieles willen mit dem Risiko der Tatbestandsverwirklichung abgefunden haben. Vor dem Hintergrund des mit einer Warn- oder Rückrufaktion regelmäßig verbundenen sachlichen und finanziellen Aufwands liegt diese Schlußfolgerung zwar durchaus nahe, wenn und soweit die verantwortlichen Geschäftsführer in Kenntnis der Gefahr und im Bewußtsein von weiteren Schadensfällen die gebotenen Rettungsmaßnahmen unterlassen haben. Dennoch läßt sich die Annahme eines

31 LG Mainz, Urteil vom 16. 01. 1989, 8 Js 3708 / 84 W 5 KLs, abgedruckt in: Schmidt-Salzer, ES, Nr. IV. 3. 22 (S. 36 f.).

Eventualvorsatzes nicht allein mit dem Argument begründen, daß derjenige, der den Weiterverkauf eines als gesundheitsschädlich erkannten Produktes nicht verhindere, obwohl er mit weiteren Schadensfällen rechne, bei deren Eintritt sich nicht mehr glaubhaft darauf berufen könne, er habe diese nicht gewollt[32]. Das Vorliegen des Wissenselementes ist insoweit zwar notwendiges, aber nicht hinreichendes Kriterium zur Feststellung des Eventualvorsatzes[33]. Es müssen sich deshalb zusätzlich aus den konkreten Umständen der Beschlußfassung durch das Gremium oder aus dem Verhalten der einzelnen Gremiumsmitglieder bei der Entscheidungsfindung Indizien für Handlungsziele oder Gemütsbewegungen der einzelnen Geschäftsführungsmitglieder ableiten lassen, welche die Annahme einer bewußten Entscheidung gegen die Rechtsgüter der Verbraucher rechtfertigen. Maßgeblich sind insoweit die Umstände des Einzelfalles. Wie jedoch die geringe Anzahl von Verurteilungen wegen vorsätzlicher Tatbestandsverwirklichung zeigt, lassen sich die für die Feststellung einer bewußten Entscheidung gegen die Rechtsgüter der Verbraucher erforderlichen subjektiven Handlungsziele und Beweggründe der Gremiumsmitglieder nur in wenigen Fällen in ausreichendem Maße ermitteln oder beweisen. Ein Eventualvorsatz der Gremiumsmitglieder wird deshalb häufig nur schwer feststellbar sein.

III. Ergebnis des Abschnittes E.

In der überwiegenden Anzahl der Fälle wird ein vorsätzliches Verhalten der Gremiumsmitglieder nur schwer oder gar nicht feststellbar sein. Zum einen wird es den Gremiumsmitgliedern häufig an der Kenntnis der konkreten Handlungsalternativen fehlen. Dies gilt insbesondere für die hier vertretene analoge Anwendung des § 744 II BGB. Zum anderen wird sich eine bewußte Entscheidung der Gremiumsmitglieder gegen die Rechtsgüter der Verbraucher nur in wenigen Fällen ermitteln oder beweisen lassen. Mangels des erforderlichen voluntativen Elements wird sich deshalb in der Regel ein dolus eventualis der Gremiumsmitglieder nicht feststellen

---

32 So aber *Eidam*, Unternehmen und Strafe, S. 306.

33 Siehe oben, Abschnitt E. II. 3. a), S. 167 ff.

lassen. Damit wird deutlich, daß die seltene Feststellung eines vorsätzlichen Verhaltens der Gremiumsmitglieder ihre Ursache weniger im materiellen Recht als vielmehr im Prozeßrecht hat. In der strafprozessualen Praxis wird die Annahme eines Vorsatzes häufig an der Schwierigkeit scheitern, den Beweis dafür zu erbringen, daß die verantwortlichen Geschäftsleitungsmitglieder den tatbestandlichen Erfolg billigend in Kauf genommen haben. Ein Eventualvorsatz der Gremiumsmitglieder wird sich vielmehr nur ausnahmsweise, in besonderen Situationen - etwa einer Sondersitzung der Geschäftsleitung, deren Inhalt genau protokolliert ist - beweisen lassen. Maßgebliche Bedeutung kommt somit in erster Linie der fahrlässigen Tatbestandsverwirklichung zu. Deren Feststellung gilt es deshalb im folgenden zu untersuchen.

F. DER INDIVIDUELLE FAHRLÄSSIGKEITSVORWURF

I. Die objektive Sorgfaltspflichtverletzung

Für das Fahrlässigkeitsdelikt ist die ungewollte Verwirklichung des gesetzlichen Tatbestandes durch eine pflichtwidrige Vernachlässigung der im Verkehr erforderlichen Sorgfalt kennzeichnend[1]. Die herrschende Meinung bestimmt die Fahrlässigkeit dabei nach einem doppelten Maßstab. Auf der Tatbestandsebene ist eine Verletzung der für die Erfolgsvermeidung objektiv erforderlichen Sorgfaltsanforderungen festzustellen. Erst wenn die objektive Seite der Fahrlässigkeit ermittelt worden ist, ist auf der Schuldebene zu prüfen, ob der Täter subjektiv in der Lage war, das objektiv erforderliche Maß an Sorgfalt zu erbringen[2]. Kern des Fahrlässigkeitsvorwurfes ist somit die Feststellung einer Verletzung der objektiven Sorgfaltsanforderung[3]. Zur Bestimmung der objektiven Sorgfaltswidrigkeit haben sich in der Rechtsprechung[4] und der überwiegenden Literatur[5] die Kriterien der „Vorherseh-

---

1 *Baumann / Weber / Mitsch*, AT, § 22, Rz. 12; *Jescheck / Weigend*, AT, § 55 I 2; *Wessels / Beulke*, AT, Rz. 656.

2 BGHSt 31, S. 96, 101; *Fünfsinn*, Der Aufbau des fahrlässigen Verletzungsdeliktes, S. 72; *Hirsch*, ZStW 94 (1982), S. 266 ff.; *Jescheck / Weigend*, AT, § 54 I 3; Schönke / Schröder / *Cramer*, § 15, Rz. 118 ff.; *Wessels / Beulke*, AT, Rz. 692; *Ulsenheimer*, JZ 1969, S. 364. Dagegen wird von einem Teil der Literatur vertreten, daß bereits der Tatbestand durch die dem Täter individuell obliegende Sorgfaltspflicht begrenzt sei, *Castaldo*, GA 1993, S. 495 ff.; *Jakobs*, AT, 9 / 8 ff.; *Stratenwerth*, in: Festschrift für Jescheck, 1985, S. 285 ff. A. A. *Baumann / Weber / Mitsch*, AT, § 22, Rz. 30 ff., nach denen die objektive Sorgfaltspflichtverletzung auf der Ebene der Rechtswidrigkeit zu prüfen ist.

3 *Jescheck / Weigend*, AT, § 54 I 3 m.w.N.

4 BGHSt 33, S. 61; OLG Stuttgart, JZ 1980, S. 618; OLG Hamm, VRS 1960, S. 38.

5 *Baumann / Weber / Mitsch*, AT, § 22, Rz. 10 ff.; *Burgstaller*, Fahrlässigkeitsdelikt, S. 16 f.; *Fünfsinn*, Der Aufbau des fahrlässigen Verletzungsdeliktes, S. 72; *Kühl*, AT, § 17, Rz. 22 ff., 40 ff.; *Jescheck / Weigend*, AT, § 54 I 4; *Maurach / Gössel / Zipf*, AT 2, Rz. 43 ff.; Schönke / Schröder / *Cramer*, § 15, Rz. 120 ff.; *Schünemann*, GA 1985, S. 341, 359; *Wessels / Beulke*, AT, Rz. 667; Kritisch zum Begriff der Sorgfaltswidrigkeit, *Roxin*, AT 1, § 24, Rz. 8 ff. m.w.N.

barkeit" der Tatbestandsverwirklichung sowie der „objektiven Sorgfaltspflichtverletzung" herausgebildet. Die Erkennbarkeit des Erfolges ist dabei notwendige Voraussetzung der objektiven Sorgfaltswidrigkeit, da sich ein sorgfältiges Verhalten in der Regel nach der Vorhersehbarkeit schädlicher Erfolge richtet[6]. Beim fahrlässigen Unterlassungsdelikt bezieht sich die Vorhersehbarkeit zudem sowohl auf die Erkennbarkeit der Handlungsmöglichkeiten als auch auf die Umstände, welche eine Garantenstellung begründen[7]. Dabei ist allerdings die individuelle Garantenpflicht scharf von der Sorgfaltspflicht zu trennen. Beim fahrlässigen Unterlassungsdelikt fallen zwar beide Pflichten teilweise zusammen. Um jedoch die Grenzen der Sorgfaltswidrigkeit exakt bestimmen zu können, müssen sie sowohl begrifflich als auch inhaltlich unterschieden werden[8]. Wesentlich für die Feststellung fahrlässigen Verhaltens ist damit die inhaltliche Bestimmung und Begrenzung der objektiven Sorgfaltspflichtverletzung.

II. Kriterien zur Feststellung der objektiven Sorgfaltspflichtverletzung

1. Die Orientierung an Sondernormen

Die Sorgfaltsanforderungen, die an ein bestimmtes Verhalten gestellt werden, lassen sich häufig aus Sondernormen, z. B. StVO und StVZO, aus sogenannten Verkehrsnormen, z. B. DIN- und VdI-Vorschriften, sowie aus Erfahrungssätzen wie den allgemein anerkannten Regeln der Technik[9] ableiten. Die objektive Sorgfaltswidrigkeit kann sich demnach grundsätzlich aus dem Verstoß gegen Normen erge-

---

6 *Kühl*, AT, § 17, Rz. 18 f.; *Kuhlen*, Produkthaftung, S. 93; Schönke / Schröder / *Cramer*, § 15, Rz. 125; *Wessels / Beulke*, AT, Rz. 667.

7 *Kühl*, AT, § 19, Rz. 4 m.w.N.

8 *Fünfsinn*, Der Aufbau des fahrlässigen Verletzungsdeliktes, S. 101; *Jescheck / Weigend*, AT, § 59 VII; *Kühl*, AT, § 19, Rz. 3 f.; *Stratenwerth*, AT, Rz. 1167.

9 BGH, NJW 1987, S. 372; *Baumann / Weber / Mitsch*, AT, § 22, Rz. 23, 37; *Goll*, in: Produkthaftungshandbuch, § 45, Rz. 32; *Kühl*, AT, § 17, Rz. 23; *Lenckner*, in: Festschrift für Engisch, 1969, S. 490 ff.

ben. Entsprechende Sondernormen und die allgemeine Sorgfaltspflicht sind in der Regel jedoch nicht identisch. Nach der Rechtsprechung und der Literatur ist vielmehr danach zu differenzieren, ob der jeweiligen Sondernorm Rechtssatzqualität zukommt[10]. Erst wenn das der Fall ist, soll die Verletzung der Sondernorm der Sorgfaltswidrigkeit entsprechen. Der Verstoß gegen eine Sondernorm hat deshalb in den übrigen Fällen allenfalls indizielle Bedeutung für das Vorliegen einer Sorgfaltspflichtverletzung[11]. Dies gilt um so mehr, wenn man weiterhin berücksichtigt, daß häufig die Besonderheiten der konkreten Fallkonstellation nicht erfaßt werden können, weil entsprechende Sondernormen nicht bestehen oder durch die technische Entwicklung überholt sind. Es bedarf deshalb weiterer bzw. differenzierterer Kriterien, um eine objektive Sorgfaltspflichtverletzung hinreichend sicher feststellen zu können.

2. Die Orientierung an der Maßfigur eines bestimmten Verkehrskreises

Als ein differenzierteres Kriterium zur Feststellung einer objektiven Sorgfaltspflichtverletzung könnte sich die Orientierung an Sorgfaltsmaßstäben erweisen, die in bestimmten Tätigkeitsbereichen - sogenannten Verkehrskreisen - allgemein anerkannt sind[12]. Nach der Rechtsprechung[13] und der wohl herrschenden Ansicht in

---

10 RGSt 76, S. 1 f.; BGH, NJW 1987, S. 372, 373; *Kuhlen*, Produkthaftung, S. 115 ff. m.w.N.

11 BGHSt 12, S. 75, 78; *Kuhlen*, Produkthaftung, S. 114 ff.; *Lenckner*, in: Festschrift für Engisch, 1969, S. 490 ff.; *Schünemann*, in: Festschrift für Lackner, 1987, S. 367 ff.

12 *Baumann / Weber / Mitsch*, AT, § 22, Rz. 23.

13 BGHSt 7, S. 307; 20, S. 315, 321; BGH, JR 1986, S. 248; BGH, NStZ 1991, S. 30; OLG Köln, NJW 1963, S. 2382.

der Literatur[14] ergibt sich dabei die Festlegung von objektiven Sorgfaltspflichten aus den Anforderungen, die bei einer Betrachtung der Gefahrenlage ex ante an einen besonnenen und gewissenhaften Menschen des Verkehrskreises, dem der Handelnde angehört, in der konkreten Situation zu stellen sind. Trotz der Orientierung an diesem Durchschnittsmaßstab ist aber gleichfalls von weiten Teilen der Literatur anerkannt, daß eine objektive Sorgfaltspflichtverletzung ausnahmsweise auch dann angenommen werden muß, wenn beim Täter vorhandenes Sonderwissen[15] oder Sonderfähigkeiten[16] nicht zur Erfolgsvermeidung eingesetzt wurden. Die Bestimmung von objektiven Sorgfaltspflichten der einzelnen Mitglieder mehrköpfiger Entscheidungsgremien hätte sich demnach daran zu orientieren, welche Sorgfalt ein gewissenhafter und besonnener Produzent bzw. Geschäftsführer einer bestimmten Branche bei der Herstellung und dem Vertrieb von Produkten anzuwenden hat. In einem weiteren Schritt wäre dann zu prüfen, inwieweit vorhandenes Sonderwissen oder Sonderfähigkeiten der einzelnen Gremiumsmitglieder eine Modifizierung der Sorgfaltsanforderungen bewirken[17].

Die Orientierung an einer Maßfigur eines bestimmten Verkehrskreises erscheint grundsätzlich überzeugend. Bei genauerer Betrachtung wird jedoch deutlich, daß auch der Rekurs auf einen standardisierten Sorgfaltstyp nicht wesentlich zu einer Präzisierung der objektiven Sorgfaltspflichten eines Produzenten von Publikums-

---

14 *Bockelmann / Volk*, AT, S. 160 f.; *Burgstaller*, Fahrlässigkeitsdelikt, S. 57; *Jescheck / Weigend*, AT, § 55 I 2 b); *Kaminski*, Der objektive Maßstab, S. 135 ff., 146 f.; *Kühl*, AT, § 17, Rz. 25; Schönke / Schröder / *Cramer*, § 15, Rz. 125 ff.; *Wessels / Beulke*, AT, Rz. 669. A. A. *Jakobs*, AT, 9 / 8 ff.; SK / *Samson*, Anh. zu § 16, Rz. 12 f., nach deren Ansicht die Bestimmung der Sorgfaltswidrigkeit allein nach subjektiven Maßstäben vorzunehmen ist.

15 *Hirsch*, ZStW 94 (1982), S. 266, 274; *Jescheck / Weigend*, AT, § 54 I 3; *Maurach / Gössel / Zipf*, AT 2, § 43, Rz. 110 ff.; Schönke / Schröder / *Cramer*, § 15, Rz. 139; *Wessels / Beulke*, AT, Rz. 670. A. A. *Bockelmann / Volk*, AT, S. 160, die eine Ausnahme vom Durchschnittsmaßstab ablehnen.

16 *Herzberg*, Jura 1984, S. 410; *Jescheck / Weigend*, AT, § 54 I 3; *Kuhlen*, Produkthaftung, S. 85; *Roxin*, AT 1, § 24, Rz. 50 f.; Schönke / Schröder / *Cramer*, § 15, Rz. 138 f. A. A. *Bockelmann / Volk*, AT, a.a.O.

17 Zu einer entsprechenden Verschärfung durch die Grundsätze der Produktbeobachtung vgl. etwa *Goll*, in: Produkthaftungshandbuch, § 45, Rz. 40 f.

produkten beitragen kann. Zum einen weist *Kuhlen*[18] zu Recht darauf hin, daß bei der Orientierung an der Maßfigur eines gewissenhaften und besonnenen Mitglieds eines bestimmten Verkehrskreises die Gefahr eines Zirkelschlusses besteht: Auch die normative Bestimmung von Maßfiguren kommt ohne eine Orientierung an den tatsächlichen Verhaltensweisen innerhalb eines bestimmten Verkehrskreises nicht aus. Je mehr sich jedoch die normative Bestimmung der Maßfigur an den verkehrsüblichen Sorgfaltsanforderungen orientiert, desto stärker besteht die Gefahr, daß die Bestimmung der im Verkehr erforderlichen Sorgfalt durch die Deskription der im Verkehr tatsächlich geübten Sorgfalt ersetzt wird[19]. Ist das jedoch der Fall, ist die Festlegung einer Maßfigur für den jeweiligen Verkehrskreis überflüssig und damit für die konkrete Bestimmung des Sorgfaltsmaßstabes nutzlos[20]. Zum anderen ist bei der Vielzahl von unterschiedlichen in Betracht kommenden Sorgfaltspflichten eine generelle, vom Einzelfall abstrahierte, inhaltliche Bestimmung der Sorgfaltspflichten und damit auch die Bestimmung einer bestimmten Maßfigur kaum möglich[21]. Der Orientierung an der Maßfigur eines bestimmten Verkehrskreises kann deshalb nicht gefolgt werden.

Die Aufgabe, durch die Entwicklung von konkreten Verhaltensanforderungen eine präzise Bestimmung der objektiven Sorgfaltswidrigkeit herbeizuführen, fällt vielmehr allein der Rechtsprechung, mithin den Strafgerichten zu[22]. In der strafrechtlichen Judikatur[23] läßt sich aber die Entwicklung entsprechender Verhaltensanforderungen bisher nur vereinzelt feststellen. Im Gegensatz dazu ist im Zivilrecht - und hier insbesondere im Bereich der Produkthaftung - eine entsprechende Konkretisierung von objektiven Sorgfaltsanforderungen bereits in erheblichem Umfang er-

---

18 *Kuhlen*, Produkthaftung, S. 101 ff. m.w.N.

19 *Kuhlen*, a.a.O., S. 102.

20 Ebenso *Hilgendorf*, Strafrechtliche Produzentenhaftung, S. 155.

21 *Hilgendorf*, Strafrechtliche Produzentenhaftung, S. 146 m.w.N.

22 *Burgstaller*, Fahrlässigkeitsdelikt, S. 44; *Schünemann*, JA 1975, S. 575, 578.

23 LG Aachen, JZ 1971, S. 507 ff.; OLG Karlsruhe, NJW 1981, S. 1054; LG Mainz, abgedruckt in: Schmidt-Salzer, ES, IV. 3.22; BGHSt 37, S. 106, 121 f.; LG Frankfurt a. M., ZUR 1994, S. 33 ff.

folgt. Die zivilrechtliche Judikatur hat dabei im Rahmen der Entwicklung von Verkehrssicherungspflichten zu einer umfassenden Differenzierung und Präzisierung von Organisations-[24], Instruktions-[25] und Produktbeobachtungspflichten[26] geführt und damit wesentlich zur Rechtssicherheit im Bereich der zivilrechtlichen Produkthaftung beigetragen[27]. So ist etwa ein Warenhersteller ständig gehalten, den Fortgang von Wissenschaft und Technik im Hinblick auf mögliche Gefährdungen durch sein Produkt zu verfolgen[28], und bereits bei einem ernstzunehmenden Gefährdungsverdacht verpflichtet, die Betroffenen vor möglichen Gefahren zu warnen[29]. Es stellt sich deshalb die Frage, ob und inwieweit die im Bereich des Zivilrechts zur Konkretisierung der Sorgfaltsanforderungen entwickelten Verkehrssicherungspflichten auch im Rahmen der strafrechtlichen Produktverantwortung herangezogen werden können, um die objektive Sorgfaltspflichtverletzung näher zu bestimmen.

3. Die Orientierung an den zivilrechtlichen Verkehrssicherungspflichten

a) *Die Ansichten in der Literatur*

Zur Bestimmung des Sorgfaltsmaßstabes bei Fahrlässigkeitsdelikten hat die Rechtsprechung häufig zivilrechtliche Verkehrssicherungspflichten ohne weiteres in das

---

24 BGHZ 80, S. 186; BGH, VersR 1960, S. 855; BGH, NJW 1975, S. 1827 m.w.N.

25 BGHZ 80, S. 186; BGH, NJW 1987, S. 1009.

26 BGHZ 80, S. 199; BGH, NJW 1990, S. 906; BGH, NJW 1994, S. 517 m.w.N.

27 *Hilgendorf*, Strafrechtliche Produzentenhaftung, S. 147; *Kuhlen*, Produkthaftung, S. 83.

28 BGH, VersR 1960, S. 587; BGH, BB 1970, S. 1414 f.; BGH, NJW 1981, 1603 ff.; BGH, NJW 1987, S. 1009.

29 Eine entsprechende Warnpflicht trifft den Produzenten auch dann, wenn der Produktmangel ein dem Hersteller nicht zurechenbares Entwicklungsrisiko betrifft, BGHZ 80, S.186, 189; *Ulmer*, ZHR 152 (1988), S. 564, 572 m.w.N.

Strafrecht übertragen[30]. Dementsprechend ist auch die überwiegende Meinung in der Literatur[31] der Ansicht, daß die durch die zivilrechtliche Judikatur zur Produkthaftung entsprechend konkretisierten Sorgfaltsanforderungen in das Strafrecht übertragen werden können. Hinsichtlich der objektiven Sorgfaltswidrigkeit im Zivil- und Strafrecht seien deshalb grundsätzlich die gleichen Maßstäbe anzulegen[32].

Gegen eine direkte Übertragung hat sich jedoch insbesondere *Kuhlen*[33] ausgesprochen. *Kuhlen* ist der Ansicht, daß die pflichtenkonstitutive Interessenabwägung zwischen Hersteller und Verbraucher im Zivilrecht nach anderen teleologischen Gesichtspunkten erfolge als im Strafrecht. Die zivilrechtliche Produkthaftung sei in weitem Umfang von dem Versuch einer möglichst effizienten Verteilung des wirtschaftlichen Risikos geprägt, so daß die Gefahr einer Annäherung an eine Gefährdungshaftung bestehe[34]. Eine unbesehene Übertragung der zivilrechtlichen Judikatur in das Strafrecht sei deshalb abzulehnen. *Kuhlen* ist vielmehr der Ansicht, daß eine entsprechende Orientierung des Strafrichters an der zivilrechtlichen Rechtsprechung nur insofern denkbar sei, als die zivilrechtliche Pflichtenbestimmung ein Höchstmaß der an Hersteller und Handel zu stellenden Sorgfaltsanforderungen formuliere[35].

---

30 BGH, VRS 1969, S. 172; BGH, VersR 1979, S.1055 (Straßenverkehrssicherungspflicht); BGH, NJW 1985, S. 620 (Verkehrssicherungspflicht für Skipisten); BGH, NJW 1988, S. 496 (Streupflicht); BGH, MDR 1988, S. 576 (Verkehrssicherungspflicht eines Grillbetriebes, um der Selbstentzündung von Fett vorzubeugen). Weitere Nachweise bei: Schönke / Schröder / *Cramer*, § 15, Rz. 218 a ff.

31 *Brinkmann*, in: Brendl, Produzentenhaftung, Bd. 3, S. 72; *Eichinger*, Die strafrechtliche Produkthaftung, S. 221; *Goll*, in: Produkthaftungshandbuch, § 45, Rz. 32, 36; *Hilgendorf*, Strafrechtliche Produzentenhaftung, S. 161 f.; *Schmidt-Salzer*, Produkthaftung, Rz. 1.365, 1.522; *Scholl*, NJW 1981, S. 2737.

32 *Brinkmann*, in: Brendl, Produzentenhaftung, Bd. 3, S. 72.

33 *Kuhlen*, Produkthaftung, S. 150 f. Ebenso *Eidam*, Unternehmen und Strafe, S. 300, allerdings ohne Begründung.

34 *Kuhlen*, Produkthaftung, S. 91; ebenso *Schumann*, Handlungsunrecht, S. 117.

35 *Kuhlen*, a.a.O., S. 151. Ebenso *Eichinger*, Die strafrechtliche Produkthaftung, S. 222.

b) *Stellungnahme*

Die vorstehenden Bedenken gegen eine Übernahme der im Zivilrecht entwickelten Sorgfaltsmaßstäbe in das Strafrecht zur Bestimmung der objektiven Sorgfaltswidrigkeit entsprechen in der Sache den Einwendungen, die auch gegen eine Ableitung der Garantenstellung aus zivilrechtlichen Verkehrssicherunspflichten vorgebracht werden[36]. Hier wie dort ist jedoch eine strafrechtlichen Orientierung an den zivilrechtlichen Grundsätzen zur Bestimmung der Sorgfaltsanforderungen möglich, wenn die Besonderheiten des Strafrechts und insbesondere das strafrechtliche Schuldprinzip beachtet werden.

Der Hinweis *Kuhlens* auf die teilweise unterschiedliche Zweckbestimmung der zivilrechtlichen Sorgfaltsanforderungen durch die Orientierung an wirtschaftlichen Kriterien verdient somit zwar grundsätzlich Zustimmung. Im Rahmen der zivilrechtlichen Produkthaftung wird die Haftung des Produzenten u. a. auch damit begründet, daß dieser am ehesten in der Lage sei, sich gegen das Produktrisiko zu versichern[37]. Gleiches gilt für den Verweis auf das „Nutzen-Nachteil-Prinzip", nach dem das Produktrisiko ebenfalls eher dem Hersteller als dem Verbraucher anzulasten sei[38]. Beide Erwägungen dienen allein einer möglichst effizienten Verteilung des Haftungsrisikos. Berücksichtigt man darüber hinaus die Vielzahl der von der Rechtsprechung entwickelten Verkehrssicherungspflichten, so hat sich die zivilrechtliche Produkthaftung einer Gefährdungshaftung grundsätzlich angenähert[39]. In einem am Schuldprinzip orientierten Strafrecht sind diese Kriterien für die Begründung von Sorgfaltspflichten deshalb gänzlich unbrauchbar. Diese Entwicklung der zivilrechtlichen Judikatur im Bereich der Produkthaftung schließt jedoch eine Orientierung des Strafrechts an den dort entwickelten Grundsätzen zu den Sorgfaltsanforderungen nicht aus. Zum einen ist die zivilrechtliche Annäherung an eine

---

36 Siehe oben, Abschnitt D. VIII. 2. b), S. 144 ff.

37 *Diederichsen*, NJW 1978, S. 1281; Münchener Kommentar / *Mertens*, § 823, Rz. 279.

38 *Diederichsen*, a.a.O.; Münchener Kommentar / *Mertens*, a.a.O.

39 *Beulke / Bachmann*, JuS 1992, S. 737, 740; *Kuhlen*, Produkthaftung, S. 91; *Neudecker*, Verantwortlichkeit, S. 114.

Gefährdungshaftung wesentlich durch die Einführung der Beweislastumkehr bedingt[40]. Im Strafrecht ist dagegen wegen des „in dubio pro reo"-Grundsatzes ein Vollbeweis der materiellen Strafbarkeitsvoraussetzungen notwendig[41]. Eine Beweislastumkehr ist somit unzulässig[42]. Die Gefahr der Übernahme von Elementen einer Gefährdungshaftung in das Strafrecht ist somit wesentlich geringer, als es die Ausführungen *Kuhlens* vermuten lassen. Zum anderen werden in der zivilrechtlichen Rechtsprechung zur Begründung von Sorgfaltsanforderungen neben wirtschaftlichen Kriterien auch spezifisch „pflichtbegründende" Gesichtspunkte herangezogen. Dies gilt insbesondere für die Konkretisierung der Produktbeobachtungspflicht des Produzenten[43]. Die Abwägung zwischen den Freiheitsentfaltungsinteressen des Herstellers und den Gütererhaltungsinteressen der Verbraucher dient vornehmlich dem Rechtsgüterschutz. Die dabei von der zivilrechtlichen Judikatur[44] entwickelten Instruktions-, Warn- und Rückrufpflichten basieren u. a. auf der Überlegung, daß der Hersteller am ehesten in der Lage ist, die erst nach Inverkehrbringen der Produkte auftretenden Gefahren zu erkennen und abzuwenden[45]. Damit orientiert sich jedoch in diesen Fällen die zivilrechtliche Bestimmung der anzuwendenden Sorgfalt gerade nicht allein an einer möglichst effizienten Verteilung des Produktrisikos. Im Vordergrund einer entsprechenden Bestimmung der Sorgfaltsanforderungen stehen vielmehr neben dem Gesichtspunkt des Rechtsgüterschutzes die im Zivilrecht und Strafrecht gleichermaßen[46] erforderlichen Kriterien der Vorhersehbarkeit bzw. Erkennbarkeit von Rechtsgutsverletzungen durch die in den Ver-

---

40 *Baumgärtel*, JA 1984, S. 660, 665. So auch *Kuhlen*, Produkthaftung, S. 92.

41 *Schmidt-Salzer*, NJW 1994, S. 1305, 1310; *Firgau*, in: HWiStR, S. 1.

42 *Eidam*, Unternehmen und Strafe, S. 299.

43 BGHZ 80, S. 199, 202; BGH, VersR 1989, S. 1307, 1308; BGH, NJW 1990, S. 906; BGH, NJW 1994, S. 2560 m.w.N.

44 BGHZ 80, S. 186; BGHZ 99, S. 162; BGH, NJW 1981, S. 1606; BGH, DB 1990, S. 627, 629. Ausführlich zur Entwicklung der zivilrechtlichen Produktbeobachtungspflicht durch die Rechtsprechung, *Kunz*, BB 1994, S. 450 ff.; *Dietrich*, Produktbeobachtungspflicht, S. 27 ff. m.w.N.

45 *Frisch*, Tatbestandsmäßiges Verhalten, S. 201 ff.; *Beulke / Bachmann*, JuS 1992, S. 737, 740, sprechen von einem „Wissens- und Wirkungsvorsprung".

46 *Kuhlen*, Produkthaftung, S. 94, 98 m.w.N.

kehr gebrachten Produkte. Da sich die zivilrechtliche Konkretisierung der Sorgfaltsanforderungen somit vorwiegend als verhaltenssteuernd erweist, ist eine Übernahme der zivilrechtlichen Judikatur in das Strafrecht insoweit durchaus möglich.

In der Sache zeigt sich dies auch in der neueren strafrechtlichen Rechtsprechung. So hat etwa der BGH[47] die Auffassung des LG Frankfurt a. M.[48] im Holzschutzmittel-Verfahren bestätigt, daß die Angeklagten bereits bei den ersten ernstzunehmenden Anzeichen einer Schadenswirkung durch die Holzschutzmittel geeignete Gegenmaßnahmen hätten ergreifen müssen. Aufgrund der Beanstandungen seien die Angeklagten zum Studium der toxikologischen Literatur verpflichtet gewesen. Dabei hätte ihnen auffallen müssen, daß es über chronische Langzeitexpositionen im Niedrigdosisbereich praktisch keinerlei wissenschaftlich fundierte Erkenntnisse gab[49]. Das Fehlen von entsprechend gesicherten Erkenntnissen steht nach Ansicht des Gerichts einem Fahrlässigkeitsvorwurf jedoch nicht entgegen. Angesichts der unternehmensspezifischen Handlungsmöglichkeiten[50] seien die Angeklagten vielmehr dazu verpflichtet gewesen, die Schadensfälle zu erforschen[51]. Damit entspricht das Gericht zunächst dem von der wohl herrschenden Meinung[52] anerkannten Grundsatz, daß eine objektive Sorgfaltspflichtverletzung auch dann anzunehmen ist, wenn vorhandene Sonderfähigkeiten nicht genutzt werden. Wesentlich ist jedoch, daß mit der weitreichenden Feststellung einer Erforschungspflicht aus kon-

---

47 BGH, NStZ 1995, S. 590 ff.

48 LG Frankfurt a. M., ZUR 1994, S. 33 ff.

49 LG Frankfurt a. M., ZUR 1994, S. 33, 36.

50 Im maßgeblichen Zeitpunkt der vom Gericht geforderten Schadenserforschung standen den Angeklagten die Forschungskapazitäten der B. AG, einem Chemieunternehmen und Mitgesellschafterin der AG, zur Verfügung, LG Frankfurt a. M., ZUR 1994, S. 33, 36.

51 LG Frankfurt a. M., ZUR 1994, S. 33, 36.

52 BGH, JZ 1987, S. 877; *Hirsch*, ZStW 94 (1982), S. 266, 274; *Jescheck / Weigend*, AT, § 54 I 3; *Kuhlen*, Produkthaftung, S. 85; *Maurach / Gössel / Zipf*, AT 2, § 43, Rz. 110 ff.; *Roxin*, AT 1, § 24, Rz. 50 f.; Schönke / Schröder / *Cramer*, § 15, Rz. 138; *Wessels / Beulke*, AT, Rz. 670.

kretem Anlaß nach erfolgtem Inverkehrbringen von bestimmten Produkten die Konkretisierung der strafrechtlichen Sorgfaltsanforderungen inhaltlich der zivilrechtlichen Judikatur zur Produktbeobachtung entspricht.

Aus den vorstehenden Ausführungen ergibt sich demnach, daß eine Orientierung an den im Zivilrecht entwickelten Grundsätzen zur Bestimmung der Sorgfaltsanforderungen durchaus möglich ist und in der strafrechtlichen Judikatur auch vorgenommen wird. Im Strafrecht verlangt jedoch die Bindung an das Schuldprinzip individuelle Vorwerfbarkeit, so daß sich jede Tendenz zu einer Gefährdungshaftung verbietet. Überspannte Anforderungen an die aufzuwendende Sorgfalt, die nicht auf eine Verhaltenssteuerung, sondern lediglich auf eine angemessene Schadensverteilung abzielen, sind demnach für das Strafrecht unbrauchbar[53]. Ebenso wie im Bereich der Garantenstellung[54] gilt deshalb auch für die Bestimmung der objektiven Sorgfaltswidrigkeit im Rahmen des individuellen Fahrlässigkeitsvorwurfes, daß eine Übernahme der zivilrechtlichen Judikatur zu den Sorgfaltsanforderungen in das Strafrecht nicht unbesehen geschehen kann. Insoweit ist *Kuhlen*[55] zwar zuzustimmen, daß auf Grund der Annäherung an eine Gefährdungshaftung im Rahmen der zivilrechtlichen Produkthaftung in der zivilrechtlichen Pflichtenbestimmung ein Höchstmaß der an Hersteller und Handel zu stellenden Sorgfaltsanforderungen zu sehen ist. Soweit dies jedoch berücksichtigt wird, ist es möglich, die im Bereich des Zivilrechts zur Konkretisierung der Sorgfaltsanforderungen entwickelten Verkehrssicherungspflichten auch im Rahmen der strafrechtlichen Bestimmung der objektiven Sorgfaltspflicht heranzuziehen.

Ausgehend von diesem Ergebnis soll nunmehr versucht werden, die objektive Sorgfaltspflichtverletzung der Mitglieder eines mehrköpfigen Entscheidungsgremiums in den Situationen des Unterlassens der Veranlassung einer Warn- oder Rückrufaktionen näher zu bestimmen. Dabei ist zunächst auf die dem einzelnen Produzenten bzw. dem Herstellerunternehmen obliegenden Sorgfaltsanforderungen

---

53 *Freund*, Erfolgsdelikt, S. 216; *Schmidt-Salzer*, Produkthaftung, Rz. 1.326.

54 Siehe oben, Abschnitt D. VIII. 2. c), S. 147 ff.

55 *Kuhlen*, Produkthaftung, S. 151.

einzugehen. Im Anschluß daran ist zu prüfen, ob und inwieweit die für den einzelnen Produzenten ermittelten Ergebnisse zur Bestimmung der individuellen Sorgfaltsanforderungen der Gremiumsmitglieder herangezogen werden können. Hierbei ist insbesondere auch der Frage nachzugehen, in welchem Umfang deren Sorgfaltspflichten aufgrund der Einbindung in das Geschäftsleitungsgremium modifiziert werden müssen.

III. Die objektive Sorgfaltspflichtverletzung im Fall des Unterlassens einer Warn- oder Rückrufaktion

1. Die objektive Sorgfaltspflicht des Produzenten

a) *Die Produktbeobachtungspflicht*

Wie in Abschnitt F. II. 3. b)[56] dargelegt, kann die zivilrechtliche Produktbeobachtungspflicht im Strafrecht zur Bestimmung der objektiven Sorgfaltspflichtverletzung herangezogen werden. Diese verpflichtet den Hersteller, auch nach dem Inverkehrbringen seiner Produkte die Bewährung derselben in der Praxis zu überprüfen und Anhaltspunkten für Gefahrenquellen eigenverantwortlich nachzugehen[57]. Dabei ist er gehalten, laufend den Fortgang der Entwicklung von Wissenschaft und Technik auf dem einschlägigen Gebiet zu verfolgen[58]. Bereits bei einem ernsthaften Verdacht von gesundheitsschädigenden Wirkungen des Produktes verdichtet sich die Produktbeobachtungspflicht dann zur Pflicht, Sicherungsmaßnahmen zu treffen[59]. In Fällen der Veranlassung einer Warn- oder Rückrufaktion ist demnach eine objektive Sorgfaltspflichtverletzung des Produzenten bereits dann zu bejahen, wenn und soweit der Produzent die ersten ernstzunehmenden Anzeichen einer Schadenswir-

---

56 Siehe oben, S. 182 ff.

57 *Fahrenhorst*, JuS 1994, S. 288, 290; *Kassebohm / Malorny*, BB 1994, S. 1364, 1366; *Rolland*, Produkthaftungsrecht, Rz. 45 ff.; *Schwenzer*, JZ 1987, S. 1059.

58 BGH, NJW 1981, S. 1606, 1607 f.; *Pieper*, BB 1991, S. 985, 987; *v. Westphalen*, ZIP 1992, S. 532, 534 m.w.N.

59 BGHZ 80, S.186, 192; *Kullmann*, Produkthaftpflicht, S. 51.

kung seiner Produkte nicht oder nicht hinreichend beachtet, die Gefahr einer Gesundheitsbeschädigung dadurch nicht erkennt und deshalb nicht reagiert[60]. Eine Verletzung der Produktbeobachtungspflicht kann sich dabei sowohl aus der unzureichenden Aufklärung und Überprüfung eines ersten ernsthaften Gefahrverdachts[61] als auch aus der mangelhaften Nutzung der in dem jeweiligen Unternehmen gegebenen Möglichkeiten der Produktbeobachtung ergeben[62]. Die Berücksichtigung der zur zivilrechtlichen Produktbeobachtungspflicht entwickelten Grundsätze ermöglicht somit grundsätzlich eine Konkretisierung der strafrechtlichen Sorgfaltsanforderungen des Produzenten.

Dabei ist allerdings zu beachten, daß auch die Orientierung an der zivilrechtlichen Produktbeobachtungspflicht ihre Grenzen hat. Die Schwierigkeit, zu bestimmen, unter welchen Voraussetzungen ein erster ernstzunehmender Gefahrverdacht gegeben ist, bleibt nämlich bestehen. So stellt sich etwa die Frage, wieviele und welche Art von Schadens- oder Fehlermeldungen die Feststellung eines solchen Gefahrverdachts begründen können[63], und wie ein entsprechender Gefahrverdacht von einer „öffentlichen Hysterie“ oder einer „Medienkampagne“ abzugrenzen ist[64]. Allein bei Berücksichtigung der unterschiedlichen Gefährdungspotentiale von verschiedenen Produkten wird deutlich, daß sich diese Frage nicht abstrakt beantworten läßt. Die Verletzung der Produktbeobachtungspflicht und damit die konkrete Feststellung objektiv pflichtwidrigen Verhaltens seitens des Produzenten im Hinblick auf das Unterlassen einer Warn- oder Rückrufaktion kann vielmehr nur nach der Lage des Einzelfalles festgestellt werden.

---

60 LG Frankfurt a. M., ZUR 1994, S. 33, 35 f.; *Goll*, in: Produkthaftungshandbuch, § 45, Rz. 41; *Schulz*, ZUR 1994, S. 26, 29.

61 LG Frankfurt a. M., ZUR 1994, S. 33, 36; *Hassemer*, Produktverantwortung, S. 58; *Schmidt-Salzer*, NJW 1996, S. 1, 5.

62 *Goll*, in: Produkthaftungshandbuch, § 45, Rz. 14; § 46, Rz. 9 f.

63 *Neudecker*, Verantwortlichkeit, S. 115; *Schulz*, ZUR 1994, S. 26, 29.

64 *Kuhlen*, JZ 1994, S. 1142, 1147.

Trotz der Notwendigkeit, die Umstände des Einzelfalles zu berücksichtigen, lassen sich aber allgemeine Kriterien feststellen, mit denen sich das Vorliegen eines ernsthaften Gefahrverdachts näher konkretisieren läßt. Anknüpfungspunkt wird dabei regelmäßig das Bekanntwerden von Fehlermeldungen bzw. von Schadensfällen sein, deren Überprüfung unabhängig von einer etwaigen „öffentlichen Hysterie" oder einer „Medienkampagne" zu erfolgen hat. Als Beurteilungshilfen, die für die Annahme eines ersten Gefahrverdachts maßgeblich sein können, kommen dabei vor allem die Art des geschützten Rechtsgutes, das Gefährdungspotential des Produktes, die Anzahl der vertriebenen Produkte, die Wahrscheinlichkeit des Schadenseintritts, die Möglichkeit, diesen durch andere Maßnahmen zu verhindern oder ihn nachträglich zu beheben, die Zahl der potentiell Betroffenen, die Anzahl der eingegangenen Schadensmeldungen sowie deren Häufigkeit innerhalb eines bestimmten Zeitraumes in Betracht[65]. Allgemein wird man deshalb formulieren können, daß sich die Annahme eines ersten ernstzunehmenden Gefahrverdachts maßgeblich an der Gefährlichkeit der fehlerhaften Produkte sowie der Anzahl der eingegangenen Schadensmeldungen zu orientieren hat. Der Gefahrverdacht wird sich dabei in dem Maße verdichten, in dem die Gefährlichkeit der Produkte und die Häufigkeit der Schadensmeldungen zunehmen. Im Hinblick auf den Grad der Gefahr für Gesundheit, Leib und Leben der Verbraucher und die Wahrscheinlichkeit des Schadenseintrittes kann deshalb im Extremfall ein entsprechender Gefahrverdacht, der eine Warn- oder Rückrufpflicht auslöst, bereits bei Bekanntwerden eines einzelnen Schadensfalles oder Produktmangels vorliegen.

Knüpft demnach die Feststellung pflichtwidrigen Verhaltens des Produzenten maßgeblich an die Beachtung und die Überprüfung von bekanntgewordenen Schadens- oder Fehlermeldungen an, stellt sich die Frage, ob sich insoweit eine Begrenzung der objektiven Sorgfaltspflicht des Produzenten durch die Kriterien des „erlaubten Risikos" oder des „Vertrauensgrundsatzes" ergeben kann.

---

65 BGHZ 80, S. 199, 202; BGHSt 37, S. 106, 121; OLG Karlsruhe, NJW 1981, S. 1054; LG Aachen, JZ 1971, S. 507, 515; LG Mainz, in: Schmidt-Salzer, ES, IV. 3.22. (S. 28); LG Frankfurt a. M., ZUR 1994, S. 33, 35. Dazu aus der Literatur z. B. *Löwe*, DAR 1978, S. 289, 291.

b) Die Begrenzung der objektiven Sorgfaltspflicht durch das Kriterium des „erlaubten Risikos"

Die umfassende technische Entwicklung hat dazu geführt, daß fast alle Tätigkeitsakte des Gemeinschaftslebens irgendwelche Risiken in sich bergen[66] und ein völliger Ausschluß jedweden Risikos unmöglich ist[67]. Die Gefährdung und Verletzung von Rechtsgütern ist insoweit grundsätzlich vorhersehbar und wäre auch durch das Unterbinden entsprechender Aktivitäten vermeidbar. Dennoch führt dieses Ergebnis nicht zwingend zu einem Verbot der entsprechenden Tätigkeiten. In der Rechtsprechung[68] und der Literatur[69] ist vielmehr anerkannt, daß bestimmte Risiken im Hinblick auf ihre Notwendigkeit und soziale Nützlichkeit für das Gemeinwesen zu tolerieren sind und mithin ein „erlaubtes Risiko" darstellen. Die herrschende Meinung[70] sieht hierin einen Ausdruck der sozialen Adäquanz eines bestimmten risikoreichen Verhaltens, welche das Maß der erforderlichen Sorgfalt begrenzt und in den entsprechenden Fällen bereits die Tatbestandmäßigkeit entfallen läßt.

Angesichts der Gewichtigkeit der durch fehlerhafte Produkte gefährdeten Rechtsgüter erscheint es deshalb zwar einerseits notwendig, ein Höchstmaß von Sorgfaltsanforderungen zu postulieren, so daß Rechtsgutsgefährdungen durch Produktfehler praktisch auszuschließen sind[71]. Andererseits ist selbst bei Einhaltung dieser Sorgfaltsanforderungen - soll die Produktion von Publikumsprodukten nicht unmöglich

---

66 *Frisch*, Vorsatz und Risiko, S. 138.

67 Schönke / Schröder / *Cramer*, § 15, Rz. 144 ff. m.w.N.

68 BGHZ 24, S. 21; BGHSt 37, S. 106, 118; LG Frankfurt a. M., ZUR 1994, S. 33, 35.

69 *Baumann / Weber / Mitsch*, AT, § 22, Rz. 14; *Frisch*, Vorsatz und Risiko, S. 138 ff.; *Kühl*, AT, § 17, Rz. 17; *Schmidhäuser*, AT, 6 / 107 ff.; *Wessels / Beulke*, AT, Rz. 670 a.E.

70 *Beulke / Bachmann*, JuS 1992, S. 737, 741; *Frisch*, Vorsatz und Risiko, S. 140; *Kühl*, AT, § 17, Rz. 17; *Prittwitz*, JA 1988, S. 427, 436; Schönke / Schröder / *Cramer*, § 15, Rz. 144 ff. m.w.N. Im Sinne eines Rechtfertigungsgrundes: *Baumann / Weber / Mitsch*, AT, § 22, Rz. 44.

71 Vgl. zum Stand der Entwicklung im Zivilrecht etwa Palandt / *Thomas*, § 823, Rz. 201 ff.; *Rolland*, Produkthaftungsrecht, Rz. 45 ff.

oder wirtschaftlich nicht mehr vertretbar werden - die Möglichkeit des Inverkehrbringens eines fehlerhaften Produktes nicht völlig auszuschließen[72]. Im Bereich der strafrechtlichen Produktverantwortung werden deshalb unter dem Gesichtspunkt des erlaubten Risikos vornehmlich die Fälle der sogenannten „Ausreißer" erfaßt. Dies sind Schadensfälle, die sich lediglich als isoliertes, kaum zu erwartendes Phänomen darstellen und trotz grundsätzlich sorgfaltsgemäßer Produktion in der Fehlerhaftigkeit einzelner Stücke (Produkte) begründet sind[73]. In diesem äußerst engen Rahmen ist demnach eine Einschränkung der objektiven Sorgfaltspflicht geboten.

Für die Fälle der unterlassenen Veranlassung einer Warn- oder Rückrufaktion kommt eine Anwendung der Grundsätze des „erlaubten Risikos" und damit eine Beschränkung der objektiven Sorgfaltsanforderungen des Produzenten jedoch nicht in Betracht. Zum einen dürften diese bereits aufgrund des eher seltenen Falles eines „Ausreißers" in der Regel nicht durchgreifen.Wie im Lederspray-Verfahren[74] oder in der Holzschutzmittel-Entscheidung[75] wird es sich vielmehr in der überwiegenden Anzahl der Fälle nicht um singuläre, sondern um vielfältige Schadensfälle handeln, die sich deckungsgleich über einen längeren Vertriebszeitraum erstrecken. In dieser Situation ist der Fall des „Ausreißers" und damit die Berufung auf ein „erlaubtes Risiko" folglich ausgeschlossen. Zum anderen führt - und das ist in unserem Zusammenhang wesentlich - das Vorliegen eines sogenannten „Ausreißers" nur im Zeitpunkt des Inverkehrbringens des Produkts zu einer Beschränkung der objektiven Sorgfaltsanforderungen[76]. Wird hingegen der „Ausreißer" später, im Rahmen

---

72 *Frisch*, Tatbestandmäßiges Verhalten, S. 205 f.; *Goll*, in: Produkthaftungshandbuch, § 45, Rz. 37.

73 BGHSt 37, S. 106, 118; LG Frankfurt a. M., ZUR 1994, S. 33, 35; *Goll*, in: Produkthaftungshandbuch, § 45, Rz. 39; Schönke / Schröder / *Lenckner*, vor §§ 32 ff., Rz. 94 m.w.N. Für den Bereich des Umweltstrafrechts, *Ebenroth / Willburger*, BB 1991, S. 1941, 1944.

74 BGHSt 37, S. 106, 118.

75 LG Frankfurt a. M., ZUR 1994, S. 33 ff.

76 *Eichinger*, Die strafrechtliche Produkthaftung, S. 232.

der Produktbeobachtung, erkannt, kommt diesem hinsichtlich der Veranlassung einer Warn- oder Rückrufaktion keine die Sorgfaltspflichten des Produzenten beschränkende Wirkung zu. In dieser Situation ist der Fall des „Ausreißers“ und damit die Berufung auf ein „erlaubtes Risiko“ ausgeschlossen.

c) Die Einschränkungen der objektiven Sorgfaltspflicht durch den Vertrauensgrundsatz

Als ein die Sorgfaltsanforderungen beschränkendes Prinzip ist der Vertrauensgrundsatz insbesondere aus dem Straßenverkehrsrecht bekannt[77]. Danach darf der selbst sorgfaltsgemäß Handelnde grundsätzlich darauf vertrauen, daß seine Mitmenschen ebenfalls die gebotene Sorgfalt anwenden. Mit Fehlleistungen braucht er nicht rechnen, sofern nicht besondere Umstände das Gegenteil nahelegen[78]. Rechtsprechung[79] und Literatur[80] haben jedoch das Prinzip des berechtigten Vertrauens weit über den Bereich des Straßenverkehrsrechts hinaus ausgedehnt, so daß der Vertrauensgrundsatz grundsätzlich überall dort Anwendung findet, wo sich im sozialen Leben die Verhaltensweisen mehrerer Personen berühren[81].

Im Rahmen der strafrechtlichen Produktverantwortung findet der Vertrauensgrundsatz auch im Verhältnis zwischen Produzent und Verbraucher Anwendung. Dabei darf der Hersteller von Produkten grundsätzlich von einer sachgemäßen und sorgfäl-

---

77 BGHSt 13, S. 169; *Baumann / Weber / Mitsch*, AT, § 22, Rz. 44; *Kühl*, AT, § 17, Rz. 36; *Krümpelmann*, in: Festschrift für Lackner, 1987, S. 289 ff.; Schönke / Schröder / *Cramer*, § 15, Rz. 149; *Wessels / Beulke*, AT, Rz. 671.

78 *Kirschbaum*, Der Vertrauensgrundsatz im deutschen Straßenverkehrsrecht, 1980, S. 104 ff. m.w.N.

79 BGHSt 19, S. 286; BGH, NJW 1980, S. 649, 650; OLG Hamm, NJW 1979, S. 93.

80 *Baumann / Weber / Mitsch*, AT, § 22, Rz. 44; *Kühl*, AT, § 17, Rz. 38; *Kuhlen*, Produkthaftung, S. 129; *Maurach / Gössel / Zipf*, AT 2, § 43 V 3 b) bb); *Schumann*, Handlungsunrecht, S. 19 ff.; *Wessels / Beulke*, AT, Rz. 671.

81 *Stratenwerth*, AT, Rz. 1156; *Eichinger*, Die strafrechtliche Produkthaftung, S. 228 m.w.N. Kritisch zu dieser weiten Ausdehnung des Vertrauensgrundsatzes: *Neudecker*, Verantwortlichkeit, S. 62 ff.

tigen Verwendung seiner fehlerlosen Produkte durch den selbstverantwortlich handelnden Verbraucher ausgehen[82]. Der Vorwurf der Sorgfaltswidrigkeit entfällt demnach, wenn es durch die bewußt sachwidrige Verwendung des Produktes zu Rechtsgutsverletzungen des Verwenders oder eines Dritten gekommen ist[83]. Insoweit trifft den Produzenten auch nach Inverkehrbringen der Produkte grundsätzlich keine Aufklärungspflicht, wenn ihm der bewußt bestimmungswidrige Gebrauch bekannt geworden ist[84]. Die Berufung auf ein entsprechendes Vertrauen ist allerdings dann verwehrt, wenn der Produzent mit einem unbewußten Fehlgebrauch rechnen muß. Dies ist zum einen dann der Fall, wenn ein sorgfaltswidriger oder zweckentfremdeter Gebrauch des Produktes durch einen verantwortungsbewußten Verbraucher nicht unüblich ist oder häufiger vorkommt[85]. Den Produzenten treffen insoweit Informations-, Aufklärungs- und Warnpflichten hinsichtlich der möglichen Gefährdungen aus der Verwendung seiner Produkte[86]. Zum anderen entfällt eine Berufung auf den Vertrauensgrundsatz, sobald sich ein konkreter Anlaß für ein sorgfaltswidriges Verhalten der Verbraucher ergibt[87].

Die vorstehenden Ausnahmen vom Vertrauensgrundsatz führen jedoch nur im Falle des unsorgfältigen oder zweckentfremdeten Produktgebrauchs der Verbraucher zu einer Modifizierung der objektiven Sorgfaltsanforderungen des Herstellers[88]. Die hier interessierenden Fallkonstellationen betreffen aber ausschließlich produktbedingte Rechtsgutsverletzungen der Verwender bei sorgfaltsgemäßem Gebrauch der Produkte. Weder der Vertrauengrundsatz noch dessen vorstehende Ausnahmen führen deshalb zu einer weiteren Konkretisierung der objektiven Sorgfaltsanforderun-

---

82 *Kuhlen*, Produkthaftung, S. 139; *Schumann*, Handlungsunrecht, S. 23 ff.

83 BGH, NJW 1981, S. 2514 ff.

84 *Goll*, in: Produkthaftungshandbuch, § 46, Rz. 36 ff. m.w.N.

85 *Kuhlen*, Produkthaftung, S. 144; *Schumann*, Handlungsunrecht, S. 16.

86 BGH, NJW 1987, S. 372 ff.; BGH, NJW 1989, S. 1542 ff.; *Goll*, in: Produkthaftungshandbuch, § 46, Rz. 26; Schönke / Schröder / *Cramer*, § 15, Rz. 223 m.w.N.

87 *Kuhlen*, Produkthaftung, S. 140 ff.

88 *Kuhlen*, a.a.O., S. 123 ff. m.w.N.

gen des Produzenten. Ergeben sich bei sorgfaltsgemäßem Gebrauch der bereits vertriebenen Produkte im Einzelfall keine Hinweise auf eine mögliche Gefährdung der Verbraucher, läßt sich demnach ein objektiv sorgfaltswidriges Verhalten des Produzenten nicht feststellen. Den Produzenten können in dieser Situation allenfalls Hinweis- und Aufklärungspflichten hinsichtlich einer (noch) ungeklärten oder nicht bewiesenen Gefährlichkeit der Produkte treffen, damit der Verbraucher eine etwaige Gefährlichkeit der Produkte angemessen beurteilen kann[89]. So hat der Produzent z. B. darauf hinzuweisen, daß bei der Verwendung seines Produktes vereinzelt vorübergehende Gesundheitsbeeinträchtigungen festgestellt wurden, ein Zusammenhang zwischen diesen und der Verwendung des Produktes jedoch bislang nicht bewiesen worden ist. Insgesamt läßt sich damit feststellen, daß die vorstehende Anwendung des Vertrauensgrundsatzes sowie dessen Ausnahmen nicht zu einer Begrenzung oder weiteren Konkretisierung der objektiven Sorgfaltspflichten des Produzenten führen.

d) Zusammenfassung des Abschnittes F. III. 1.

Die Berücksichtigung der zivilrechtlichen Produktbeobachtungspflicht ermöglicht grundsätzlich eine Konkretisierung der objektiven Sorgfaltspflichten des Produzenten. Aufgrund der Schwierigkeit, das Vorliegen eines ersten ernsthaften Gefahrverdachts zu ermitteln, läßt sich eine Verletzung der Produktbeobachtungspflicht jedoch nur unter Berücksichtigung der Lage des Einzelfalles feststellen. Lediglich allgemeine Beurteilungskriterien, insbesondere die bekanntgewordene Gefährlichkeit der Produkte sowie die Anzahl der eingegangenen Schadensmeldungen, können insoweit zur Feststellung eines ernstzunehmenden Gefahrverdachts herangezogen werden. Die Berücksichtigung der Gesichtspunkte des erlaubten Risikos und des Vertrauensgrundsatzes führen hingegen in den hier relevanten Fällen nicht zu einer weiteren Konkretisierung der objektiven Sorgfaltspflicht des Produzenten.

---

89 *Eichinger*, Die strafrechtliche Produkthaftung, S. 229.

2. Die objektiven Sorgfaltspflichten der einzelnen Gremiumsmitglieder

a) *Die Sorgfaltspflichten der Gesamtgeschäftsleitung*

Nach dem Prinzip der Generalverantwortung und Allzuständigkeit obliegt grundsätzlich der Gesamtgeschäftsleitung die Wahrung der unternehmensbezogenen strafrechtlichen Sorgfaltspflichten[90]. Soweit es sich bei dieser um ein mehrköpfiges Gremium handelt, ist mithin jedes einzelne Gremiumsmitglied für die Einhaltung der strafrechtlich relevanten Sorgfaltspflichten verantwortlich. Insoweit trifft jedes Mitglied der Geschäftsleitung die Erfüllung der Anforderungen, die sich aus der Produktbeobachtungspflicht ergeben. Ein objektiv pflichtwidriges Verhalten der Gremiumsmitglieder liegt demnach grundsätzlich dann vor, wenn diese es trotz eines ersten ernstzunehmenden Gefahrverdachts unterlassen haben, eine Warn- oder Rückrufaktion zu veranlassen. Die Frage, wann ein entsprechender Gefahrverdacht vorliegt, beurteilt sich dabei nach der Art und dem Umfang der bekanntgewordenen Schadensmeldungen und nach der Lage des Einzelfalles[91]. „Generalverantwortung" der Geschäftsleitung bedeutet jedoch nicht Kollektivverantwortlichkeit, also uneingeschränktes Einstehenmüssen jedes einzelnen Mitgliedes für pflichtwidrige Handlungen oder Unterlassungen eines Kollegen[92]. Vielmehr erfordert das Schuldprinzip, daß für jedes einzelne Gremiumsmitglied die individuellen Sorgfaltsanforderungen ermittelt werden, um feststellen zu können, ob eine Pflichtverletzung vorliegt oder nicht. Die Wahrung der unternehmensbezogenen strafrechtlichen Pflichten obliegt also jedem einzelnen Mitglied des Gesamtvorstands in der AG oder der Gesamtgeschäftsführung bei der GmbH nur im Rahmen seines individuellen Wissens und Könnens. Im Bereich einer mehrköpfigen Geschäftsleitung tritt damit die Aufteilung von Verantwortungsbereichen in den Vordergrund.

---

90 *Schmidt-Salzer*, NJW 1988, S. 1937, 1939 f.; ders., Produkthaftung, Rz. 1.146; *Eichinger*, Die strafrechtliche Produkthaftung, S. 123 m.w.N.

91 Siehe oben, Abschnitt F. III. 1. a), S. 186 ff.

92 *Schmidt-Salzer*, NJW 1990, S. 2966, 2969; ders., BB 1992, S. 1866, 1870; *Suares*, in: Bausteine des europäischen Wirtschaftsstrafrechts, Madrid Symposium für Klaus Tiedemann, 1994, S. 49, 52 m.w.N.

b) *Die Sorgfaltspflichten der einzelnen Gremiumsmitglieder im Falle einer Ressortaufteilung*

In der Praxis erfolgt die Aufteilung von Verantwortungsbereichen üblicherweise durch die Bildung von Ressorts[93]. Die Wahrung der an das Unternehmen gestellten strafrechtlichen Sorgfaltsanforderungen wird dadurch auf einzelne Personen delegiert. Die Feststellung der individuellen Sorgfaltsanforderungen hat sich demnach grundsätzlich an den intern übernommenen Aufgaben zu orientieren[94]. Im Gegensatz zu dem bisher[95] untersuchten Verhältnis zwischen Produzent und Verbraucher kommt damit in den hier interessierenden Fällen arbeitsteiligen Zusammenwirkens dem Vertrauensgrundsatz eine maßgebliche Bedeutung zu[96]. Soweit nämlich die Erfüllung strafrechtlicher Sorgfaltspflichten durch die Geschäftsverteilung auf ein oder mehrere Mitglieder des Gremiums übertragen worden ist, müssen und können sich die anderen Mitglieder grundsätzlich darauf verlassen, daß diejenigen, welche die Wahrung der unternehmensbezogenen Sorgfaltspflichten und damit die Verantwortung übernommen haben, die Pflichten auch ordnungsgemäß erfüllen[97]. Wird dieses Vertrauen im Einzelfall enttäuscht, können sich die Übertragenden auf den Einwand des berechtigten Vertrauens berufen[98]. In diesem Fall ist nur demjenigen Geschäftsleitungsmitglied, welches der in seinen Aufgabenbereich fallenden Wahrung der unternehmensbezogenen strafrechtlichen Sorgfaltspflichten nicht nachge-

---

93 *Foerste*, in: Produkthaftungshandbuch, § 25, Rz. 189 ff.; *Franzheim*, Umweltstrafrecht, S. 125 f.

94 *Dreher*, ZGR 1992, S. 22, 43; *Firgau*, in: HWiStR, S. 2 f.; *Kohlmann*, Strafrechtliche Verantwortung, S. 18; *Ransiek*, Unternehmensstrafrecht, S. 67, Fn. 265; Schönke / Schröder / *Cramer*, § 15, Rz. 223 m.w.N.

95 Siehe oben, Abschnitt F. III. 1. c), S. 191 ff.

96 *Deutscher / Körner*, wistra 1996, S. 327, 330; *Jakobs*, AT, 7 / 51 ff.; *Jescheck / Weigend*, AT, § 55 I 3 e); *Kühl*, AT, § 17, Rz. 38; *Kuhlen*, Produkthaftung, S. 134 f.; *Neudecker*, Verantwortlichkeit, S. 57 ff.; *Roxin*, AT 1, § 24, Rz. 25; *Schmidt-Salzer*, Produkthaftung, Rz. 1.180 ff.; *Wilhelm*, Jura 1985, S. 183, 186.

97 *Schmidt-Salzer*, Produkthaftung, Rz. 1.182; *Suarez*, in: Bausteine des europäischen Wirtschaftsstrafrechts, Madrid Symposium für Klaus Tiedemann, 1994, S. 49, 58 f.

98 *Schmid*, SchwZStr 105 (1988) S. 156, 178; *Schmidt-Salzer*, Produkthaftung, Rz. 1.182; ders., NJW 1988, S. 1937, 1941; *Weißer*, Täterschaftsprobleme, S. 73.

kommen ist, ein sorgfaltswidriges Verhalten vorzuwerfen. Liegt z. B. die objektive Pflichtwidrigkeit eines bestimmten Verhaltens darin begründet, daß im Rahmen der Produktentwicklung nicht ausreichend Tests durchgeführt wurden, so trifft dieser Vorwurf zunächst nur den für den technischen Bereich zuständigen Ressortleiter, nicht dagegen die Ressortleiter „Vertrieb", „Finanzen" oder etwa den Vorstandsvorsitzenden[99]. Gleiches gilt in dem hier relevanten Zusammenhang für die Verletzung der Produktbeobachtungspflicht.

Im Falle einer Ressortaufteilung innerhalb des Gremiums obliegt den einzelnen Gremiumsmitgliedern die Erfüllung der Produktbeobachtungspflicht grundsätzlich nur im Rahmen der ihnen zugewiesenen Aufgabenbereiche. Insoweit lassen sich unterschiedliche Sorgfaltsanforderungen zur Feststellung eines ernsten und damit maßgeblichen Gefahrverdachts feststellen. So gehen z. B. Schadensmeldungen oder Reklamationen in der Regel zunächst nur in einzelnen Ressorts ein, etwa Vertrieb oder Technik, so daß mögliche Rechtsgutsgefährdungen Dritter bzw. ein entsprechender ernstzunehmender Gefahrverdacht anfänglich nur dort erkennbar und vorhersehbar werden. Die in der Holzschutzmittel-Entscheidung[100] geforderte Erforschungspflicht zum Zwecke des Erkennens und Feststellens eines entsprechenden Verdachts obliegt somit in der Anfangsphase primär den entsprechenden Ressortleitern, in deren Aufgabenbereich Schadens- oder Fehlermeldungen bekannt werden. Zunächst haben nur diese innerhalb ihres Ressorts den Schadensfällen nachzugehen und deren Ursachenzusammenhang aufzuklären[101]. Unter dem Gesichtspunkt des Vertrauensgrundsatzes kommt insoweit der Vorwurf einer Sorgfaltswidrigkeit zunächst nur bei demjenigen Ressortleiter in Betracht, der schadensverdächtigen Anzeichen innerhalb seines Ressorts nicht nachgeht und deshalb einen ersten ernstzunehmenden Gefahrverdacht nicht erkennt. Gleiches gilt für den Fall, daß der jeweilige Ressortleiter auf Grund der mangelhaften Organisation seines Ressorts nicht hinreichend über die in seinen Aufgabenbereich fallenden Fehlermeldungen

---

99 So die Anklage im Monza-Steel-Verfahren, Anklageschrift der Staatsanwaltschaft beim LG München II vom 05.08.1976, abgedruckt in: Schmidt-Salzer, ES, Nr. IV. 4.4 (S. 2 ff.).

100 LG Frankfurt a. M., ZUR 1994, S. 33, 36.

101 *Schmidt-Salzer*, NJW 1996, S. 1, 4.

informiert ist und deshalb das Gefährdungspotential des vertriebenen Produkts nicht erkennt. Entsprechend präzise ist deshalb sowohl im Contergan[102]- als auch im Monza-Steel[103]-Verfahren zwischen der zeitlichen Phase, in der sich die Mitglieder der Geschäftsleitung auf ein ordnungsgemäßes Verhalten des Ressortzuständigen verlassen konnten, und der späteren Phase, in der sämtliche Gremiumsmitglieder für die schadensverhindernden Maßnahmen zuständig waren, unterschieden worden.

Je nach Ausmaß oder Anzahl der Schadensfälle haben die Ressortleiter jedoch auch die restlichen Gremiumsmitglieder entweder sofort oder erst bei zunehmender Verdichtung von Indizien über die Sachlage zu informieren, damit eine weitere oder abschließende Klärung der möglichen Gefährdungen durch die vertriebenen Produkte erfolgen kann[104]. Diese Informationspflicht erschöpft sich dabei nicht allein in der Mitteilung von Schadensfällen oder relevanten Daten. Sie beinhaltet vielmehr auch die Verpflichtung der Fachleute zur fachspezifischen Aufklärung und Erläuterung gegenüber den nicht spezialisierten Mitgliedern des Gremiums, damit für diese eine mögliche Gefährdung von Rechtsgütern Dritter erkennbar und vorhersehbar wird[105]. Zu Recht weist deshalb *Schmidt-Salzer*[106] darauf hin, daß es bei der Feststellung einer Sorgfaltspflichtsverletzung nicht allein auf das Vorliegen eines Informationsgleichstandes oder eines Informationsgefälles ankommt. Vielmehr kommt der Beurteilung eines Sachverhaltes und den daraus gezogenen Schlußfolgerungen von Spezialisten ein anderes Gewicht zu als denen von Nichtfachleuten. Fachleute trifft folglich insoweit eine erhöhte Aufklärungspflicht[107]. Insgesamt läßt sich somit feststellen, daß die jeweiligen Ressortleiter im Rahmen

---

102 Anklageschrift der Staatsanwaltschaft beim LG Aachen vom 10. 03.1967, abgedruckt in: Schmidt-Salzer, ES, Nr. IV. 4.1 (S. 2 ff.).

103 Anklageschrift der Staatsanwaltschaft beim LG München II vom 05.08. 1976, abgedruckt in: Schmidt-Salzer, ES, Nr. IV. 4.4 (S. 2 ff.).

104 *Franzheim*, Umweltstrafrecht, S. 125; *Kassebohm / Malorny*, BB 1994, S. 1361, 1364; *Schmidt-Salzer*, BB 1992, S. 1866, 1871.

105 *Deutscher / Körner*, wistra 1996, S. 327, 330; *Schmidt-Salzer*, NJW 1990, S. 2966, 2971 f.

106 *Schmidt-Salzer*, NJW 1990, S. 2966, 2971 f.; ders., Produkthaftung, Rz. 1.286 ff.

107 *Franzheim*, Umweltstrafrecht, S. 125; *Schmidt-Salzer*, Produkthaftung, Rz. 1.286.

ihres Verantwortungsbereiches unterschiedliche Organisations-, Aufklärungs- sowie Informationspflichten für die in ihren Sachbereich fallenden Anzeichen einer Schadenswirkung der vertriebenen Produkte treffen, um einen ersten ernstzunehmenden Gefahrverdacht zu erkennen bzw. diesen von weniger gefährlichen Situationen abzugrenzen. Im Falle des Unterlassens einer Warn- oder Rückrufaktion kommt deshalb für jedes Gremiumsmitglied der Vorwurf objektiv pflichtwidrigen Verhaltens zunächst nur im Rahmen des jeweils zugewiesenen Aufgabenbereiches in Betracht.

c) Die Sorgfaltspflichten des Gremiumsmitgliedes, das nicht dem schadensträchtigen Ressort vorsteht

Ergeben sich in einem bestimmten Ressort weder Anzeichen einer Gefährdung durch die vertriebenen Produkte noch Hinweise auf die Verletzung von strafrechtlichen Sorgfaltsanforderungen in anderen Ressorts, läßt sich unter Berücksichtigung des Vertrauensgrundsatzes für diesen Ressortleiter ein objektiv pflichtwidriges Verhalten nicht feststellen. Der Vertrauensgrundsatz kann jedoch nur dann und insoweit gelten, als nach Lage der Dinge ein Vertrauen auch berechtigt ist[108]. Tatsächliches Vertrauen genügt insoweit nicht[109]. Eine Berufung auf ein berechtigtes Vertrauen und damit eine Beschränkung der Sorgfaltsanforderungen auf den jeweils übernommenen Aufgabenbereich entfällt deshalb, wenn konkrete Indizien, Kenntnisse oder Zweifel existieren, die eine gegenteilige Annahme nahelegen. Dies ist u. a. dann der Fall, wenn für die Mitglieder eines mehrköpfigen Gremiums erkennbar wird, daß im Ressort eines Kollegen auf Grund persönlicher oder fachlicher Verfehlungen eine Gefahr für strafrechtlich geschützte Rechtsgüter Dritter besteht[110]. Gleiches gilt für den Fall, daß die restlichen Gremiumsmitglieder von Schadensmeldungen innerhalb eines anderen Ressorts Kenntnis erlangen, obwohl sie nicht

---

108 *Kühl*, AT, § 17, Rz. 39 m.w.N.

109 *Beulke / Bachmann*, JuS 1992, S. 737, 741; *Schmidt-Salzer*, NJW 1990, S. 2966, 2972.

110 *Eichinger*, Die strafrechtliche Produkthaftung, S. 129; *Kassebohm / Malorny*, BB 1994, S. 1361, 1363 f. m.w.N.

oder nicht hinreichend von dem jeweiligen Ressortverantwortlichen informiert worden sind. In dieser Situation ergibt sich für die anderen Mitglieder der Geschäftsleitung die Pflicht, sich zu informieren, den tatsächlichen Hinweisen nachzugehen, den Ressortzuständigen zur Information des Kollegiums über die Angelegenheit aufzufordern bzw. eine Entscheidung des Gremiums über die weitere Vorgehensweise anzuregen oder weitergehende Sicherungsmaßnahmen zu ergreifen[111]. Die grundsätzliche Pflicht, in seinem eigene Ressort Schadensfälle aufzuklären oder sich darüber zu informieren, geht dann über diesen konkreten Aufgabenbereich hinaus. So wurde etwa im Contergan-Verfahren den Mitgliedern der Gesamtgeschäftsleitung zugestanden, sie hätten sich zunächst berechtigtermaßen auf das ordnungsgemäße Verhalten des Abteilungsleiters „Forschung" verlassen dürfen. Ab einem bestimmten Zeitpunkt wurde ihnen jedoch vorgeworfen, sie hätten auf Grund der ihnen inzwischen durch Schadensmeldungen zugänglichen Erkenntnisse aus eigener Beurteilungsmöglichkeit heraus die Gefährlichkeit des Produktes erkennen können und müssen[112].

Auch im Hinblick auf den Inhalt und den Umfang der in dieser Situation die anderen Geschäftsleitungsmitglieder treffenden Informationspflicht bestehen je nach dem übernommenen Sachgebiet und dem damit zusammenhängenden Sach- und Kenntnisstand Unterschiede. So führt die allgemeine Informationspflicht im Verhältnis des Nichtfachmanns zum Spezialisten für den Nichtfachmann zu einer erhöhten Pflicht zum Nachfragen und Klarstellen des Sachverhaltes, wenn es an einer schlüssigen Darstellung der Situation durch den Fachmann fehlt[113] oder andere Indizien an der Zuverlässigkeit der Ausführungen zweifeln lassen[114]. Die Grenzen einer entsprechenden Informations- und Aufklärungspflicht für die restli-

---

111 BGHSt 19, S. 286, 288 f.; *Neudecker*, Verantwortlichkeit, S. 255 f.; *Schmidt-Salzer*, Produkthaftung, Rz. 1.186 ff.; ders., NJW 1996, S. 1, 4.

112 Anklageschrift der Staatsanwaltschaft beim LG Aachen vom 10.03.1967, 4 Js 987 / 61, abgedruckt in: Schmidt-Salzer, ES, Nr. IV. 4.1 (S. 5 f.).

113 *Schmidt-Salzer*, NJW 1990, S. 2966, 2972; ders., Produkthaftung, Rz. 1.288.

114 Nach Ansicht des BGH, NStZ 1991, S. 501, 503, darf sich etwa ein Geschäftsführer jedenfalls dann nicht auf einen Sicherheitszuständigen verlassen, wenn dieser aufgrund vorangegangener Konflikte mit der Geschäftsleitung faktisch keine Gewähr für die Erfüllung der Sicherheitsanforderungen bietet.

chen Gremiumsmitglieder ergeben sich dabei aus der Lage im Einzelfall. Allgemein ist jedoch festzuhalten, daß das Ausmaß und der Umfang dieser Pflichten zunehmen, soweit ein konkreter Anlaß besteht, an der ordnungsgemäßen Pflichtenerfüllung des jeweiligen Ressortleiters zu zweifeln, oder der Grad der drohenden Gefahr besonders hoch ist[115].

Trotz einer Ressortaufteilung innerhalb einer mehrköpfigen Geschäftsleitung ist demnach die Verantwortung der übrigen Gremiumsmitglieder nicht auf Null reduziert. Vielmehr bleibt im Rahmen der Gesamtverantwortung sämtlicher Gremiumsmitglieder für das betriebliche Gesamtgeschehen eine Mitverantwortung jedes Mitglieds für die Geschehnisse innerhalb der einzelnen Ressorts bestehen[116]. Jedes einzelne Mitglied der Geschäftsleitung trifft deshalb trotz grundsätzlicher Verantwortungsaufteilung die Pflicht, seine Mitgeschäftsführer bei deren Tätigkeit in ihrem Ressort zu überwachen, sich über die ordnungsgemäße Führung des Ressorts zu informieren und unter Umständen auch gegen den Willen des Ressortzuständigen wichtige Vorgänge zur Kenntnis des Gesamtgremiums zu bringen, um eine Entscheidung herbeizuführen[117]. Auch die nicht dem schadensträchtigen Ressort vorstehenden Gremiumsmitglieder treffen demnach Aufklärungs-, Informations- sowie Initiativpflichten aus konkretem Anlaß zur Ermittlung und Wahrnehmung eines ernstzunehmenden Gefahrverdachts. Inhalt und Umfang dieser Pflichten differieren jedoch je nach der ressortbedingten „Nähe“ und der Kenntnis der ersten ernstzunehmenden Anzeichen einer Schadenswirkung durch die vertriebenen Produkte.

---

115 *Neudecker*, Verantwortlichkeit, S. 150.

116 *Schmidt-Salzer*, NJW 1996, S. 1, 4 f.

117 *Dreher*, ZGR 1992, S. 22, 61; *Neudecker*, Verantwortlichkeit, S. 147 f.; *Schmidt-Salzer*, BB 1992, S. 1866, 1870; ders., NJW 1996, S. 1, 4; Scholz / *Schneider*, GmbHG, § 43, Rz. 37; *Wiesner*, in: Münchener Handbuch des Gesellschaftsrechts, Bd. 4, § 22, Rz. 13 m.w.N.

d) *Ressortübergreifende Situationen*

Eine Berufung auf ein berechtigtes Vertrauen und damit die Begrenzung der Sorgfaltsanforderungen der einzelnen Gremiumsmitglieder allein auf den übernommenen Aufgabenbereich entfällt ebenfalls dann, wenn es ein ressortübergreifendes Problem zu lösen gilt, das auf Grund seiner Tragweite das Unternehmen als Ganzes betrifft. In diesem Kernbereich der Geschäftsleitungszuständigkeit gibt es keine Möglichkeit einer Verantwortungsaufteilung mittels Ressorts[118]. Die ursprünglich bestehende Generalverantwortung und Allzuständigkeit der Gesamtgeschäftsleitung besteht vielmehr weiter bzw. lebt wieder auf[119]. Im Bereich der strafrechtlichen Produktverantwortung ergibt sich eine entsprechende Konstellation vor allem in Krisen- und Ausnahmesituationen, die im voraus nicht konkret erfaßbar sind und in denen schnelles Handeln erforderlich ist, um Rechtsgutsverletzungen Dritter zu vermeiden[120]. Dies gilt nach Ansicht des BGH insbesondere dann, wenn sich aufgrund von gehäuften Beschwerden und Schadensmeldungen durch die Benutzung eines von dem Unternehmen hergestellten und vertriebenen Produktes konkrete Anhaltspunkte für die Gefährdung von Rechtsgütern bei einer Vielzahl von Personen ergeben und deshalb über eine Warn- oder Rückrufaktion zu entscheiden ist[121]. Die Wahrung der unternehmensbezogenen strafrechtlichen Sorgfaltspflichten obliegt in dieser Situation der Gesamtgeschäftsleitung.

Allerdings muß bei der Feststellung objektiv pflichtwidrigen Verhaltens der einzelnen Geschäftsleitungsmitglieder auch hier zunächst der unterschiedliche Sach-

---

118 Insoweit weist *Dreher*, ZGR 1992, S. 22, 61, zu Recht darauf hin, daß selbst die Zuweisung der Rückrufzuständigkeit an ein einzelnes Gremiumsmitglied nicht weiter führt.

119 *Dreher*, ZGR 1992, S. 22, 60 ff.; *Ebenroth / Willburger*, BB 1991, S. 1941 f.; *Kassebohm / Malorny*, BB 1994, S. 1361, 1364; *Lutter / Hommelhoff*, GmbHG, § 37, Rz. 31; *Schmidt-Salzer*, Produkthaftung, Rz. 1.189; *Wiesner*, in: Münchener Handbuch des Gesellschaftsrechts, Bd. 4, § 22, Rz. 14 m.w.N.

120 BGHSt 19, S. 286, 289; *Schmidt-Salzer*, Produkthaftung, Rz. 1.160.

121 BGHSt 37, S. 106, 124; ebenso *Eidam*, Unternehmen und Strafe, S. 167; *Goll*, in: Produkthaftungshandbuch, § 46, Rz. 14, Fn. 15; *Schmidt-Salzer*, Produkthaftung, Rz. 1.176 f.; *Weißer*, Täterschaftsprobleme, S. 72.

und Kenntnisstand des einzelnen Gremiumsmitgliedes berücksichtigt werden. Soweit noch keine Erörterung des Sachstandes stattgefunden hat, treffen z. B. die einzelnen Gremiumsmitglieder gemäß ihrem jeweiligen Kenntnisstand demnach auch in dieser Situation nur Aufklärungs-, Informations-, Nachfrage- sowie Initiativpflichten. Für die Ermittlung und das Erkennen eines ernstzunehmenden Gefahrverdachts hat deshalb das Geschäftsleitungsmitglied „Finanzen" anderen Kriterien gerecht zu werden als etwa das Geschäftsleitungsmitglied „Technik"[122]. Ein faktisch dominierendes Geschäftsleitungsmitglied, das sich im Betrieb „um alles kümmert", hat jedoch keinen Einfluß auf die jedem Gremiumsmitglied im Rahmen seiner Gesamtverantwortung obliegenden Pflichten[123]. Die tatsächliche Übernahme von Tätigkeitsbereichen befreit nicht von der mit der Position des Geschäftsleitungsmitglieds verbundenen Verantwortung für die Belange des Unternehmens und damit auch nicht von der Pflicht, sich im Falle einer Krisensituation hinreichend zu informieren. Auch der Hinweis auf die etwaige Unkenntnis der Geschäftsleitung von dem ressortübergreifenden Problem vermag deshalb in dieser Situation nicht zu entlasten. Vielmehr obliegt es der Gesamtgeschäftsleitung, einen entsprechenden Informationsfluß sowohl innerhalb des Unternehmens als auch in dem Gremium selbst so zu organisieren, daß ein möglichst umfassender Informationsstand der Geschäftsleitung gewährleistet ist. In dieser Hinsicht kommt deshalb der Vorwurf der Sorgfaltswidrigkeit unter dem Gesichtspunkt der Verletzung von Organisationspflichten in Betracht[124]. Für eine persönliche Verantwortlichkeit eines einzelnen Gremiumsmitgliedes ist in diesem Fall nur dann kein Raum, wenn die Wahrung eines entsprechenden Informationsflusses kontrolliert wird und den einzelnen Gremiumsmitgliedern auch sonst eine Verletzung ihrer allgemeinen Überwachungspflicht hinsichtlich der Gesamtgeschäftsleitung nicht vorgeworfen werden kann[125]. Sind aber sämtliche Gremiumsmitglieder über die Situation hinreichend informiert, obliegt allen Mitgliedern gleichermaßen die Erfüllung der Produktbeob-

---

122 *Schmidt-Salzer*, NJW 1990, S. 2966, 2971.

123 BGHSt 37, S. 106, 125. A. A. wohl *Schmidt-Salzer*, NJW 1990, S. 2966, 2971, allerdings ohne Begründung.

124 *Dreher*, ZGR 1992, S. 22, 61 f.; *Schmidt-Salzer*, Produkthaftung, Rz. 1.189.

125 *Dreher*, ZGR 1992, S. 22, 62.

achtungspflicht. Eine Modifizierung der objektiven Sorgfaltspflicht durch den Vertrauensgrundsatz ist in diesem Fall grundsätzlich ausgeschlossen. Soweit in diesem Zeitpunkt ein erster ernstzunehmender Gefahrverdacht für Rechtsgüter Dritter besteht, die Tatbestandsverwirklichung somit erkennbar und vorhersehbar ist, und die Veranlassung einer Warn- oder Rückrufaktion unterbleibt, handelt jedes Gremiumsmitglied objektiv sorgfaltswidrig, da es die ihm obliegende Produktbeobachtungspflicht verletzt hat.

Neben der Verletzung der Produktbeobachtungspflicht kommt eine objektive Sorgfaltspflichtverletzung der Gremiumsmitglieder aber auch noch unter einem anderen Gesichtspunkt in Betracht. Im Bereich der fahrlässigen Unterlassungsdelikte kann ein objektiv sorgfaltswidriges Verhalten auch in der mangelhaften Prüfung oder Berücksichtigung der tatsächlich gegebenen Handlungsmöglichkeiten zur Abwendung des tatbestandlichen Erfolges seitens des Täters liegen[126]. Soweit der BGH und die ihm insoweit folgende Literatur die Handlungsmöglichkeiten der Gremiumsmitglieder allein in vagen Bemühungspflichten zur Herbeiführung eines Gesamtbeschlusses sehen, wird sich zwar unter diesem Gesichtspunkt der Vorwurf der objektiven Sorgfaltswidrigkeit nur schwer begründen lassen. Die individuell erforderlichen Bemühungspflichten der einzelnen Gremiumsmitglieder lassen sich nämlich in diesem Fall nicht hinreichend sicher und exakt bestimmen, so daß sie - wenn überhaupt - nur teilweise zu erkennen sind[127]. Deren Nichtbeachtung wird folglich nur in wenigen Fällen zum Vorwurf eines objektiv sorgfaltswidrigen Verhaltens führen. Soweit jedoch mit der hier vertretenen Auffassung die Voraussetzungen der analogen Anwendung des § 744 II BGB gegeben sind, liegt nunmehr eine klar umrissene und damit grundsätzlich erkennbare Handlungsalternative der einzelnen Gremiumsmitglieder vor. Insoweit kann die mangelnde Erkennbarkeit einer effektiven Handlungsmöglichkeit dem Vorwurf der Sorgfaltswidrigkeit nicht mehr entgegengehalten werden. In Zukunft ist deshalb eine objektive Sorgfalts-

---

126 AKStGB / *Zielinski*, §§ 15, 16, Rz. 136; *Jakobs*, AT, 29 / 94; *Jescheck / Weigend*, AT, § 59 VII 2; *Wessels / Beulke*, AT, Rz. 866.

127 Siehe oben, Abschnitt B. III. 3. c), S. 34 ff.

pflichtverletzung seitens der Gremiumsmitglieder grundsätzlich auch unter dem Gesichtspunkt der mangelhaften Prüfung oder Berücksichtigung dieser konkreten Handlungsalternative in Betracht zu ziehen.

IV. Ergebnis des Abschnittes F.

Die im Zivilrecht zur Produktbeobachtungspflicht entwickelten Grundsätze können grundsätzlich auch im Strafrecht zur Feststellung der objektiven Sorgfaltspflicht herangezogen werden. Die Geschäftsleitung eines Unternehmens ist somit verpflichtet, bereits bei einem ersten ernstzunehmenden Gefahrverdacht eine Warn- oder Rückrufaktion zu veranlassen. Die Pflicht, das rechtzeitige Erkennen eines entsprechenden Gefahrverdachts zu gewährleisten, obliegt der Gesamtgeschäftsleitung. Die Frage, wann ein entsprechender Verdacht gegeben ist, richtet sich dabei nach der Art und dem Umfang der bekanntgewordenen Schadensmeldungen und nach der Lage des Einzelfalles. Ist das Gremium in Ressorts aufgeteilt, erfolgt eine Verantwortungsaufteilung gemäß den jeweiligen Aufgabenbereichen. Die zur Erfüllung der Produktbeobachtungspflicht an das einzelne Geschäftsleitungsmitglied zu stellenden Sorgfaltsanforderungen folgen in diesem Fall den intern zugewiesenen Aufgaben. Aufgrund des nunmehr differierenden Sach- und Kenntnisstandes sowie der „Nähe“ zu dem schadensträchtigen Ressort treffen die Gremiumsmitglieder aber individuell verschiedene Sorgfaltspflichten hinsichtlich erster bekanntgewordener Anzeichen einer Schadenswirkung der vertriebenen Produkte. Ist jedoch wegen des Ausmaßes der eingegangenen Schadensmeldungen eine Krisen- und Ausnahmesituation für das Unternehmen als Ganzes gegeben, lebt die ursprüngliche Gesamtverantwortung der Geschäftsleitung wieder auf. Eine Beschränkung der Sorgfaltsanforderungen allein auf den jeweils übernommenen Aufgabenbereich entfällt. Im Einzelfall kann nunmehr eine objektive Sorgfaltspflichtverletzung des einzelnen Gremiumsmitgliedes in der Verletzung der die gesamte Geschäftsleitung treffenden Produktbeobachtungspflicht liegen. Nach der hier vertretenen Auffassung kommt eine objektive Sorgfaltspflichtverletzung der Gremiumsmitglieder darüber hinaus in Zukunft auch unter dem Gesichtspunkt der unzureichenden Berücksichtigung der sich aus der analogen Anwendung des § 744 II BGB ergebenen Handlungsalternative in Betracht.

ERGEBNIS DER UNTERSUCHUNG

Die vom BGH in der Lederspray-Entscheidung[1] und von der ihm insoweit folgenden Literatur vorgenommene Feststellung der strafrechtlichen Produktverantwortlichkeit einzelner Mitglieder eines mehrköpfigen Entscheidungsgremiums begegnet grundsätzlicher Kritik. Die Ermittlung der individuellen gesellschaftsrechtlichen Handlungsalternativen der Mitglieder eines Entscheidungsgremiums ist unzureichend. Die an das einzelne Gremiumsmitglied zu stellende Verhaltensanforderung zur Abwendung des tatbestandlichen Erfolges ist deshalb zu unbestimmt und für das einzelne Geschäftsleitungsmitglied nur schwer erkennbar. Die Quasikausalität zwischen dem Verhalten der Gremiumsmitglieder und dem tatbestandlichen Erfolg läßt sich dadurch in bestimmten Fällen nicht feststellen. Auch die in der Rechtsprechung und der überwiegenden Literatur vorgenommene Bestimmung der Garantenstellung überzeugt nicht. Im Bereich der Fahrlässigkeitsdelikte bleibt die Feststellung der objektiven Sorgfaltsanforderungen hinter den tatsächlich bestehenden Konkretisierungsmöglichkeiten zurück. Insgesamt läßt sich deshalb feststellen, daß die Ermittlung der strafrechtlichen Produktverantwortung der einzelnen Mitglieder eines Entscheidungsgremiums dem Grundsatz der individuellen Vorwerfbarkeit und mithin einem an Art. 103 II GG orientierten Strafrecht nicht gerecht wird.

Die Berücksichtigung des jedem Gremiumsmitglied zustehenden Notgeschäftsführungsrechtes gemäß § 744 II BGB analog sowie die Orientierung an den zivilrechtlichen Verkehrssicherungspflichten ermöglichen hingegen in folgenden Punkten eine wesentliche Konkretisierung des individuell vorwerfbaren Verhaltens der einzelnen Gremiumsmitglieder:

1. Obwohl in den hier untersuchten Fällen grundsätzlich das gesellschaftsrechtliche Prinzip der Gesamtverantwortung gilt, sind die gesellschaftsrechtlichen Handlungsalternativen des einzelnen Gremiumsmitgliedes dennoch nicht allein auf das „Bemühen", einen Gesamtbeschluß des Gremiums zustande zu bringen, beschränkt.

---

1 BGHSt 37, S.106 ff.

Aus der analogen Anwendung des § 744 II BGB ergibt sich vielmehr für jedes einzelne Mitglied des entscheidungsberechtigten Organs eine gesellschaftsrechtliche Einzelhandlungsbefugnis. Jedem Gremiumsmitglied ist es deshalb möglich und auch zumutbar, selbstverantwortlich und unabhängig von der jeweiligen Gremiumsentscheidung eine Warn- oder Rückrufaktion zu veranlassen. Entgegen der Auffassung des BGH ist die erforderliche Rettungshandlung zur Abwendung des tatbestandlichen Erfolges in diesen Fällen damit sowohl für das Geschäftsführungsgremium als auch für dessen einzelne Mitglieder identisch.

2. Besteht in den hier maßgeblichen Situationen für jedes Mitglied des Gremiums die gesellschaftsrechtliche Möglichkeit, die erforderliche Rettungshandlung selbständig und unabhängig von dem restlichen Gremium vorzunehmen, läßt sich die Quasikausalität zwischen dem Unterlassen des einzelnen Gremiumsmitgliedes und dem tatbestandlichen Erfolg ohne Schwierigkeit nach der umgekehrten condiciosine-qua-non-Formel ermitteln. Das Problem der Kausalitätsfeststellung bei Kollektiventscheidungen stellt sich insoweit nicht.

3. Da die zivilrechtliche Produktbeobachtungspflicht primär dem Rechtsgüterschutz durch die Abwägung von Gütererhaltungsinteressen einerseits und Freiheitsentfaltungsinteressen andererseits dient, läßt sich aus ihr eine Garantenstellung im Bereich der strafrechtlichen Produktverantwortlichkeit ableiten. In den hier untersuchten Fällen der Entscheidung über eine Warn- oder Rückrufaktion gilt dies für sämtliche Mitglieder des Gremiums. Die Problematik der mangelnden Pflichtwidrigkeit des gefährlichen Vorverhaltens sowie des „Hineinwachsens" in eine Garantenposition bei personellen Veränderungen innerhalb des Gremiums stellt sich insoweit nicht.

4. Auch zur Konkretisierung der objektiven Sorgfaltswidrigkeit ist es möglich, die zivilrechtliche Produktbeobachtungspflicht heranzuziehen. Je nachdem, ob und inwieweit deren Wahrung in den Verantwortungsbereich des Gesamtgremiums oder des einzelnen Ressortleiters fällt, obliegen den Gremiumsmitgliedern individuell unterschiedliche Sorgfaltspflichten. Im Einzelfall kommt dabei eine Verletzung der Produktbeobachtungspflicht bereits dann in Betracht, wenn ein erster ernstzuneh-

mender Gefahrverdacht im Rahmen des jeweiligen Verantwortungsbereiches nicht erkannt, überprüft oder erforscht wird. Eine objektive Sorgfaltspflichtverletzung kann darüber hinaus in Zukunft grundsätzlich auch in der unzureichenden Überprüfung der gesellschaftsrechtlichen Handlungsmöglichkeit des Notgeschäftsführungsrechtes gemäß § 744 II BGB analog liegen.

Die Untersuchung hat gezeigt, daß es im Bereich der strafrechtlichen Produktverantwortlichkeit der Mitglieder mehrköpfiger Entscheidungsgremien sowohl notwendig als auch möglich ist, durch eine differenzierte Berücksichtigung des Zivil- und insbesondere des Gesellschaftsrechts wesentlich konkretere Verhaltensanforderungen für die Gremiumsmitglieder zu formulieren, als es bisher durch die Rechtsprechung und die Literatur geschehen ist. Erst dadurch wird die Feststellung der strafrechtlichen Produktverantwortlichkeit einzelner Gremiumsmitglieder dem Grundsatz der individuellen Vorwerfbarkeit gerecht. Im Ergebnis bedeuten diese Konkretisierungen zwar ein deutlich erhöhtes Risiko persönlicher strafrechtlicher Verantwortung der einzelnen Gremiumsmitglieder. Dadurch kann jedoch dem - gerade im Bereich der strafrechtlichen Produktverantwortlichkeit beklagten[2] - Mangel an ausreichender Präventionswirkung des Strafrechts wirksam begegnet werden. Gleichzeitig werden die zunehmenden Präventionsdefizite des zivilrechtlichen Produkthaftungsrechts, das zu einer entpersonalisierten Schadensersatzhaftung der Unternehmen tendiert[3], kompensiert.

---

2 *Hassemer*, Produktverantwortung, S. 74; *Volk*, JZ 1993, S. 429, 430 f.

3 *Schmidt-Salzer*, NJW 1994, S. 1305, 1311 f.

LITERATURVERZEICHNIS

Ackermann, Bruni: Die Strafbarkeit juristischer Personen im deutschen Recht und ausländischen Rechtsordnungen, Frankfurt a. M. 1984.

Alternativkommentar : Kommentar zum Strafgesetzbuch. Band I (§§ 1-21 StGB), Hrsg.: K. Seelmann, Neuwied 1990; zit.: AKStGB / *Bearbeiter*.

Amelung, Knut: Der Bundsgerichtshof als "Gesetzgeber" im Bereich des materiellen Strafrechts. Lederspray-, Geldstrafen und Methadon-Entscheidung des BGH, in: Arbeitsgemeinschaft Strafrecht, Rechtsgestaltende Wirkung des Revisionsrechts (Schriftenreihe des deutschen Anwaltsvereins), Karlsruhe 1993, S. 64 ff.; zit.: Der Bundesgerichtshof als Gesetzgeber.

Androulakis, Nikolaos: Studien zur Problematik der unechten Unterlassungsdelikte, München, Berlin 1963; zit.: Unterlassungsdelikte.

Arzt, Gunther: Zur Garantenstellung beim unechten Unterlassungsdelikt, in: JA 1980, S. 553 ff., 674 ff., 712 ff.

v. *Bar*, Christian: Verkehrspflichten. Richterliche Gefahrsteuerungsgebote im deutschen Deliktsrecht, Köln 1980; zit.: Verkehrspflichten.

- Entwicklungen und Entwicklungstendenzen im Recht der Verkehrs(sicherungs)pflichten, in: JuS 1988, S. 169 ff.

Baumann, Jürgen / *Weber*, Ulrich / *Mitsch*, Wolfgang: Strafrecht. Allgemeiner Teil, 10. Auflage, Bielefeld 1995; zit.: AT.

Baumbach, Adolf / *Hopt*, Klaus J.: Handelsgesetzbuch, 29. Auflage, München 1995; zit.: HGB.

Baumbach, Adolf / *Hueck*, Alfred: GmbH-Gesetz, 16. Auflage, München 1996; zit.: Baumbach / Hueck / *Bearbeiter*, GmbHG.

Baumgärtel, Gottfried: Die Beweislastverteilung bei der Produzentenhaftung, JA 1984, S. 660 ff.

Beulke, Werner / *Bachmann*, Gregor: Die „Lederspray-Entscheidung" - BGHSt 37, 106, in: JuS 1992, S. 737 ff.

Beulke, Werner / *Mayer*, Walter: Die Mutprobe, in: JuS 1987, S. 125 ff.

Blei, Hermann: Strafrecht I. Allgemeiner Teil. Ein Studienbuch, 18. Auflage, München 1983; zit.: AT.

Bock, Barbara: Produktkriminalität und Unterlassen. Zur strafrechtlichen Haftung des Herstellers fehlerhafter Waren unter besonderer Berücksichtigung seiner Handlungspflichten, Aachen 1997; zit.: Produktkriminalität.

Bockelmann, Paul / *Volk*, Klaus: Strafrecht. Allgemeiner Teil, 4. Auflage, München 1987; zit.: AT.

Boesebeck, Ernst: Das Weisungsrecht der Gesellschafter einer GmbH, in: GmbHR 1960, S. 118 ff.

Bottke, Wilfried: Anmerkung zum Urteil des OLG Stuttgart vom 1.9. 1980 - Ss 440 / 80, in: JZ 1981, S. 343 ff.

- Empfiehlt es sich, die strafrechtliche Verantwortlichkeit für Wirtschaftsstraftaten zu verstärken ?, in: wistra 1991, S. 81 ff.

Bottke, Wilfried / *Mayer*, M.: Krankmachende Produkte. Produkthaftung aus zivil- und strafrechtlicher Sicht unter besonderer Berücksichtigung krankmachender Gebäude (Sick Building Syndrom), in: ZfBR 1991, S. 183 ff., 233 ff.

Brammsen, Joerg: Die Entstehungsvoraussetzungen von Garantenpflichten, Berlin 1986; zit.: Garantenpflichten.

- Inhalt und Elemente des Eventualvorsatzes - Neue Wege in der Vorsatzdogmatik ?, in: JZ 1989, S. 71 ff.

- Kausalitäts- und Täterschaftsfragen bei Produktfehlern, in: Jura 1991, S. 533 ff.

- Strafrechtliche Rückrufpflichten bei fehlerhaften Produkten, in: GA 1993, S. 97 ff.

Breetzke, Ernst: Anmerkung zum Urteil des LG Berlin vom 29. 11. 1960 - 63 S 189 / 60, in: NJW 1961, S. 1406 ff.

Brendl, Erich: Produkt- und Produzentenhaftung. Freiburg, Band 3, Stand: Mai 1993; zit.: *Bearbeiter*, in: Brendel, Produkthaftung, Bd. 3.

Brüggemeier, Gert: Produkthaftung und Produktsicherheit, in: ZHR 152 (1988), S. 511 ff.

Bruns, Hans-Jürgen: Ungeklärte materiell-rechtliche Fragen des Contergan-Prozesses, in: Festschrift für Heinitz, Berlin 1972, S. 317 ff.

Burgstaller, Manfred: Das Fahrlässigkeitsdelikt im Strafrecht. Unter besonderer Berücksichtigung der Praxis in Verkehrssachen, Wien 1974; zit.: Fahrlässigkeitsdelikt.

Castaldo, Andrea, R.: Offene und verschleierte Individualisierung im Rahmen des Fahrlässigkeitsdelikts, GA 1993, S. 495 ff.

Cramer, Peter: Rechtspflicht des Aufsichtsrats zur Verhinderung unternehmensbezogener strafbarer Handlungen und Ordnungswidrigkeiten, in: Festschrift für W. Stree und J. Wessels, Heidelberg 1993, S. 563 ff.

Dencker, Friedrich: Die erfolgreiche Fahrerflucht, in: JuS 1980, S. 210 ff.

- Ingerenz - die defizitäre Tathandlung, in: Festschrift für W. Stree und J. Wessels, Heidelberg 1993, S. 159 ff.

Deruyck, Filiep: Probleme der Verfolgung und Ahndung von Verbandskriminalität im deutschen und belgischen Recht, in: ZStW 103, (1991) S. 705 ff.

Deutscher, Jörg / *Körner*, Peter: Die strafrechtliche Produktverantwortung von Mitgliedern kollegialer Geschäftsleitungsorgane, in: wistra 1996, S. 292 ff., 327 ff.

Diederichsen, Uwe: Zur Geltendmachung von Gesellschaftsforderungen durch den nicht geschäftsführungsbefugten BGB-Gesellschafter, in: MDR 1963, S. 634.

- Wohin treibt die Produzentenhaftung ?, in: NJW 1978, S. 1281 ff.

Dietrich, Martin: Produktbeobachtungspflicht und Schadensverhütungspflicht der Produzenten, Frankfurt a. M. 1994; zit.: Produktbeobachtungspflicht.

Dreher, Meinhard: Die persönliche Verantwortlichkeit von Geschäftsleitern nach außen und die innergesellschaftliche Aufgabenteilung, in: ZGR 1992, S. 22 ff.

Dose, Stefan: Rechtsstellung der einzelnen Vorstandsmitglieder in einem mehrgliedrigen Vorstand der Aktiengesellschaft unter besonderer Berücksichtigung der Ernennung eines Vorstandvorsitzenden nach dem neuen Aktiengesetz, 3. Auflage, Hamburg 1975; zit.: Rechtsstellung.

Ebenroth, Thomas / *Lange*, Knut: Sorgfaltspflichten des Geschäftsführers einer GmbH nach § 43 GmbHG, in: GmbHR 1992, S. 70 ff.

Ebenroth, Thomas / *Willburger*, Andreas: Die strafrechtliche Verantwortung des Vorstandes für Umweltstraftaten und gesellschaftsrechtliche Vermeidungsstrategien, in: BB 1991, S. 1941 ff.

Ebert, Udo: Strafrecht. Allgemeiner Teil, 2. Auflage, Heidelberg 1994; zit.: AT.

Ebert, Udo / *Kühl*, Kristian: Kausalität und objektive Zurechnung, in: Jura 1979, S. 561 ff.

Eichinger, Harald: Die strafrechtliche Produkthaftung im deutschen im Vergleich zum anglo-amerikanischen Recht, Frankfurt a. M. u. a. 1997; zit.: Die strafrechtliche Produkthaftung.

Eickhoff, Andreas: Die Gesellschafterklage im GmbH-Recht, Köln u. a. 1988.

Eidam, Gerd: Unternehmen und Strafe, Vorsorge- und Krisenmanagement, Köln u. a. 1993; zit.: Unternehmen und Strafe.

Eisenhardt, Ulrich: Zum Weisungsrecht der Gesellschafter in der nicht mitbestimmten GmbH, in: Festschrift für G. Pfeiffer, Köln u. a., 1988, S. 839 ff.

- Gesellschaftsrecht, 7. Auflage, München 1996.

Engisch, Karl: Die Kausalität als Merkmal der strafrechtlichen Tatbestände, Tübingen 1931; zit.: Kausalität.

- Tun und Unterlassen, in: Festschrift für W. Gallas, Berlin, New York 1973, S. 163 ff.

Erb, Volker: Rechtmäßiges Alternativverhalten und seine Auswirkungen auf die Erfolgszurechnung im Strafrecht. Eine systematische Darstellung unter Berücksichtigung der entsprechenden zivilrechtlichen Fragen, Berlin 1991; zit.: Rechtmäßiges Alternativverhalten.

- Die Zurechnung von Erfolgen im Strafrecht, in: JuS 1994, S. 449 ff.

Erman, Walther: Handkommentar zum Bürgerlichen Gesetzbuch. Band I (§§ 1-853 BGB), 8. Auflage, AbzG, HausTWG, AGBG, Münster 1989; zit.: Erman / *Bearbeiter*.

Eser, Albin: Strafrecht. Studienkurs. Band II. Schwerpunkte: Fahrlässigkeit, Unterlassung, Versuch, Tatbeteiligung, Konkurrenzen, 3. Auflage, München 1980; zit.: Strafrecht II.

Exner, Franz: Fahrlässiges Zusammenwirken, in: Festgabe für Frank. Band I, Tübingen 1930, S. 569 ff.

Fahrenhorst, Irene: Instruktionspflicht des Herstellers eines Kindertees-BGHZ 116, 60, in: JuS 1994, S. 288 ff.

Fleck, Hans-Joachim: Zur Haftung des GmbH-Geschäftsführers, in: GmbHR 1974, S. 224 ff.

- Die Drittanstellung des GmbH-Geschäftsführers, in: ZHR 149 (1985), S. 387 ff.
- Mißbrauch der Vertretungsmacht oder Treubruch des mit Einverständnis aller Gesellschafter handelnden GmbH-Geschäftsführers aus zivilrechtlicher Sicht, ZGR 1990, S. 31 ff.

Flume, Werner: Allgemeiner Teil des bürgerlichen Rechts, Band I / 1. Die Personengesellschaft, Heidelberg u. a. 1977; zit.: Personengesellschaft.

- Allgemeiner Teil des bürgerlichen Rechts, Band I / 2. Die juristische Person, Heidelberg u. a. 1983; zit.: juristische Person.

Franke, Einhard: Strafrechtliche Verantwortlichkeit bei Redakteurskollektiven, in: JZ 1982, S. 579 ff.

Franzheim, Horst: Umweltstrafrecht. Eine Darstellung für die betriebliche und die forensische Praxis, Köln u. a. 1991; zit.: Umweltstrafrecht.

Freund, Georg: Ein Kneipenbummel mit Folgen, in: JuS 1990, S. 213 ff.

- Erfolgsdelikt und Unterlassen. Zu den Legitimationsbedingungen von Schuldspruch und Strafe, Köln u. a. 1992; zit.: Erfolgsdelikt.

Frisch, Wolfgang: Vorsatz und Risiko. Grundfragen des tatbestandmäßigen Verhaltens und des Vorsatzes. Zugleich ein Beitrag zur Behandlung außertatbestandlicher Möglichkeitsvorstellungen, Köln u. a. 1983; zit.: Vorsatz und Risiko.

- Tatbestandsmäßiges Verhalten und Zurechnung des Erfolges, Heidelberg 1988; zit.: Tatbestandsmäßges Verhalten.

Fuchs, Maximilian: Arbeitsteilung und Haftung, in: JZ 1994, S. 533 ff.

Fünfsinn, Helmut: Der Aufbau des fahrlässigen Verletzungsdeliktes durch Unterlassen im Strafrecht, Frankfurt a. M. 1985; zit.: Der Aufbau des fahrlässigen Verletzungsdeliktes.

Gallas, Wilhelm: Zum gegenwärtigen Stand der Lehre vom Verbrechen, in: ZStW 67 (1955), S. 1 ff.

Ganssmüller, Helmut: Zur Konkurrenz der Gesamthands- und der Gesamthänderklage, insbesondere bei der Personalgesellschaft, in: DB 1954, S. 860 ff.

Geilen, Gerd: Strafrecht. Allgemeiner Teil, 5. Auflage, Bochum 1988; zit.: AT.

Geisler, Christiane: Strafbarkeit von Amtsträgern im Umweltrecht, in: NJW 1982, S. 11 ff.

Geßler, Ernst / *Hefermehl*, Wolfgang / *Eckhard*, Ulrich / *Kropff*, Bruno u. a.: Aktiengesetz. Kommentar, Band II (§§ 76-147 AktG), München 1974; zit.: Geßler / *Bearbeiter*, AktG.

- Einberufung und ungeschriebene Hauptversammlungszuständigkeiten, in: Festschrift für Stimpel, Berlin u. a. 1985, S. 771 ff.

Godin, Freiherr v. / *Wilhelmi*, Hans : AktG. Kommentar. Band II (§§ 1-178 AktG), 4. Auflage, Berlin u. a. 1971; zit.: Godin / Wilhelmi, AktG.

Göhler, Erich: Zur Bußgeldrechtlichen Verantwortung der juristischen Person bei aufgespaltener Zuständigkeit ihrer Organe, in: wistra 1991, S. 207 ff.

Gössel, Karl Heinz: Zur Lehre vom Unterlassungsdelikt, in: ZStW 96 (1984), S. 319 ff.

Gorn, Dietrich: Anmerkung zum Urteil des BGH vom 04.05. 1988 - 2 StR 89 / 88, in: ZLR 1988, S. 515 ff.

Granderath, Reinhard: Die Rechtspflicht zur Erfolgsabwendung aus einem vorangegangenen gefährdenden Verhalten bei unechten Unterlassungsdelikten, Freiburg 1961; zit.: Rechtspflicht.

Großkommentar zum Aktiengesetz : 3. Auflage, Band I, 2. Hb. (§§ 76-147 AktG), Berlin, New York 1973; zit.: *Bearbeiter*, in: Großkommentar zum AktG.

Großkommentar zum HGB : 3. Auflage, Band II, 1. Hb. (§§ 105-144 HGB), Berlin, New York 1973; zit.: *Bearbeiter*, in: Großkommentar zum HGB.

Grünwald, Gerald: Der Vorsatz des Unterlassungsdeliktes, in: Festschrift für H. Mayer, Berlin 1966, S. 281 ff.

Hachenburg, Max: Großkommentar zum GmbHG, Band II (§§ 13-52 GmbHG), 7. Auflage, Berlin u. a. 1979; zit.: Hachenburg / *Bearbeiter*, GmbHG.

Hadding, Walther: Die actio pro socio, Einzelklagebefugnis des Gesellschafters bei Gesamthandsansprüchen aus dem Gesellschaftsverhältnis, Marburg 1966; zit.: Die actio pro socio.

- Zur Einzelklagebefugnis des Gesellschafters einer Personalgesellschaft, in: JZ 1975, S. 159 ff.

Haft, Fritjof: Die Unterlassungsdelikte - Ein Lernprogramm, in: JA 1982, S. 473 ff.

- Strafrecht. Allgemeiner Teil, 8. Auflage, München 1998; zit.: AT.

Hamm, Rainer: Auch das noch: Strafrecht für Verbände, in: NJW 1998, S. 662 f.

Handwörterbuch des Wirtschafts- und Steuerstrafrechts mit Ordnungswidrigkeiten- und Verfahrensrecht : Hrsg.: W. Krekeler, K. Ulsenheimer, K. Tiedemann, G. Weinmann, 5. Auflage, Stand Mai 1990, Heidelberg, Abschnitt Produkthaftung, strafbare; zit.: *Bearbeiter*, in: HWiStR.

Hassemer, Winfried: Kennzeichen des Vorsatzes, in: Gedächtnisschrift für Armin Kaufmann, Berlin u. a. 1989, S. 289 ff.

- Anmerkung zum Urteil des BGH vom 06.07. 1990 2-StR 549 / 89, in: JuS 1991, S. 253 ff.

- Produktverantwortung im modernen Strafrecht, 2. Auflage, Heidelberg 1996; zit.: Produktverantwortung.

Heine, Günther: Die Strafrechtliche Verantwortlichkeit von Unternehmen. Von individuellem Fehlverhalten zu kollektiven Fehlentwicklungen, insbesondere bei Großrisiken, Baden-Baden 1995; zit.: Verantwortlichkeit von Unternehmen.

Henn, Günther: Handbuch des Aktienrechts, 5. Auflage, Heidelberg u. a. 1994.

Heisse, Matthias: Die Beschränkung der Geschäftsführerhaftung gegenüber der GmbH, Köln 1988; zit.: Geschäftsführerhaftung.

Herzberg, Rolf Dietrich: Die Unterlassung im Strafrecht und das Garantenprinzip, Berlin u. a. 1972; zit.: Unterlassung.

- Die Schuld beim Fahrlässigkeitsdelikt, in: Jura 1984, S. 410 ff.

- Zur Garantenstellung aus vorangegangenem Tun, in: JZ 1986, S. 986 ff.

Hettich, Richard: Produkthaftung, 2. Auflage, München 1990.

Heymann:: HGB Kommentar. Hrsg.: von Norbert Horn, 2. Auflage, Band II (§§ 105-237 HGB), Berlin, New York; zit.: Heymann / *Bearbeiter*, HGB.

Hilgendorf, Eric: Strafrechtliche Produzentenhaftung in der „Risikogesellschaft", Berlin 1993; zit.: Strafrechtliche Produzentenhaftung.

- Forum: Zwischen Humanexperiment und Rettung ungeborenen Lebens - Der Erlanger Schwangerschaftsfall, in: JuS 1993, S. 97 ff.
- Fragen der Kausalität bei Gremienentscheidungen am Beispiel des Lederspray-Urteils, in: NStZ 1994,S. 561 ff.
- Der „gesetzmäßige Zusammenhang" im Sinne der modernen Kausallehre, in: Jura 1995, S. 514 ff.
- Zur Lehre vom „Erfolg in seiner konkreten Gestalt", in: GA 1995, S. 515 ff.

Hillenkamp, Thomas: Anmerkung zum Urteil des BayOblG vom 5.2. 1987, RReg. 3 St 174 / 86, in: JR 1988, S. 301 ff.

Hirsch, Günther E.: Anmerkung zum Urteil des OLG Hamburg vom 5.9. 1968, in: NJW 1969, S. 853 f.

Hirsch, Hans Joachim: Der Streit um Handlungs- und Unrechtslehre insbesondere im Spiegel der Zeitschrift für die gesamte Strafrechtswissenschaft, in: ZStW 94 (1982), S. 266 ff.

- Strafrechtliche Verantwortlichkeit von Unternehmen, in: ZStW 107 (1995), S. 285 ff.

Hirte, Heribert: Anmerkung zum Urteil des BGH vom 06.07. 1990 2-StR 549 / 89, in: JZ 1992, S. 257 ff.

Höfler, Ulrike: Die actio pro socio, in: JuS 1992, S. 388 ff.

Höhn, Reinhard: Die Geschäftsführung der GmbH: Organisation, Führung und Verantwortung; Kontrolle durch Aufsichtsrat und Beirat, 2. Auflage, Köln 1995; zit.: Die Geschäftsführung der GmbH.

Hommelhoff, Peter: Die Konzernleitungspflicht. Zentrale Aspekte eines Konzernverfassungsrechts, Köln 1982; zit.: Konzernleitungspflicht.

- Unternehmensführung in der mitbestimmten GmbH, in: ZGR 1978, S. 119 ff.
- Jahresabschluß und Gesellschafterinformation in der GmbH, in: ZIP 1983, S. 383 ff.

Honig, Richard M.: Zur gesetzlichen Regelung des bedingten Vorsatzes, in: GA 1973, S. 257 ff.

Horn, Eckhard: Strafbares Fehlverhalten von Genehmigungs- und Aufsichtsbehörden ?, in: NJW 1981, S. 1 ff.

Horn, Norbert: Culpa in contrahendo, in: JuS 1995, S. 377 ff.

Hoyer, Andreas: Die traditionelle Strafrechtsdogmatik vor neuen Herausforderungen: Probleme der strafrechtlichen Produkthaftung, in: GA 1996, S. 160 ff.

Huber, Ulrich: Vermögensanteil, Kapitalanteil und Gesellschaftsanteil an Personengesellschaften des Handelsrecht, Heidelberg 1970; zit.: Vermögensanteil.

Hueck, Alfred: Das Recht der OHG, Berlin u. a. 1971.

Hueck, Götz: Gesellschaftsrecht. Ein Studienbuch, 19. Auflage, München 1991; zit.: Gesellschaftsrecht.

Hüffer, Uwe: Zur gesellschaftsrechtlichen Treuepflicht als richterrechtlicher Generalklausel, in: Festschrift für E. Steindorff, Berlin u. a. 1990, S. 59 ff.

- Aktiengesetz, 3. Auflage, München 1997; zit.: AktG.

Hüwels, Hermann: Fehlerhafter Gesetzesvollzug und strafrechtliche Zurechnung. Die Organisationszuständigkeit und die institutionelle Zuständigkeit des Amtsträgers, dargestellt an Beispielen aus dem Umweltschutzrecht, Berlin 1986; zit.: Fehlerhafter Gesetzesvollzug.

Immenga, Ulrich: Die personalistische Kapitalgesellschaft. Eine rechtsvergleichende Untersuchung nach deutschem GmbH-Recht und dem Recht der Corporations in den Vereinigten Staaten, Bad Homburg 1970; zit.: Die personalistische Kapitalgesellschaft.

- Die Problematik der Anfechtungsklage im GmbH-Recht, in: GmbHR 1973, S. 5 ff.

Jakobs, Günther: Strafrecht. Allgemeiner Teil. Die Grundlagen der Zurechnungslehre, 2. Auflage, Berlin, New York 1991; zit.: AT.

Jescheck, Hans-Heinrich / *Weigend*, Thomas: Lehrbuch des Strafrechts. Allgemeiner Teil, 5. Auflage, Berlin 1996; zit.: AT.

Joerden, Jan C.: Strukturen des strafrechtlichen Verantwortlichkeitsbegriffs: Relationen und ihre Verkettungen, Berlin 1988; zit.: Strukturen des strafrechtlichen Verantwortlichkeitsbegriffs.

Kallmeyer, Harald: Pflichten des Vorstands der Aktiengesellschaft zur Unternehmensplanung, in: ZGR 1993, S. 104 ff.

Kaminski, Rolf: Der objektive Maßstab im Tatbestand des Fahrlässigkeitsdeliktes. Struktur und Inhalt, Berlin 1992; zit.: Der objektive Maßstab.

Kassebohm, Kristian / *Malorny*, Christian: Die strafrechtliche Verantwortung des Managements. Produktverantwortlichkeit und deren Einflußbereich auf die qualitätsorientierte Unternehmensführung, in: BB 1994, S. 1361 ff.

Kaufmann, Armin: Die Dogmatik der Unterlassungsdelikte, 2. Auflage, Göttingen 1988; zit.: Unterlassungsdelikte.

- Tatbestandsmäßigkeit und Verursachung im Contergan-Verfahren, in: JZ 1971, S. 569 ff.

Kaufmann, Arthur: Das Schuldprinzip, 2. Auflage, Heidelberg 1976.

- Kritisches zur Risikoerhöhungstheorie, in: Festschrift für H. H. Jescheck, Berlin 1985, S. 272 ff.

Kaufmann, Arthur / *Hassemer*, Winfried: Der praktische Fall / Strafrecht - Der überfallene Spaziergänger, in: JuS 1964, S. 151 ff.

Kirschbaum, Klaus: Der Vertrauensschutz im deutschen Straßenverkehrsrecht, Berlin 1980; zit.: Vertrauensschutz.

Kölner Kommentar zum Aktiengesetz: Hrsg.: W. Zöllner, Band I (§§ 1-147 AktG), Köln u. a. 1985; Band II (§§ 76-117 AktG), 2. Auflage, Köln u. a. 1996; zit.: Kölner Kommentar / *Bearbeiter*, AktG.

Kohlmann, Günther: Die strafrechtliche Verantwortlichkeit des GmbH-Geschäftsführers, Heidelberg 1990; zit.: Strafrechtliche Verantwortlichkeit.

Kohlrausch, Eduard / *Lange*, Richard: Strafgesetzbuch mit Erläuterungen und Nebengesetzen, 43. Auflage, Berlin 1961; zit.: StGB.

Konzen, Horst: Geschäftsführung, Weisungsrecht und Verantwortlichkeit in der GmbH und GmbH & Co KG, in: NJW 1989, S. 2977 ff.

Kraft, Alfons / *Kreutz*, Peter: Gesellschaftsrecht, 9. Auflage, Neuwied u. a. 1992.

Krümpelmann, Justus: Die Verwirklichung des Vertrauensgrundsatzes bei pflichtwidrigem Verhalten in der kritischen Verkehrssituation, in: Festschrift für K. Lackner, Berlin u. a. 1987, S. 289 ff.

- Zur Kritik der Lehre vom Risikovergleich bei den fahrlässigen Erfolgsdelikten, in: GA 1984, S. 491 ff.

Kübler, Friedrich: Gesellschaftsrecht, Heidelberg 1994.

Kühl, Kristian: Strafrecht. Allgemeiner Teil, 2. Auflage, München 1997; zit.: AT.

Küpper, Georg: Grenzen der normativierenden Strafrechtsdogmatik, Berlin 1990.

- Zum Verhältnis von dolus eventualis, Gefährdungsvorsatz und bewußter Fahrlässigkeit, in: ZStW 100 (1988), S. 758 ff.

Kuhlen, Lothar: Fragen einer strafrechtlichen Produkthaftung, Heidelberg 1989; zit.: Produkthaftung.

- Strafhaftung bei unterlassenem Rückruf gesundheitsgefährdender Produkte. Zugleich eine Anmerkung zum Urteil des BGH vom 6.7. 1990 - 2 StR 549 / 89 (NStZ 1990, 588) -, in: NStZ 1990, S. 566 ff.
- Zum Umweltstrafrecht in der Bundesrepublik Deutschland, in: WiVerw 1991, S. 181 ff.
- Grundfragen der strafrechtlichen Produkthaftung, in: JZ 1994, S. 1142 ff.

Kullmann, Hans Josef: Aktuelle Rechtsfragen der Produkthaftpflicht. Höchstrichterliche Rechtsprechung und Probleme des Produkthaftungsgesetzes, 3. Auflage, Köln 1992; zit.: Produkthaftpflicht.

Kunz, Jürgen: Die Produktbeobachtungs- und die Befundsicherungspflicht als Verkehrssicherungspflicht des Warenherstellers, in: BB 1994, S. 450 ff.

Lackner, Karl / *Kühl*, Kristian: Strafgesetzbuch mit Erläuterungen, 23. Auflage, München 1999.

Lampe, Ernst Joachim: Tat und Unrecht der Fahrlässigkeitsdelikte, in: ZStW 101 (1989), S. 3 ff.

- Ingerenz oder dolus subsequens, in: ZStW 72 (1960), S. 93 ff.

Landscheidt, Christoph: Zur Problematik der Garantenpflichten aus verantwortlicher Stellung in bestimmten Räumlichkeiten. Zugleich ein Beitrag zur Gefahrenquellenverantwortlichkeit im Rahmen der unechten Unterlassungsdelikte, Berlin 1984; zit.: Garantenpflichten.

Larenz, Karl / *Canaris*, Claus-Wilhelm: Methodenlehre der Rechtswissenschaft Studienbuch, 3. Auflage, Berlin u. a. 1995; zit.: Methodenlehre.

Leipziger Kommentar: Strafgesetzbuch. Großkommentar, 11. Auflage, Band I (§§ 13-14 und 27-27 StGB). Hrsg.: B. Jähnke, H.W. Laufhütte, W. Odersky, Berlin u. a. 1993; zit.: LK- *Bearbeiter*.

Lehmann, Michael: Die ergänzende Anwendung von Aktienrecht auf die Gesellschaft mit beschränkter Haftung, Köln 1970.

Lenckner, Theodor: Technische Normen und Fahrlässigkeit, in: Festschrift für Engisch, Frankfurt a. M. 1969, S. 490 ff.

Lindacher, Walter F.: Haftung des GmbH-Geschäftsführers und Einwand des Auswahl- und Überwachungsmitverschuldens - BGH, NJW 1983, 1856, in: JuS 1984, S. 672 ff.

Löwe, Walter: Rückrufpflicht des Warenherstellers, in: DAR 1978, S. 288 ff.

Lutter, Marcus: Theorie der Mitgliedschaft, in: AcP 180 (1980), S. 85 ff.

Lutter, Marcus / *Hommelhoff*, Peter: GmbH-Gesetz. Kommentar. 14. Auflage, Köln 1995; zit.: GmbHG.

Lutter, Marcus / *Krieger*, Gerd: Rechte und Pflichten des Aufsichtsrats, 3. Auflage, Freiburg 1993; zit.: Rechte und Pflichten.

Maiwald, Manfred: Grundlagenprobleme der Unterlassungsdelikte, in: JuS 1981, S. 473 ff.

Martens, Klaus-Peter: Die GmbH und der Minderheitsschutz, in: GmbHR 1984, S. 265 ff.

- Der Grundsatz gemeinsamer Vorstandsverantwortung, in: Festschrift für H.J. Fleck, Berlin u. a. 1988, S. 191 ff.

Maurach, Reinhart / *Zipf*, Heinz: Strafrecht. Allgemeiner Teil. Teilband 1. Grundlehren des Strafrechts und Aufbau der Straftat. Ein Lehrbuch, 8. Auflage, Heidelberg 1992; zit.: AT 1.

Maurach, Reinhart / *Gössel*, Karl Heinz / *Zipf*, Heinz: Strafrecht. Allgemeiner Teil, Teilband 2. Erscheinungsformen des Verbrechens und Rechtsfolgen der Tat. Ein Lehrbuch, 7. Auflage, Heidelberg 1989; zit.: AT 2.

Mayer, Hellmuth: Strafrecht. Allgemeiner Teil, Berlin u. a. 1967; zit.: AT.

Meier, Bernd-Dieter: Verbraucherschutz durch Strafrecht ? Überlegungen zur strafrechtlichen Produkthaftung nach der „Lederspray“-Entscheidung des BGH, in: NJW 1992, S. 3193 ff.

Meinberg, Volker: Amtsträgerschaft bei Umweltbehörden, in: NJW 1986, S. 2220 ff.

Morkel, Dan, W.: Abgrenzung zwischen vorsätzlicher und fahrlässiger Straftat, in: NStZ 1981, S. 176 ff.

Münchener Handbuch des Gesellschaftsrechts: Band I, BGB-Gesellschaft, OHG, PartG, EWIV, München 1995; Band II, Kommanditgesellschaft, Stille Gesellschaft, München 1991; Band III, GmbH, München 1996; Band IV, Aktiengesellschaft, München 1988; zit.: *Bearbeiter*, in: Münchner Handbuch des Gesellschaftsrechts, Bd.

Münchener Kommentar zum Bürgerlichen Gesetzbuch: Hrsg.: K. Rebmann, F.J. Säcker, Band III. Schuldrecht. Besonderer Teil. 2. Hb. (§§ 652-853 BGB), 2. Auflage, München 1986; zit.: Münchener Kommentar / *Bearbeiter*.

Münzberg, Wolfgang: Verhalten und Erfolg als Grundlage der Rechtswidrigkeit und Haftung, Frankfurt a. M. 1966; zit.: Verhalten und Erfolg.

Neudecker, Garbriele: Die strafrechtliche Verantwortlichkeit der Mitglieder von Kollegialorganen; dargestellt am Beispiel der Geschäftsleitungsgremien von Wirtschaftsunternehmen, Frankfurt 1995; zit.: Verantwortlichkeit.

Nitschke, Manfred: Die Geltendmachung von Gesellschaftsforderungen durch den einzelnen Gesellschafter in der Personengesellschaft (Gesamthänderklage), in: ZHR 128 (1966), S. 48 ff.

Odersky, Walter: Zur strafrechtlichen Verantwortlichkeit für Gewässerverunreinigungen, in: Festschrift für Tröndle, Berlin u. a. 1989, S. 291 ff.

Otto, Harro: Risikoerhöhungsprinzip statt Kausalitätsgrundsatz als Zurechnungskriterium bei Erfolgsdelikten, in: NJW 1980, S. 417 ff.

- Grundkurs Strafrecht. Allgemeine Strafrechtslehre, 5. Auflage, Berlin u. a. 1996; zit.: AT.
- Täterschaft und Teilnahme im Fahrlässigkeitsbereich, in: Festschrift für Spendel, Berlin u. a. 1992, S. 271 ff.
- Die Strafbarkeit von Unternehmen und Verbänden, Berlin u. a. 1993; zit.: Die Strafbarkeit von Unternehmen.
- Grundsätze der strafrechtlichen Produkthaftung nach dem „Holzschutzmittel"-Urteil, in: WiB 1995, S. 929 ff.
- Der Vorsatz, in: Jura 1996, S. 468 ff.

Otto, Harro / *Brammsen*, Joerg: die Grundlagen der strafrechtlichen Haftung des Garanten wegen Unterlassens, in: Jura 1985, S. 530 ff., 592 ff., 646 ff.

Palandt, Otto: Bürgerliches Gesetzbuch, 58. Auflage, München 1999; zit.: Palandt / *Bearbeiter*.

Peter, Jörg: Die strafrechtliche Verantwortlichkeit von Kollegialorganmitgliedern der AG und der GMbH für das Nichteinschreiten bei Gründungsschwindelhandlungen anderer Kollegialorganmitglieder, Reinfelden 1990.

Peters, Jürgen: Anmerkung zum Urteil des BGH vom 04.05. 1988 - 2 StR 89 / 88, in: ZLR 1988, S. 518 ff.

Pfleiderer, Klaus: Die Garantenstellung aus vorangegangenem Tun, Berlin 1968.

Pfohl, Michael: Strafbarkeit von Amtsträgern wegen Duldung unzureichender Abwasserreinigungsanlagen, in: NJW 1994, S. 418 ff.

Phillips, Lothar: Dolus eventualis als Problem der Entscheidung unter Risiken, in: ZStW 85 (1973), S. 27 ff.

Pieper, Helmut: Verbraucherschutz durch Pflicht zum „Rückruf" fehlerhafter Produkte ?, in: BB 1991, S. 985 ff.

Poseck, Roman: Die strafrechtliche Haftung der Mitglieder des Aufsichtsrats einer Aktiengesellschaft, Baden-Baden 1997.

Prittwitz, Cornelius: Strafrecht und Risiko. Untersuchungen zur Krise von Strafrecht und Kriminalpolitik in der Risikogesellschaft, Frankfurt a. M. 1993; zit.: Strafrecht und Risiko.

- Die Ansteckungsgefahr bei AIDS - Ein Beitrag zur objektiven und subjektiven Zurechnung von Risiken, in: JA 1988, S. 427 ff.

Produkthaftungshandbuch: Hrsg.: F. Graf von Westphalen, Band I, München 1989; zit.: *Bearbeiter*, in: Produkthaftungshandbuch.

Puppe, Ingeborg: Zurechnung und Wahrscheinlichkeit. Zur Analyse des Risikoerhöhungsprinzips, in: ZStW 95 (1983), S. 287 ff.

- Naturalismus und Normativismus in der modernen Strafrechtsdogmatik, in: GA 1994, S. 297 ff.

- Die Beziehung zwischen Sorgfaltswidrigkeit und Erfolg beim Fahrlässigkeitsdelikt, in: ZStW 99 (1987), S. 595 ff.

- Anmerkung zum Urteil des BGH vom 6.7. 1990 - 2 StR 549 / 89, in: JR 1992, S. 30 ff.

Raiser, Thomas: Die Treuepflichten im GmbH-Recht als Beispiel der Rechtsfortbildung, in: ZHR 151 (1987), S. 422 ff.

- Recht der Kapitalgesellschaften, 2. Auflage, München 1992.

Ranft, Otfried: Rechtsprechungsübersicht zu den Unterlassungsdelikten, in: JZ 1987, S. 859 ff., 908 ff.

Ransiek, Andreas: Zur deliktischen Eigenhaftung des GmbH-Geschäftsführers aus strafrechtlicher Sicht, in: ZGR 1992, S. 203 ff.

- Unternehmensstrafrecht, Strafrecht, Verfassungsrecht, Regelungsalternativen, Heidelberg 1996; zit.: Unternehmensstrafrecht.

Reinicke, Dietrich / *Tiedtke*, Klaus: Anmerkung zum Urteil des BGH vom 21.3.1985 - VII ZR 148 / 83, in: JZ 1985, S. 888 ff.

Rengier, Rudolf: Kündigungs-Betrug des Vermieters durch Tun und Unterlassen bei vorgetäuschtem Eigenbedarf - BayObIG, NJW 1987, 1654, in: JuS 1989, S. 802 ff.

RGRK: Das Bürgerliche Gesetzbuch mit besonderer Berücksichtigung der Rechtsprechung, des Reichsgerichts und des Bundesgerichtshofes, Kommentar, Band II, 4. Teil (§§ 631-812), 12. Auflage, Berlin u. a. 1978; zit.: RGRK / *Bearbeiter*.

Röh, Lars: Die kausale Erklärung überbedingter Erfolge im Strafrecht, Frankfurt a.M. 1995.

Rogall, Klaus: Anmerkung zu BGH, Urteil vom 30.3.1993 - 5 StR 720 / 92, in: JZ 1993, S. 1065 f.

Rolland, Gert: Produkthaftungsrecht. Produkthaftungsgesetze, deliktisches Produkthaftungsrecht, Materialien. Kommentar, München 1990; zit.: Produkthaftungsrecht.

Roth, Günther H. / *Altmeppen*, Holger: GmbHG. Kommentar. Gesetz betreffend die Gesellschaften mit beschränkter Haftung mit Erläuterungen, 3. Auflage, München 1997; zit.: GmbHG.

Rowedder, Heinz / *Fuhrmann*, Hans / *Koppensteiner*, Hans Georg / *Rasner*, Henning / *Rittner*, Franz / *Wiedemann*, Harald / *Zimmermann*, Klaus: GmbHG, 2. Auflage, München 1990; zit.: Rowedder / *Bearbeiter*, GmbHG.

Roxin, Claus: Pflichtwidrigkeit und Erfolg bei fahrlässigen Delikten, in: ZStW 74 (1962), S. 411 ff.

- Gedanken zur Problematik der Zurechnung im Strafrecht, in: Festschrift für R. M. Honig, Göttingen 1970, S. 133 ff.
- Strafrecht. Allgemeiner Teil, Band I: Grundlagen - Der Aufbau der Verbrechenslehre, 3. Auflage, München 1997; zit.: AT 1.
- Täterschaft und Tatherrschaft, 6. Auflage, Berlin u. a. 1994.

Rudolphi, Hans-Joachim: Zur Tatbestandsbezogenheit des Tatherrschaftsbegriffs bei der Mittäterschaft, in: Festschrift für Bockelmann, München 1979, S. 369 ff.

- Probleme der strafrechtlichen Verantwortlichkeit von Amtsträgern für Gewässerverunreinigungen, in: Festschrift für Dünnebier, Berlin u. a. 1982, S. 561 ff.
- Der Zweck staatlichen Strafrechts und die strafrechtlichen Zurechnungsformen, in: Schünemann, Grundfragen des modernen Strafrechtssystems, Berlin u. a. 1984, S. 69 ff.
- Anmerkung zum Urteil des BGH vom 29.10. 1992 - 4 StR 358 / 92, in: JR 1995, S. 167 ff.

Runte, Rainer / *Werner*, Stefan: Der falsche Mann, in: Jura 1991, S. 40 ff.

Sack, Rolf: Produzentenhaftung und Produktbeobachtungspflicht, in: BB 1985, S. 813 ff.

Salje, Peter: Zivilrechtliche und strafrechtliche Verantwortung des Betriebsbeauftragten für Umweltschutz, in: BB 1993, S. 2297 ff.

Samson, Erich: Begehung und Unterlassung, in: Festschrift für H. Welzel, Berlin u. a. 1974, S. 597 ff.

- Probleme strafrechtlicher Produktverantwortung, in: StV 1991, S. 182 ff.

Sangenstedt, Christof: Garantenstellung und Garantenpflicht von Amtsträgern, Frankfurt a. M. u. a. 1989.

Schaffstein, Friedrich: Tatbestandsirrtum und Verbotsirrtum, in: Göttinger Festschrift für das OLG Celle, Göttingen 1961, S. 175 ff.

Schall, Hero: Umweltschutz durch Strafrecht: Anspruch und Wirklichkeit, in: NJW 1990, S. 1263 ff.

Schlegelberger: HGB. Kommentar. Band III, 1. Hb. (§§ 105-160 HGB), 5. Auflage, München 1992; Band III, 2. Halbband (§§ 161-177a HGB), 5. Auflage, München 1986; zit.: Schlegelberger / *Bearbeiter*, HGB.

Schlüchter, Ellen: Grundfälle zur Lehre von der Kausalität, in: JuS 1976, S. 793 ff.

- Zusammenhang zwischen Pflichtwidrigkeit und Erfolg bei Fahrlässigkeitstatbeständen, in: JA 1984, S. 673 ff.

Schmid, Niklaus: Einige Aspekte der strafrechtlichen Verantwortlichkeit von Gesellschaftsorganen, in: SchwZStR 105 (1988), S. 156 ff.

Schmidhäuser, Eberhard: Strafrecht. Allgemeiner Teil. Studienbuch, 2. Auflage, Tübingen 1984; zit.: AT.

- Über einige Begriffe der teleologischen Strafrechtslehre, in: JuS 1987, S. 373 ff.

Schmidt, Karsten: Entlastung, Entlastungsrecht und Entlastungsklage der Geschäftsführer einer GmbH - Versuch einer Neuorientierung, in: ZGR 1978, S. 425 ff.

- Konkursverschleppungshaftung und Konkursverursachungshaftung, in: ZIP 1988, S. 1497 ff.

- Gesellschaftsrecht, 2. Auflage, Köln u. a. 1991.

Schmidt-Salzer, Joachim: Neue Dimensionen des Produktrisikos, in: BB 1983, S. 125 ff.

- Strafrechtliche Produktverantwortung, in: NJW 1988, S. 1937 ff.

- Produkthaftung. Band I. Strafrecht, 2. Auflage, Heidelberg 1988; zit.: Produkthaftung. Band IV, Produkthaftung, Produkthaftpflichtversicherung, 1. Teil, 2. Auflage, Heidelberg 1990; zit.: Produkthaftpflichtversicherung.

- Strafrechtliche Produktverantwortung. Das Lederspray-Urteil des BGH, in: NJW 1990, S. 2966 ff.

- Entscheidungssammlung. Strafrecht. Produkthaftung, Teil IV.: Strafrecht mit Urteilsanmerkungen, Neuwied u. a. Lbl. Stand Februar 1992; zit.: Urteil, abgedruckt in: Schmidt-Salzer, ES.
- Massenproduktion, lean production und Arbeitsteilung - organisationssoziologisch und rechtlich betrachtet, in: BB 1992, S. 1866 ff.
- Verbraucherschutz, Produkthaftung, Umwelthaftung, Unternehmensverantwortung, in: NJW 1994, S. 1305 ff.
- Konkretisierungen der strafrechtlichen Produkt- und Umweltverantwortung, in: NJW 1996, S. 1 ff.

Schneider, Uwe H.: Die Wahrnehmung öffentlich-rechtlicher Pflichten durch den Geschäftsführer. Zum Grundsatz der Gesamtverantwortung bei mehrköpfiger Geschäftsführung in der konzernfreien GmbH und im Konzern, in: Festschrift 100 Jahre GmbH-Gesetz, Köln 1992, S. 473 ff.

Schönke, Adolf / *Schröder*, Horst: Strafgesetzbuch. Kommentar, 25. Auflage, München 1997; zit.: Schönke / Schröder / *Bearbeiter*.

Scholl, Claus: Strafrechtliche Verantwortlichkeit und zivilrechtliche Haftung eines Reifenhändlers, in: NJW 1981, S. 2737 ff.

Scholz, Franz: GmbHG, Band I (§§ 1-44 GmbHG), 8. Auflage, Köln 1993; Band II (§§ 45-85 GmbHG), 8. Auflage, Köln 1995; zit.: Scholz / *Bearbeiter*, GmbHG.

Schroth, Ulrich: Die Differenz von dolus eventualis und bewußter Fahrlässigkeit, in: JuS 1992, S. 1 ff.

Schünemann, Bernd: Grund und Grenzen der unechten Unterlassungsdelikte. Zugleich ein Beitrag zur strafrechtlichen Methodenlehre, Göttingen 1971; zit.: Grund und Grenzen.
- Moderne Tendenzen in der Dogmatik der Fahrlässigkeits- und Gefährdungsdelikte, in: JA 1975, S. 435 ff., 511 ff., 575 ff., 647 ff., 715 ff., 787 ff.
- Unternehmenskriminalität und Strafrecht, Berlin u. a. 1979; zit.: Unternehmenskriminalität.
- Strafrechtsdogmatische und kriminalpolitische Grundfragen der Unternehmenskriminalität, in: wistra 1982, S. 41 ff.
- Die Unterlassungsdelikte und die strafrechtliche Verantwortlichkeit für Unterlassungen, in: ZStW 96 (1984), S. 287 ff.

- Die deutschsprachige Strafrechtswissenschaft nach der Strafrechtsreform im Spiegel des Leipziger Kommentars und des Wiener Kommentars, in: GA 1985, S. 341 ff.
- Die Regeln der Technik im Strafrecht, in: Festschrift für Lackner, Berlin u. a. 1987, S. 367 ff.
- Riskanter Geschlechtsverkehr eines HIV-Infizierten als Tötung, Körperverletzung oder Vergiftung, in: JR 1989, S. 89 ff.

Schulz, Joachim: Gesetzmäßige Bedingung und kausale Erklärung. Zur Fassung der Theorie von der gesetzmäßigen Bedingung, in: Festschrift für Lackner, Berlin u. a. 1987, S. 39 ff.

Schulz, Lorenz: Strafrechtliche Produkthaftung bei Holzschutzmitteln, in: ZUR 1994, S. 26 ff.

Schulze-Osterloh, Joachim: Das Prinzip der gesamthänderischen Bindung, München 1972.

Schumann, Heribert: Strafrechtliches Handlungsunrecht und das Prinzip der Selbstverantwortung der Anderen, Tübingen 1986; zit.: Handlungsunrecht.
- Produkthaftung. Rezension: Schmidt-Salzer, Produkthaftung, Band I: Strafrecht, 2. Auflage, Heidelberg 1988, in: StV 1994, S. 106 ff.

Schwalm, Georg: Zum Begriff und Beweis des ärztlichen Kunstfehlers, in: Festschrift für P. Bockelmann, München 1979, S. 539 ff.

Schwark, Eberhard: Spartenorganisation in Großunternehmen und Unternehmensrecht, in: ZHR 142 (1978), S. 203 ff.

Schwarz, Andreas: Anmerkung zum Urteil des BGH vom 07.11.1991 - 4 StR 451 / 91, in: JR 1993, S. 31 ff.

Schwenzer, Ingeborg: Rückruf- und Warnpflichten des Warenherstellers, in: JZ 1987, S. 1059 ff.

Seelmann, Kurt: Probleme der Unterscheidung von Handeln und Unterlassen im Strafrecht, in: JuS 1987, L 33 ff.
- Opferinteressen und Handlungsverantwortung in der Garantenpflichtdogmatik, in: GA 1989, S. 241 ff.

Seier, Jürgen: Kündigungsbetrug durch Verschweigen des Wegfalls von Eigenbedarf, in: NJW 1988, S. 1617 ff.

Sieber, Ulrich: Die Abgrenzung von Tun und Unterlassen bei der „passiven" Gesprächsteilnahme, in: JZ 1983, S. 431 ff.

Sina, Peter: Voraussetzungen und Wirkungen der Delegation von Geschäftsführer-Verantwortung in der GmbH, in: GmbHR 1990, S. 65 ff.

Soergel, Theodor: Bürgerliches Gesetzbuch. Kommentar. Schuldrecht III, Band 4 (§§ 705-853 BGB), 11. Auflage, Stuttgart u. a. 1985; zit.: Soergel / *Bearbeiter*.

Sonnenberger, Hans J.: Gesellschaftsrechtliche Verantwortlichkeit geschäftsführender Organe von Kapitalgesellschaften, in: GmbHR 1973, S. 28 ff.

Spendel, Günter: Der „Täter hinter dem Täter" - eine notwendige Rechtsfigur. Zur Lehre von der mittelbaren Täterschaft, in: Festschrift für R. Lange, Berlin u. a. 1976, S. 147 ff.

- Zum Begriff des Vorsatzes, in: Festschrift für Karl Lackner, Berlin u. a. 1987, S. 167 ff.

Spieker, Wolfgang: Die haftungsrechtliche Verantwortlichkeit der Mitglieder eines mehrköpfigen Vorstands in der nicht konzerngebundenen Aktiengesellschaft, in: DB 1962, S. 927 ff.

Spörlein, Hans / *Tausend*, Hermann: Handbuch für den Geschäftsführer der GmbH, 14. Auflage, Stuttgart u. a. 1990.

Staudinger: Bürgerliches Gesetzbuch. Kommentar. Band II (§§ 652-740 BGB), 12. Auflage, Berlin 1991; Band III (§§ 741-822 BGB), 12. Auflage, Berlin 1986; zit.: Staudinger / *Bearbeiter*.

Steinbeck, Claudia: Überwachungspflichten und Einwirkungsmöglichkeiten des Aufsichtsrats in der Aktiengesellschaft, Berlin 1992; zit.: Überwachungspflichten.

Stoffers, Kristian F.: Die vorrechtliche-ontologische Unterscheidung der Verhaltensformen positives Tun und Unterlassen, in: GA 1993, S. 262 ff.

- „Schwerpunkt der Vorwerfbarkeit" und die Abgrenzung von Tun und Unterlassen, in: JuS 1993, S. 23 ff.

Stratenwerth, Günther: Bemerkungen zum Prinzip der Risikoerhöhungslehre, in: Festschrift für Gallas, Berlin u. a. 1973, S. 227 ff.

- Unbewußte Finalität, in: Festschrift für Welzel, Berlin u. a. 1974, S. 289 ff.

- Strafrecht. Allgemeiner Teil, 3. Auflage, Köln u. a. 1981; zit: AT.
- Zur Individualisierung des Sorgfaltsmaßstabes beim Fahrlässigkeitsdelikt, in: Festschrift für H. Jescheck, Berlin 1985, S. 285 ff.
- Strafrechtliche Unternehmenshaftung ?, in: Festschrift für R. Schmitt, Tübingen 1992, S. 295 ff.

Stree, Walter: Ingerenzprobleme, in: Festschrift für U. Klug, Köln 1983, S. 395 ff.

Struensee, Eberhard: Verursachungsvorsatz und Wahnkausalität, in: ZStW 102 (1990), S. 21 ff.
- Handeln und Unterlassen, Begehungs- und Unterlassungsdelikt, in: Festschrift für W. Stree und J. Wessels, Heidelberg 1993, S. 133 ff.

Suarez, Carlos: Zur Strafbarkeit von Kollegialorganen des Unternehmens, in: Schünemann: Bausteine des europäischen Wirtschaftsstrafrechts, Madrid Symposium für Klaus Tiedemann, München 1994, S. 49 ff.

Sudhoff, Heinrich: Rechte und Pflichten des Geschäftsführers einer GmbH und einer GmbH & Co. KG, 14. Auflage, Köln 1994; zit.: Rechte und Pflichten.

Systematischer Kommentar zum Strafgesetzbuch: Bearb. von Rudolphi, Hans-Joachim / Horn, Eckhard / Samson, Erich / Günther, Hans-Ludwig. Band I: Allgemeiner Teil (§§ 1-79b StGB), 6. Auflage, Neuwied u. a., Lbl., Stand Juli 1994; zit.: SK / *Bearbeiter*.

Thelen, Werner: Die Ankündigung des Zwecks der Gesellschafterversammlung bei der Einberufung, in: GmbHR 1992, S. 796 ff.

Tiedemann, Klaus: Examensklausur. Fall zu Fragen des allgemeinen Teils und des Umweltstrafrechts, in: Jura 1982, S. 371 ff.

Tröndle, Herbert / *Fischer*, Thomas: Strafgesetzbuch und Nebengesetze, 49. Auflage, München 1999; zit.: StGB.

Tröndle, Herbert: Verwaltungshandeln und Strafvollzug - konkurrierende Instrumente des Umweltrechts ?, in: Gedächtnisschrift für Karlheinz Mayer, Berlin u. a. 1991, S. 607 ff.

Ulmer, Peter: Die Gesellschaft bürgerlichen Rechts. Systematischer Kommentar der §§ 705-740 BGB, 2. Auflage, München 1986; zit.: Systematischer Kommentar.

- Produktbeobachtungs-, Prüfungs- und Warnpflichten eines Warenherstellers in Bezug auf Fremdprodukte ?. Delikts-, wettbewerbs- und kartellrechtliche Bemerkungen zum Honda-Urteil BGHZ 99, 167, in: ZHR 152 (1988), S. 564 ff.

Ulsenheimer, Klaus: Erfolgsrelevante und erfolgsneutrale Pflichtverletzungen im Rahmen des Fahrlässigkeitsdelikts, in: JZ 1969, S. 364 ff.

Vogel, Joachim: Verbraucherschutz durch strafrechtliche Produkthaftung, in: GA 1990, S. 241 ff.

Vogel, Wolfgang: Gesellschafterbeschlüsse und Gesellschafterversammlung, 2. Auflage Köln 1986; zit.: Gesellschafterbeschlüsse.

Vollmer, Lothar: Die mitbestimmte GmbH - Gesetzliches Normalstatut, mitbestimmungsrechtliche Satzungsgestaltungen und gesellschaftsrechtlicher Minderheitenschutz, in: ZGR 1979, S. 135 ff.

Volk, Klaus: Zur Bestrafung von Unternehmen, in: JZ 1993, S. 429 ff.

Walder, Hans: Bewußte Beteiligung, ungewollte Folgen, in: Festschrift für G. Spendel, Berlin u. a. 1992, S. 363 ff.

Weber, Ulrich: Verantwortung von Bürgermeistern und leitenden Verwaltungsbeamten im Umweltrecht, Stuttgart u. a. 1988.

Können sich Gemeinderatsmitglieder durch ihre Mitwirkung an Abstimmungen der Untreue (§266 StGB) schuldig machen ?. Strafrechtliche Bemerkungen zu Nettesheim (BayVBl 1989, 161 ff.), in: BayVBl 1989, S. 166 ff.

Weimar, Robert: Umweltrechtliche Verantwortung des GmbH-Geschäftsführers, in: GmbHR 1994, S. 82 ff.

Weißer, Bettina: Kausalitäts- und Täterschaftsprobleme bei der strafrechtlichen Würdigung pflichtwidriger Kollegialentscheidungen, Berlin 1996; zit.: Täterschaftsprobleme.

Welp, Jürgen: Vorangegangenes Tun als Grundlage einer Handlungsäquivalenz der Unterlassung, Berlin 1968; zit.: Vorangegangenes Tun.

Welzel, Hans: Das deutsche Strafrecht, 11. Auflage, Berlin 1969.

v. Werder, Axel: Organisation der Unternehmensleitung und Haftung des Top Managements, in: DB 1987, S. 2265 ff.

Wessels, Johannes / *Beulke*, Werner: Strafrecht: Allgemeiner Teil. Die Straftat und ihr Aufbau, 28. Auflage, Heidelberg 1998; zit.: AT.

v. Westphalen, Friedrich: Das Milupa-Urteil - eine beträchtliche Verschärfung der Produkthaftung, in: ZIP 1992, S. 18 ff.

- Das Kondensator-Urteil des BGH - Mangelbeseitigungsaufwendungen und Versicherungsschutz, in: ZIP 1992, S. 532 ff.

Westermann, Harm Peter: Handbuch des Personengesellschaftsrecht, 3. Auflage, Münster 1972; zit.: Personengesellschaftsrecht.

Wilhelm, Dorothee: Strafrechtliche Fahrlässigkeit bei der Arbeitsteilung in der Medizin, in: Jura 1985, S. 183 ff.

Würdinger, Hans: Aktienrecht und das Recht der verbundenen Unternehmen. Eine systematische Darstellung, 4. Auflage, Heidelberg 1981; zit.: Aktienrecht.

Zitzmann, Axel: Die Vorlagepflichten des GmbH-Geschäftsführers, Heidelberg 1991; zit.: Vorlagepflichten.

Potsdamer Rechtswissenschaftliche Reihe (PRR)

Band 1
Matthias Becker
Die Teilnahme an der Versammlung der Wohnungseigentümer
1996. XX, 250 Seiten, DM 89,-
ISBN 3-540-61396-X

Band 2
Ulrich Michel
Regionen, Mitgliedsstaaten und Europäische Union
1996. XX, 230 Seiten, DM 89,-
ISBN 3-540-61395-1

Band 3
Alexander Hoff
Das Handlungsunrecht der Steuerhinterziehung
1999. XV, 160 Seiten, DM 98,-
ISBN 3-540-66072-0

Band 4
Frank Heerstraßen
Schuldverhältnisse der Wohnungseigentümer
1998. XXII, 312 Seiten, DM 98,-
ISBN 3-540-63665-X

Band 5
Stefan Gesterkamp
Wohnungsprivatisierung in den neuen Ländern
1998. XIV, 208 Seiten, DM 98,-
ISBN 3-540-63664-1

Band 6
Dietrich Plückhahn
Beendigung des Beamtenverhältnisses und Übertragbarkeit anderer Ämter bei Dienstunfähigkeit
1999. XII, 202 Seiten, DM 98,-
ISBN 3-540-66308-8

Band 7
Hendrik Höhfeld
Strafrechtliche Produktverantwortung und Zivilrecht
1999. XX, 233 Seiten, DM 119,-
ISBN 3-540-66449-1

GPSR Compliance

The European Union's (EU) General Product Safety Regulation (GPSR) is a set of rules that requires consumer products to be safe and our obligations to ensure this.

If you have any concerns about our products, you can contact us on ProductSafety@springernature.com

In case Publisher is established outside the EU, the EU authorized representative is:

Springer Nature Customer Service Center GmbH
Europaplatz 3
69115 Heidelberg, Germany

Batch number: 10682323

Printed by Printforce, the Netherlands